北京高等教育精品教材

中国文献信息资源与检索利用

李国新　编著

图书在版编目(CIP)数据

中国文献信息资源与检索利用/李国新编著.—北京：北京大学出版社,2004.8
(北京高等教育精品教材)
ISBN 978-7-301-07677-4

Ⅰ.中…　Ⅱ.李…　Ⅲ.情报检索　Ⅳ.G252.7

中国版本图书馆CIP数据核字(2004)第073603号

书　　　名：	中国文献信息资源与检索利用
著作责任者：	李国新　编著
责 任 编 辑：	郑月娥
标 准 书 号：	ISBN 978-7-301-07677-4/G·1267
出 版 发 行：	北京大学出版社
地　　　址：	北京市海淀区成府路205号　100871
网　　　址：	http://www.pup.cn　新浪官方微博：@北京大学出版社
电 子 信 箱：	zpup@pup.cn
电　　　话：	邮购部 62752015　发行部 62750672　编辑部 62767347　出版部 62754962
印 　刷 　者：	涿州市星河印刷有限公司
经 　销 　者：	新华书店
	890mm×1240mm　A5　9.125印张　270千字
	2004年8月第1版　2019年4月第13次印刷
定　　　价：	26.00元

未经许可,不得以任何方式复制或抄袭本书之部分或全部内容。
版权所有,侵权必究
举报电话：010-62752024　电子信箱：fd@pup.pku.edu.cn

前　言

"中国文献信息资源与检索利用"课程是在传统的"中文工具书"课程的基础上改造而成的,是传统的中文工具书课程的时代发展。

北京大学信息管理系自其前身图书馆学系1947年创建伊始,就开设了中文工具书课程。我国著名学者王重民先生、该系资深教授朱天俊先生等人先后担任过该课程的主讲教师。20世纪80年代中期到90年代末,课程教材较大的修订进行过3次。90年代中期以后,随着国内基于计算机和网络环境的数字资源及其检索系统的迅速发展,给传统的中文工具书课程带来了挑战。挑战绝不仅仅是文献信息资源及其检索工具载体形式上的变化,而且也牵涉到了对资源及其检索工具基本概念、基本类型、基本原理、基本特点、使用方法、检索思路等一系列理论和实践问题的重新解释和定位,牵涉到了对基本文献信息资源及其检索工具体系的重新整合与确认,牵涉到了课程的教学思想、教学内容、教材建设、教学方法、实习环境、成绩评价的重大变化。面对挑战,中文工具书课程自90年代中期以来在北京大学一系列课程、教材建设项目的支持下,进行了持续不断的建设、研究与改革。经过对原有课程的体系改造、内容整合、手段变革,使课程从形式到内容都发生了较大变化,基本完成了从传统的"中文工具书"向适应文献信息资源及其检索工具体系时代性变化的"中国文献信息资源与检索利用"的转变。这本教材,就是课程自90年代中期以来持续进行的建设和改革的成果之一。

90年代中期以来所进行的建设与改革给课程和教材带来了什么主要变化？形成了什么新的特点？概略说来，大约有如下数端。

第一，构筑了"文献信息资源—文献信息资源的检索查考—文献信息资源的有效利用"三位一体的内容体系。

文献信息资源是人类文明演进、思想成果的记录。具有充分地、理性地、有针对性地获得和利用文献信息资源的能力，是形成终生学习能力和思想创造、知识创新的起点，是发现问题进而分析问题、解决问题的基本途径，是了解学科前沿与新成果、新趋势、新信息的主要方法。因此，获得和利用文献信息资源的能力历来受到重视。

获得和利用文献信息资源能力的基本要素至少包括三个方面：对文献信息资源本身的熟悉，对文献信息资源检索工具的熟悉，对海量文献信息资源的检索、选择、分析能力。三者具有内在的有机联系。对文献信息资源本身的熟悉是学养积淀，是基础培育；对检索工具的熟悉是形成能力的桥梁和途径，是必须掌握的方法和技能；而能力的最终体现，则是文献信息资源的获得、选择、分析、利用的综合水准。基于这样的思想，为适应研究型大学本科生未来工作、学习的需要，课程整体内容设计的改革，主要是突破了单纯的检索工具介绍的模式，围绕着"文献信息资源—文献信息资源的检索查考—文献信息资源的有效利用"而展开，强调以文献信息资源获得为中心的知识、方法、思路拓展，尽量避免课程内容变为缺少有效知识含量、缺少原理介绍和共性抽象的纯粹检索工具罗列。这一思路，也决定了课程和教材的名称没有采用习见的"文献信息资源检索"，旨在强调内容体系的基点是"文献信息资源"与"文献信息资源的检索和利用"，而不仅仅是"文献信息资源的检索"。

为什么又放弃了过去长期使用的"中文工具书"的名称？主要原因是，时代发展到今天，不论是文献信息资源还是检索工具，都已超越了传统意义上"书"的概念，故用"工具书"来指称检索工具，已经名不副实。从这个角度看，改，似乎是必需的。但就我本人而言，对"中文工具书"有特殊的感情，放弃这一称谓，委实有些遗憾。

经过改革，中国文献信息资源与检索利用课程形成的目标定位是：培养学生对中国既有的文献信息资源基本状况的认识和了解；培养和训练学生检索与查考、选择与鉴别、挖掘与处理文献信息资源的意识和能力;培养和训练学生科学合理地利用文献信息资源的学术伦理与学术规范。与此目标相适应,并考虑到课程分工,形成的课程内容定位是:主要讲授产生在中国的文献信息资源及其检索利用知识,以综合性和人文社会科学类别的资源为主。在时间上,通贯古今;在载体形式上,既包括传统的纸质资源和检索工具,又包括90年代中期以后在我国迅速发展的数字资源及其检索系统;在资源类型上,包括迄今为止在中国积淀形成的主要文献信息资源类型。

第二,强化对有关文献信息资源、文献信息资源检索工具基本知识、基本原理、基本特点的阐述与介绍。

为什么要这样做?因为如果把本课程的中心使命定位于培养和训练学生检索、获得和利用文献信息资源的能力上,那么,熟悉检索工具的内容、特点、使用方法无疑是重要的。但是,所谓检索工具是文献信息资源的检索工具,因此,资源本身的特点在某种程度上就决定着检索工具的基本特点,从学理的角度看,更为根本的问题是对文献信息资源本身的熟悉。另外,具体的检索工具数量可以很多,规模可以不同,表现形式可以有异,质量也有高下之分,但某一类型的检索工具,一定有共同的特点和功能,只有真正了解了某一类型检索工具的原理、结构和特点,才能举一反三。所以,强化基本知识、基本原理的介绍,实际上是强化课程的基础性、学理性,着眼于学生知识积淀的宽度和厚度,正所谓"授人以筌"。

强化基本知识、基本原理、基本特点的阐述与介绍的另一方面的含义,是作为在有限学时内完成的课程,强调所涉及的资源类型一定要具有普遍适用性,所涉及的具体的检索工具一定要具有典型性、代表性和可以预期的生命力,尽量减少数量,防止"中药铺"式的罗列检索工具。经过最新一轮课程建设和改革,体现在目前这本教材中,涉及的资源类型和检索工具的数量与过去相比都大为减少。长期的教学实践和研究使我确信一条,想要在数量上穷尽文献资源类型和检索工具品种,既不可能,也无必要。检索工具在不断更新,今天重要的,明天可能不重要;今天实用的,明天可能被淘汰。所以,重要的是基础知识、基本原理,是共性和规律,是意识和能力,而不是以数量取胜。

第三,跟踪新发展,吸收新成果,形成了立足于纸质资源与工具书和电子资源及其检索系统并存现状的内容体系和理论解释。

传统的中文工具书课程是基于纸质文献资源和印刷版工具书展开的,电子资源及其检索系统的出现,改变的不仅仅是载体形式。比如,电子图书系统和报刊资源数据库的出现,使书目检索工具、索引工具与原始资源走向了合一;网站的出现,使传统意义上分门别类的工具书类型走向了集合;计算机对资源的整合功能,使传统意义上工具书的编纂思路、编纂方法发生了变革;计算机环境下常用的组配检索、模糊检索、位置检索等方法,使资源检索的策略和方法发生了重大变化。面对这些变化,要求课程必须作出与时俱进的成果吸收和理论解释。近年来,这一问题一直是本课程研究和改革的重点之一。到目前,整个课程体系和内容已经将纸质资源和电子资源融为一体。对传统工具书,具有经典意义、目前仍然没有替代产品的则保留,其余的则作了大幅度淘汰;对新兴的电子资源及其检索系统,首先是审慎选择,其次是重点引入,在此基础上,注重原理性、规律性的介绍与概括。对于电子资源及其检索系统的出现给原有的理论、方法所带来的冲击,注重作出理论解释、分析和概括。如目前课程中对电子词典、网络词典特点的阐述,对电子图书系统、报刊检索系统与传统的书目工具、索引工具联系与区别的分析等,都体现了这一思路。

有了电子资源及其检索系统,是不是就可以抛弃纸质资源与工具书?不是。因为首先,并不是所有领域、所有方面都具有了可以完全替代印刷型产品的电子产品;其次,经典性的印刷版工具书本身就是科学文化的时代总结,作为大学的课程,不能只见树木,不见森林,不能不体现出学科历史的厚重,不能失去了系统、宽厚的知识积淀;第三,人们的文献信息资源需求永远是多样化的,文献信息资源的获得能力,需要体现在多途径、多角度、多载体获得的能力上,因此,电子资源及其检索系统的迅速发展,并不意味着纸质文献和工具书的全面终结。基于这一思想,本课程没有走上纯粹讲授电子资源及其检索利用的道路,而是强调立足于二者并存的现状来设计内容构成,建立理论解释,以使学生获得的知识和能力是全面的、立体的,而不是局部的、侧面的。

第四,引入文献信息资源利用的学术伦理与学术规范的内容和训练。

学术伦理是学术活动中重要的素质养成,学术规范是学术伦理的重要表现形式。学术伦理和学术规范涵盖的内容、方面很广泛,但学术活动中利用文献信息资源的准则、方法,始终是学术伦理和学术规范的重要方面。所谓获得和利用文献信息资源的能力,最终目的在于利用,而利用,就存在一个是否符合共同规范、是否科学合法、是否能体现出受过规范训练的问题。基于这一思想,本课程引入了有关文献信息资源利用的学术伦理与学术规范方面的内容,主要是概括了文献信息资源利用学术规范的基本原则,介绍了几种目前在国内通行的、重要的文献信息资源利用的引证标注方法。作为教师,传道、授业、解惑并重,教书与育人双赢理应是追求的崇高境界,体现在一个专业课程的教学上,我希望能够通过传达和阐述在学术活动中应该谨守的学术伦理和学术规范,让学生们体会出一些更广泛意义上的操守和准则。

第五,引入对获得的文献信息资源进行有效管理、多样化表达的意识和方法。

在计算机和网络环境下,文献信息资源的检索和获得相对容易。就个人来说,只重视检索和获得,不注意对检索获得的资源进行有效的管理,同样难以做到真正有效的利用。鉴于此,本课程在改革过程中引入了利用通行、易得的数据库软件(如 Access)管理个人资源的内容,目的在于引导学生建立起个人资源必须有效管理才能方便利用的意识,引导学生掌握有效管理个人资源的基本思路和方法。

计算机环境为人们多样化地表达检索获得的事实、数据提供了方便,如利用 Excel 电子表格处理获得的数据,自动生成各类示意图等。这实际上是一种对检索获得的文献信息资源进行分析和再处理的能力,是一种创造性地利用文献信息资源的能力。本课程结合目前国内一些资源数据库捆绑实用处理软件的现状,示例性地阐述和介绍了多样化表达检索结果的思路和方法,目的在于启发学生建立起创造性、多样化地表现和利用文献信息资源的意识,使学生利用文献信息资源的能力能够体现出技术进步所带来的时代特色。

课程的建设与改革是无止境的事情。时代在前进,学科在发展,与时俱进是课程建设的永恒主题。我曾经看到过,国外著名大学经典基础课的教材,修订的版次可以达到六十多次,这是一代又一代教师持之以恒接力传递的结果。与此相比,我们在这方面还初级阶段得很。目前的这本教材,体现了课程最新一轮建设和改革的成果,但它也是新的建设和改革的起点。为此,我热切期盼这本教材的使用者提出意见和建议。

本教材的编写和出版,得到了北京大学主干基础课教材出版基金的资助。感谢北京大学出版社副总编辑段晓青关注本教材的出版事宜,感谢北京大学出版社胡双宝先生、郑月娥编辑为本教材最后把关,感谢所有为本教材的编写、出版提供了帮助的人们。

李国新
2004 年 7 月于北京西二旗寓所

目　录

第一章　概说 ……………………………………………………（1）
　第一节　中国文献信息资源 ……………………………………（2）
　第二节　中国文献信息资源检索工具体系 ……………………（4）
　第三节　使用检索工具的基本技术方法 ………………………（7）
　第四节　文献信息资源利用的学术规范 ………………………（24）

第二章　辞书资源与汉语字词的查考 ………………………（40）
　第一节　中国辞书的演进源流 …………………………………（40）
　第二节　中国辞书的结构体例与编纂传统 ……………………（47）
　第三节　代表性中国辞书 ………………………………………（56）

第三章　古籍资源与基本古籍的查考 ………………………（72）
　第一节　中国古籍资源 …………………………………………（72）
　第二节　基本古籍的全文检索系统 ……………………………（76）
　第三节　古籍流传与古籍版本 …………………………………（99）
　第四节　古籍丛书与类书 ………………………………………（112）

第四章　近代以来的图书资源与查考 ………………………（143）
　第一节　近代以来图书的形态变革与内容变化 ………………（143）
　第二节　书目检索工具 …………………………………………（148）
　第三节　电子图书系统 …………………………………………（155）
　第四节　现代百科全书 …………………………………………（169）

第五章　报刊资源与论文资料的查考 ………………………（181）

第一节　数字化报刊资源及其检索系统……………………(181)
　　第二节　报刊引文检索系统…………………………………(208)
　　第三节　个人资源管理数据库的创建………………………(222)
第六章　时事信息资源与事实、数据、法规的查考……………(229)
　　第一节　网站资源及其检索利用……………………………(229)
　　第二节　年鉴资源及其检索利用……………………………(240)
　　第三节　法律资源及其检索利用……………………………(261)
主要检索工具题名索引……………………………………………(272)
主要概念、语词、知识点索引………………………………………(275)
主要参考书目………………………………………………………(280)

第一章 概 说

本教材涉及的"文献信息资源",主要是产生在中国的文献信息资源。在时间上,通贯古今;在载体形式上,包括纸质文献和电子资源;在资源类型上,包括迄今为止积淀形成的主要文献信息源。

本教材所说的文献信息资源检索工具,以现有的中文检索工具体系中的主要类型和主要品种为主,既包括传统的印刷版检索工具,又包括基于计算机和网络环境的电子版、网络版检索工具。

文献信息资源是人类文明演进、思想成果的记录。充分地占有、理性地利用文献信息资源,是自主学习、启发思想、知识创新的起点,是发现问题进而分析问题、解决问题的基本途径,是了解学科前沿与新成果、新趋势、新信息的主要方法。在文献信息生产能力极大提高的信息社会,充分占有、理性利用文献信息资源的前提,是掌握文献信息资源的检索查考方法;而比较熟练地检索查考文献信息资源的前提,则是对既有文献信息资源本身及其检索查考工具的熟悉。这样,有关"文献信息资源"——"文献信息资源的检索查考工具"——"文献信息资源的利用"的知识与技能,就形成了一个有机联系在一起的具有广泛适用性的知识领域。

第一节 中国文献信息资源

一、资源数量

中国有五千年的文明史,有三千多年的文字记录史,文献信息资源浩如烟海。以下一些数字,可以大体反映我国文献信息资源存量的概貌。

一般估计,流传至今的古代典籍有 10 万种左右。

民国时期国内出版的各类图书有 15 万种左右,其中人文社会科学方面的占 85% 以上。

近代以来至 1949 年国内出版的报纸有 1000 多种,杂志有 35000 多种。

1950—1979 年的三十年间,国内出版各类新书近 25 万种,其中人文社会科学方面的占 60% 以上。出版报纸近 400 种,杂志近 1500 种。

20 世纪 80 年代以来,我国文献信息资源的生产能力超常规、跨越式发展。从 1980 年到 2002 年,我国年出版新书的数量由 13000 多种增加到近 10 万种以上,人文社会科学方面的图书所占份额大体上在 70% 左右。年出版报纸的数量由不足 200 种增加到 2000 多种,平均期印数 1.8 亿份以上。年出版杂志的数量由 2100 多种增加到 9000 多种,平均期印数超过 2 亿册。音像出版物、电子出版物从无到有,规模迅速扩大。2002 年全国由出版社公开出版的音像、电子出版物达 3 万多种,总数量 3 亿件以上。[①]

20 世纪 90 年代以来,我国的数字化文献信息资源异军突起。截至 2004 年 6 月底,全国 CN 下注册的域名数达到 38 万多个,网站总数达到 62 万多个。2003 年底时,网页总数近 3.2 亿个,网页字节数达到 60 多亿 KB,在线数据库数迅速增加到近 17 万个,增长速度

---

① 2002 年的数字,据《中国出版年鉴》(2003)。

是上一年的104.8%。数字化信息资源在我国的发展势头十分强劲。

上述数字,大体上反映了我国目前文献信息资源生产的数量水平。时代发展到今天,中国的文献信息资源的总体构成,已经突破了千百年来纸质文献一统天下的局面,进入了纸质文献和电子资源共存的阶段。

二、资源类型

依据不同的标准,文献信息资源可以划分为不同的类型。比如,依载体,可以划分为纸质资源和电子资源;依语种,可以划分为中文资源和外文资源;等等。在实际应用层面,有两种划分类型的方法经常被使用。

一是按照文献资源的形态所作的划分。主要的文献形态有:
- 图书
- 期刊
- 报纸
- 会议论文
- 学位论文
- 研究报告
- 政府出版物
- 档案文献

一是按照文献资源的级次所作的划分。包括:

一次文献。依据作者本人的研究或研制成果创作的文献,即通常所说的"原始文献"、"第一手资料"。一次文献在形态上具有多样性,在内容上具有原创性,在出处上具有分散性。

二次文献。按一定的方法对一次文献进行整理加工,以使之有序化而形成的文献,主要包括目录、索引、文摘等。二次文献在内容上并不具有原创性,只是对一次文献的整理加工,提供有关一次文献的内容线索。但通过整理加工,它使大量的分散、无序的一次文献实现了集中化和有序化,从而方便了人们对一次文献的检索查考。因此,二次文献通常又被称为"检索性文献"、"线索性文献"。

二次文献的最大优势是,提供的文献线索集中、系统、有序。

三次文献。对大量相关文献进行综合分析而形成的评述研究性文献,如综述、述评等。三次文献一般是围绕某个专题或出于特定目的,利用二次文献提供的线索,选用一次文献的内容,经过分析比较、评述研究等深度加工而形成的,因此,被称为"参考性文献"、"研究文献的文献"。

三次文献在内容上具有综合性,在功效上具有参考性。

对文献区分级次,并没有增加文献所负载的知识总量,但却揭示了文献信息资源通过加工整理可以由分散变为集中、由无序变为有序、由个别提升为综合的演进规律。科学合理地利用好二次文献和三次文献,对一次文献的形成和再生产,对提高文献信息资源的利用效率具有重要意义。

第二节　中国文献信息资源检索工具体系

一、检索工具体系的构成

传统的文献检索工具体系由印刷版工具书构成。20 世纪 90 年代中期以来,中国的文献信息检索工具体系进入了印刷版工具书和电子版检索工具并存的阶段。

传统上所说的工具书,是一种将汇集、编著或译述的材料,按特定的方法加以编排,以供解疑释难时查考之用的图书。

中国是世界上最早编纂刊印工具书的国度之一。从汉代出现的系统字书《尔雅》、《方言》和《说文解字》以及系统目录《别录》和《七略》算起,已经有了两千多年的历史。经过长期的积累和发展演变,逐渐形成了主要包括以下一些类型的工具书体系。

(1) 字典、词典　字典是主要用来解释汉字的形、音、义的工具书。词典是主要用来解释语词的意义、概念、用法的工具书。

(2) 类书　辑录典籍中的资料,按类别或按韵目等形式加以编排,主要供寻检、征引、辑佚历史文献之用的资料工具书。

(3) 百科全书　概述一切门类知识或某一门类知识的工具书，历史上科学文化成就的总结性著述。

(4) 年鉴　全面记录事业年度发展，系统汇集年度重要时事文献信息，逐年编辑、连续出版的资料工具书。

(5) 手册　汇集或记录经常需要参考的知识、文献、资料的工具书。

(6) 书目　一批相关文献的揭示与记录。

(7) 索引　揭示文献内容出处的线索型工具书。

(8) 表谱　以编年或谱系形式反映发展变化的工具书，主要包括年表、历表、专门性表谱（如职官表、地理沿革表等）。

(9) 图录　提供形象化、空间性资料的专门工具书，包括图录和地图。

(10) 名录　以名称为线索，提供简略事实的便捷性工具书。

工具书类型的划分标准及结果不是惟一的。在上述工具书类型中，字典和词典习惯上称为语言性工具书；百科全书、年鉴、手册、表谱、图录、名录习惯上称为资料性工具书，或称参考性工具书；书目、索引习惯上称为线索性工具书，或称检索性工具书。也有人将书目、索引称为检索工具书，其他各类统称为参考工具书。

西方从20世纪50年代开始进行传统印刷版工具书计算机化的研究与开发。我国在70年代初就有过研制电子词典的尝试。但中文工具书计算机化的真正起步，是80年代初以来的事情。到90年代中期，依托计算机及网络环境的中文检索工具开始较多地出现。今天习惯上所说的"电子版检索工具"，实际上是一种统称。从载体形式上说，有光盘版和网络版之分，早期还有软盘版；从检索方式上说，有单机检索工具、联机检索工具和网络检索工具之分。电子版检索工具的出现，并没有改变工具书的基本属性，但它却丰富了中文检索工具体系的品种，使检索工具体系的构成发生了重大变革。

传统的印刷版工具书类型都可以转化为电子版，供人们在计算机和网络环境下使用，因此，有所谓"电子词典"、"电子百科全书"、"电子年鉴"之称。但电子化的检索工具是以数据库的形式出现的，而数据库是在数据库系统的集中控制下，以一定方式组织存贮在一起的相关数据的集合。在组织、控制、检索文献信息的技术方法上，数据库方式与传统的印刷版图书有明显不同，因此，人们对电子版检索工具类型的划分更多地不是照搬印刷版工具书的成例，而是从数据库具有的特点出发。以下就是一种较为常见的数据库类型划分方法。

（1）数值型数据库　存贮并提供数值型数据信息的数据库。对应到印刷版工具书，就是统计信息。数值型数据库除了存贮数值数据外，还可以存贮对应的运算规则，并进行运算。

（2）事实型数据库　存贮并提供对基本知识和事实的历史、现状、进展进行记录、描述信息的数据库。这类数据库中的数据，既有数值型的，也有文本型的。对应到印刷版工具书，是"参考性工具书"或"资料性工具书"。

（3）文献型数据库　存贮并提供文献性、资料性信息的数据库。既包括二次文献数据库，如书目数据库，又包括一次文献数据库，即全文数据库。随着技术水平的提高，全文数据库越来越多，如近年来大量出现的 e-book，就是全文数据库。

在今天，不同载体、不同类型、不同功用、不同使用环境的检索工具共同构成了中国文献信息资源的检索工具体系。尽管目前电子版检索工具发展势头迅猛，但可以预料，在今后相当长的时期内，二者并存的格局仍将延续。

二、检索工具的特点

不论是以什么载体形式、什么类型品种出现的检索工具，与一般的图书相比，都有一些共同的特点。

从内容上看，检索工具强调比较全面系统地汇集、记录某一方面的知识或资料；从编排上看，检索工具强调必须按照特定的方法对内容加以组织编排；从编纂目的上看，检索工具强调主要是供人们有目的地检索查考，而不是系统阅读。简单地概括，检索工具在内容上具有完整性，在编排方法上具有易检性，在目的功用上具有查考性。这些特点，并不因为检索工具由印刷版发展到电子版而改变。

但是，电子版检索工具的出现所带来的变革也绝不仅仅是载体形式的变化。从某种意义上说,它正在改变着人们获取文献信息的思维方式和行为习惯,给文献信息资源检索的理论概括、体系构造、方法总结带来了前所未有的挑战和冲击。这一切,源于电子版检索工具基于现代信息技术所形成的一些优势和特点。那么,与传统的印刷版工具书相比,电子版检索工具有哪些突出的特点?主要特点可以简单地概括为:

- 具有强大的检索功能。
- 检索工具和文献信息资源本身二位一体,一次文献和二次文献零距离。
- 强化了对文献信息资源内涵和内在联系的深度揭示。
- 提供全方位、立体化的信息。
- 内容更新周期短、速度快。

第三节 使用检索工具的基本技术方法

必须按照特定的方法对内容加以组织编排,是检索工具区别于一般图书的特点之一。所谓特定的方法,体现在检索工具当中,是它的编排组织方法;对利用者来说,就是使用检索工具时的检索技术方法。由于检索工具对内容组织编排方法的特定,由于人们利用检索工具的主要目的是临事查检,所以,熟悉检索工具使用的基本技术方法,是利用检索工具查考文献信息的前提。

印刷版检索工具和电子版检索工具的检索原理是相通的,但实现检索的技术方法有区别。

一、印刷版工具书的主要排检方法

在我国,从古到今汉语工具书中使用过的排检方法五花八门,数量繁多,但多数并没有通行开来。目前印刷版工具书常用的排检方法数量并不多,主要包括依据汉字形体特点设计的部首法、号码法,依据汉字读音设计的拼音法、韵目法,以及分类法、主题法等几种。由于任何一种排检方法都有其自身的局限性,而工具书又要求提供较多的检索途径,所以,现有的工具书大都是以一种排检方法为主,同时提供其他几种检索方法。

1. 部首法

部首法又称偏旁部首法,属于形序排检法的范畴。它是我国传统工具书中主要的排检方法,首创于东汉时期著名学者许慎的《说文解字》。

汉字部首的数量从古到今有较大变化。许慎的《说文解字》将9000多个小篆字分为540个部首。到了南朝梁·顾野王编撰《玉篇》,对《说文解字》的部首作了微调,分为542部首。辽释·行均编撰的《龙龛手镜》分为242部首。明代梅膺祚编撰《字汇》,对部首法作了较大改进,部首数量缩减为214个。此后,清代的《康熙字典》、近代的《中华大字典》、《辞源》(1915年出版)、《辞海》(1935年出版)都采用了214部首方案。1949年以后,以编辑出版《新华字典》为契机,又对汉字部首检字法作了进一步改良。1962年版的《新华字典》分为191部首,自1971年版开始,又改为189部首。1978年出版的《现代汉语词典》采用了189部首方案。1964年,"汉字查字法整理工作小组"提出了《部首查字法》(草案),将汉字分为250部首。《辞海》(1979年版)采用了这一方案。1983年,中国文字改革委员会成立"统一部首查字法工作组",提出了一个"汉字201部首表(草案)"。1990年出齐的《汉语大字典》和1994年出齐的《汉语大词典》所采用的200部首方案,就是对这一草案略加改动而形成的。从汉字部首数量发展演变的轨迹看,总的趋势是由繁杂走向简单。

确定汉字部首的原则从古到今也有区别。许慎创立的部首法以汉字的形符(义符)作为部首,确定汉字部首的基本原则是"以义归部"。这一原则稳定了大约1500年。解放后,《新华字典》部首检字表所采用的189部首方案顺应了汉字形体的变化,突破了单纯的以义归部原则,将某些同时具有多个偏旁的字重复归并到相应的部首内,引入了"据字形定部"的原则。1964年提出的《部首查字法》(草案)完全采用了"据字形定部"的原则。至此,确定汉字部首的原则发生了根本性变化。

新《辞海》是全面采用"据字形定部"原则归并汉字部首的代表性辞书,其确定汉字部首的方法是:

● 一般取汉字的上、下、左、右、外等部位的部件作部首;其次是中坐和左上角;这些部位无从确定部首的,取单笔部首。

● 上、下都有部首的,取上不取下。

● 左、右都有部首的,取左不取右。

● 内、外都有部首的,取外不取内。

● 中坐、左上角都有部首的,取中坐,不取左上角。

● 下、左上角或右、左上角都有部首的,取下、取右,不取左上角。

● 在同一部位有多笔和少笔几种部首相互叠合的,取多笔部首,不取少笔部首。

● 单笔部首和复笔部首都有的,取复笔部首,不取单笔部首。

由于确定汉字部首的原则的变化,所以,在目前通行的汉语工具书中,归并汉字部首的方法也不尽相同。古代工具书和某些新版工具书(典型的如新版《辞源》)采用"以义归部"的原则,以新版《辞海》为代表的一些工具书采用了完全的"据字形定部"原则,而以《新华字典》、《现代汉语词典》为代表的一些工具书则是以"以义归部"为基础又有所调整,把一些按不同原则归并结果不同的字,分收在不同的部首内,如"思"字,既入"田"部,又入"心"部。

1992年,国家标准《文字条目通用排序规则》(GB/T 13418—92)发布实施,其中规定了部首法排序的基本方法:

● 首先按汉字所属的部首、偏旁入部;

● 同部首、偏旁的字按部首外笔画数从少到多排列;

● 部首外笔画数相同,按部首外起笔至末笔各笔笔形依"横、竖、撇、点、折"顺序排列;

● 上述各笔笔形仍相同,按汉字在国家标准汉字编码字符集的编码值由小到大排列。

2. 拼音法

1958年《汉语拼音方案》公布以后,汉语拼音排检法成为汉语工具书最主要的排检方法之一。1982年国际标准化组织承认汉语拼音为拼写汉字的国际标准,汉语拼音开始走向世界。

按照1992年发布实施的国家标准《文字条目通用排序规则》(GB/T 13418—92)的规定,汉语拼音排序的基本方法是:

● 首先比较汉字的音,按汉语拼音字母表顺序排列汉字字符;

● 拼音相同,比较音调;

● 音和音调相同,比较汉字的总笔画数,从少到多排列汉字字符;

● 笔画数相同,比较汉字起笔至末笔各笔笔形,依"横、竖、撇、点、折"顺序排列;

● 仍相同,按汉字在国家标准汉字编码字符集的编码值由小到大排列。

此外,在印刷版中文工具书中不时见到或用到的排检方法还有四角号码法、笔画笔形法、韵目法、中国字庋撷法、分类法、主题法等,不赘述。

二、电子版检索工具的主要检索方法

1. 检索词

电子版检索工具都设计并固化了专门的检索界面,这与任何一部印刷版的工具书都必须有检索途径一样。同时,不同的检索工具在检索界面中提供的检索入口并不完全相同,这与印刷版工具书需要根据自身的特点设计不同的检索途径也是一样的。总的来说,电子版检索工具的检索入口、检索途径要大大地多于、优于印刷版工具书。

使用电子版检索工具,首先需要根据检索界面的提示选定检索途径并输入相应的检索条件——检索词,这等于是向计算机发出命令:按照指定的方法、条件检索数据库中存贮的数据。所以,根据检索目的和已知条件正确地给定检索词,是利用电子版检索工具查考文献信息的前提条件。

在现有的电子版检索工具中,检索词主要有两大类:字段词和任意词。

以数值型数据库、事实型数据库和书目数据库出现的电子版检索工具,检索词是字段词。因为这类数据库实际上是关系数据库,数据库中存贮的大量记录是通过字段来描述和揭示其内容特征与形态特征的,如题名字段、著者字段、主题字段、摘要字段、时间字段、语种字段等。从数据库研制开发的角度说,是通过字段外化记录;从数据库检索的角度说,就必须通过字段检索记录。所以,字段词是这类数据库的检索入口。

用于描述和揭示文献信息记录的字段有大致的范畴,但不同数据库所确定的字段也不完全相同。在电子版检索工具中,可以用于检索的字段在检索界面上都有提示。作常规检索时,只要按照检索界面的提示输入相应的字段词,就可以得到检索结果。图 1.3.1 是北京大学图书馆的书目检索系统,在文字输入框内输入"文献检索",选择"题名"检索方式,就可以得到以"文献检索"为题名字段名的全部书目信息。同样的道理,如果这时选择的检索方式不是"题名",而是"全面检索",得到的结果就是数据库记录中以"文献检索"为字段名建立了索引的所有书目信息。

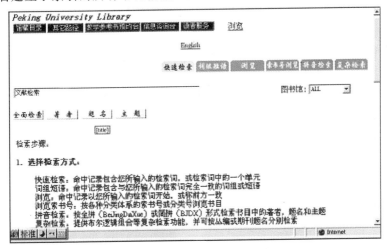

图 1.3.1

以全文数据库出现的电子版检索工具,检索词可以是源文献中任何具有实际意义的语词,也就是通常所说的"任意词"——自然语言系统中任意的字词、短语、短句。这是因为全文数据库的数据源是全文的,检索技术采用了类似于印刷版工具书中语词索引的方法,对源文献中所有具有实际意义的语词都进行了标引,并利用字符串检索、逻辑检索、截词检索、位置检索等现代检索技术对标引词进行了处理,因此,检索对象也是全文的。相应地,得到的检索结果,则是源文献中所有包括了检索语词的部分。从利用的角度说,全文数据库的检索实际上是非常简单的。

检索词是电子版检索工具的检索入口。但不论是字段词还是任意词,都存在着一个利用者在检索时给定的语词与数据库既有的标引语词是否一致的问题,还存在一个检索者想到的检索词与大量源文献中实际使用的语词是否一致的问题。如果二者不能吻合,计算机是无法满足或完全满足利用者的检索要求的。从理论上说,对同一事物,不同的人可能会有不同的表达,因此语言中有所谓的同义词、近义词,这就有可能造成表达同一事物或概念的检索词和标引词的差异。虽然计算机可以通过建立关系词表实现语词的同义或近义的扩展关联,但一方面到目前为止并不是所有电子版检索工具都做到了这一步,另一方面,这种扩展关联从理论上说也无法穷尽所有的可能性。从实际应用层面看,面对电子版检索工具常常出现的"查不到"或"查不全"、"查不准"现象,有时并不是数据库中没有或少有这方面的内容,而是给定的检索条件——检索词与数据库的标引词不匹配。因此,在电子版检索工具的使用过程中,检索词的遴选、确定是一个非常重要的问题。

一般地讲,作为检索词的字段词,多数规定性都较强。如题名、著者、时间、语种等,只要已知,使用时大致不会有什么问题,因为这类语词表达的自由度不大。

字段词中主题词、关键词、分类词、摘要词,以及全文数据库中的任意词,规定性就比较弱了,或者说表达的自由度较大。这类语词作为检索词时,为了尽可能实现与标引词的吻合,有时就需要作较多的分析、比较、遴选、尝试,需要掌握超越个人联想或经验的科学方法。

有学者提出了一种"循环衍生法"来对检索词进行遴选。[①] 所谓循环衍生法,是通过对一个词的定义、语素、语境(上下文)进行分析而获得具有同义或相关关系的衍生语词,再通过对衍生语词进行反复检索尝试来确保检索词的全面与准确。这种方法的理论基础在于:一个词的同义词或相关词往往出现在它的定义、同语素词、上下文中。因为定义词语与被定义词往往关系紧密,含有相同语素的词往往具有语义上的联系,意义相关的词在同一语境中出现的概率更大,所以,通过分析语词的定义、语素、上下文,就可以获得大量的同义词或相关词。在这些同义词或相关词中遴选检索词并反复进行检索尝试,就可以确保检索词对数据库标引词覆盖的科学性、全面性,从而保证文献信息检索的查全率和查准率。

循环衍生法的具体内容是:

(1) 定义衍生法　从一个词的定义中寻找它的同义词或相关词;对找到的语词再定义,再寻找;不断反复,使衍生的结果不断扩大。

(2) 语素衍生法　分析一个词的关键语素,由语素出发寻找该语素的同义词或相关词;再从找出的语词中确定新的关键语素,寻找该语素的同义词或相关词;不断反复,使衍生的结果不断扩大。

(3) 语境衍生法　先将一个词作为检索词,检出包含该词的上下文,然后在该词的附近寻找它的同义词或相关词。简单地说,就是从包含某词的上下文中寻找与该词相关关系密切的词。

2. 二次检索

二次检索又称再次检索,是在已有检索结果中的进一步检索。

利用电子版检索工具检索文献信息时往往出现这样的情况:当选定一个检索词完成检索后,发现得到的检索结果数量太多,而且有大量文献信息的内涵外延远远大于需要。数量太多,给有效地利用带来了困难。二次检索就是为了进一步准确、精细地选择文献信息而设计的一种功能。利用这种功能,可以有效地淘汰冗余检索结果,使检索效率最大化。

---

① 参:王云编著.光盘情报检索方法与技巧.国防工业出版社,1997:10—21

现有的电子版检索工具大都具有二次检索功能。

由于二次检索是在已有检索结果的范围内进行,所以使用的检索词必须与前次检索的主题相关,比如包含关系、下位关系、并列关系等。完全不相关的检索主题,无法实现二次检索。

例如,要检索有关"社科文献检索"方面的资料,利用北京大学图书馆的书目检索系统,以"文献"为检索词检索,可以获得6500多条记录。在这一结果中,将检索词缩小为"文献检索"进行二次检索,获得的记录相应地减少为190多条。再将检索词缩小为"社科文献检索",继续在上面的结果中检索,获得的记录又相应地减少为4条。通过反复地在前次检索结果中的再检索,使新的检索结果数量大为减少,获得的文献更为切题。

3. 高级检索

高级检索也称复杂检索。现有的中文电子版检索工具一般都设有高级检索功能,较多地使用的检索技术是布尔逻辑检索、截词检索和位置检索,体现出的检索特点是组配检索、模糊检索和限定检索。

1) 布尔逻辑检索

布尔逻辑检索是计算机检索系统中使用最广泛的一种检索技术。[①] 从理论上说,它是应用布尔逻辑原理,使用概念组配的方法形成表达式,进行文献信息的选择性检索。具体说,它利用布尔逻辑运算符(逻辑"与 and"、逻辑"或 or"、逻辑"非 not")连接检索词,形成逻辑表达式;计算机按表达式的指令进行逻辑运算,检索出数据库中与表达式要求相符的文献信息。

3个布尔逻辑运算符的含义是:

(1) 逻辑"与"(and)　符号表示为"*"。以逻辑"与"连接的检索词是"同时包含"关系。如"A*(and)B",表示同时包含检索词A和

---

① 布尔(George Boole,1815—1864),英国数学家、逻辑学家,曾任爱尔兰科克城女王学院(今爱尔兰国立大学科克大学学院)数学教授,英国皇家学会会员。应用代数方法研究逻辑问题形成逻辑代数,被认为是数理逻辑的奠基人。著作有《逻辑的数学分析》、《思维规律研究》等。

B的文献信息是检索的命中对象。

(2) 逻辑"或"(or)　符号表示为"＋"。以逻辑"或"连接的检索词是"分别包含"关系。如"A＋(or)B",表示分别包含检索词A或检索词B的文献信息是检索的命中对象。

(3) 逻辑"非"(not)　符号表示为"－"。以逻辑"非"连接的检索词是"排除其他"关系。如"A－(not)B",表示只包含检索词A而不包括检索词B的文献信息是检索的命中对象。

例如,查找1980—2000年间出版的季羡林先生所写的关于"东方文化"的著作,使用逻辑组配检索,检索条件"著者"和"题名"之间是逻辑"与"(and)关系,同时对"出版年"按要求作出限制,即可获得相应的检索结果。

同样的道理,当要查考1980—2000年间出版的季羡林先生所写的关于"东方文化"论题以外的著作,使用逻辑组配检索,则检索条件"著者"和"题名"之间是逻辑"非"(not)关系,检索结果肯定与上例不同。

布尔逻辑检索的突出特点是可以进行不同检索条件的组配检索,从而有效地扩展或缩小检索范围,优化检索结果。这种检索技术比较符合人们建立在思维习惯基础上的文献信息现实需求,因此它在计算机检索系统中得到了广泛应用,也是体现计算机检索优势的重要方面之一。不过,也应该明确,布尔逻辑检索实际上是建立在概念的逻辑组配基础上的,而概念与文献信息的内容往往有距离,同时,概念之间不仅有区别,也往往有联系,所以,布尔逻辑检索中的"与"、"或"、"非"界定,有时也与文献信息的实际状况有距离。

2) 截词检索

截词检索是利用检索词的词干或不完整词形进行检索的方法。所谓不完整词形,就是检索词被从某一位置截断,该词的局部被用通配符号代替。在检索时,计算机根据作为检索指令的词干或不完整词形与数据库中的信息进行匹配,凡是与检索词串相匹配的部分,即为命中部分。

在现有的中文电子版检索工具中,截词的形式主要有2种:

(1) 任意截断　在词的任意位置截断。其中,"前截断"的检索结果是"后方一致","后截断"的检索结果是"前方一致","前后截断"

的检索结果是"任意一致"。

如北京大学图书馆书目检索系统中的"浏览"检索功能,实际上就是以语词的后截断作为检索词,检索结果为"前方一致"(见图1.3.2)。该系统中的"词组短语"检索功能,实际上是以语词的任意截断为检索词,检索结果为"任意一致"(见图1.3.3)。同样以"信息"作为检索词,以"题名"作为检索途径,前者的检索结果是以"信息"开头的书目记录,后者的检索结果是在任意位置包含了"信息"一词的书目记录。

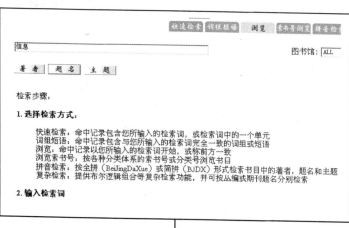

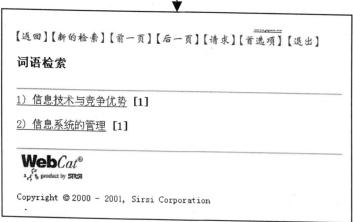

图 1.3.2

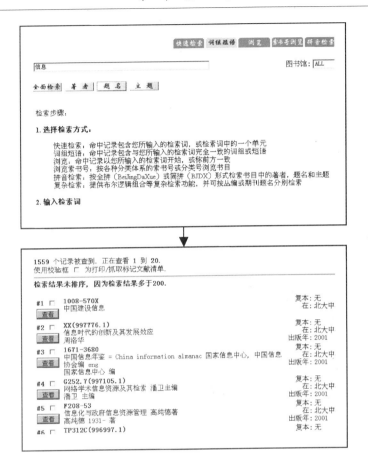

图 1.3.3

(2)嵌入截断 在检索词中嵌入截断符号。符号所代表的汉字的数量是规定的,但表达的意义是随意的。

如天宇资讯开发的"CGRS全文检索系统"(以"人大复印报刊资料索引数据库"为例),其"任意词查询"功能便采用了对检索词的嵌入截断技术。规定:一个符号"?"代表检索词中间嵌入的一个汉字,最多可以嵌入9个"?",表示在检索词中间最多可以嵌入9个汉字。符号"!"代表检索词中间嵌入的不等量字数,1个"!"代表嵌入的字数为0~1个,2个"!"代表嵌入的字数为0~2个,余类推。两词之间最多可以嵌入的字数是 0~9 个。图 1.3.4 是以"信息??建设"为检索词的检索结果,命中的词语是"信息××建设";图 1.3.5 是以

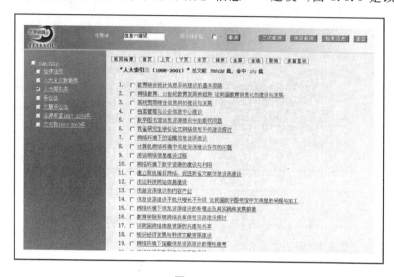

图 1.3.4

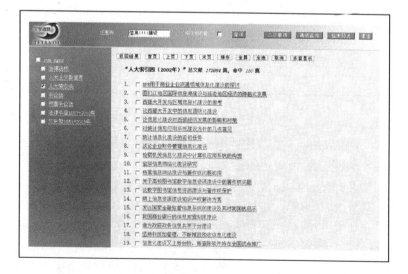

图 1.3.5

"信息！！！！建设"为检索词的检索结果,命中的是包括从"信息建设"到"信息××××建设"在内的全部词语。

截词检索的最大优点是使模糊检索成为可能。当对检索对象的了解不是很确切的时候,它能帮助我们有效地集中相关文献信息。同时,它还可以减少检索词的输入量,简化检索步骤,扩大检索范围,从而提高查全率。

3) 位置检索

位置检索主要运用于全文数据库。它是一种对多个检索词在源文献中相对位置进行限定性查找的方法。比如,要求不同的检索词在同一篇文献中出现,或在同一自然段中出现,或在同一句中出现,或要求检索词按规定的顺序出现。从理论上说,位置检索通过位置算符来实现对检索词位置的限定。在现有中文电子版检索工具中,位置检索功能一般都固化在检索界面中,而且主要的位置限定是"同段同现"和"同句同现"。

南开大学开发的"二十五史全文阅读检索系统(网络版)"的"组合查询"便有"位置查询"功能。如要查考"二十五史"中"司马迁"、"史记"和"太史公"3个词在同一段落中同现的现象,检索词的逻辑关系应为"与",在位置选项处选定"同段",图1.3.6就是检索过程。

位置检索的优点是为查找相关概念在局部环境中的同现情况提供方便,而相关概念的同现,往往意味着文献信息内容的相关,所以,位置检索同样是提高查全率和查准率的有效方法之一。

三、搜索引擎中常见常用的检索方法

搜索引擎是从因特网上获得信息的向导性检索工具。严格地说,它实际上是一个专用的www服务器。这个服务器具有两大功能:一是通过搜索程序(即所谓的"蜘蛛系统")自动搜集网上信息,建立索引数据库,并自动跟踪信息源的变化,不断更新索引记录;二是根据指令,通过检索程序检索数据库中的内容,并排序、输出,为人们提供网上信息资源的揭示、遴选、定位、链接等服务。从工作原理上说,搜索引擎是信息搜集系统和全文检索系统的结合。信息搜集系统通过对网络资源的全面扫描,建立以词为单位的倒排文档;检索

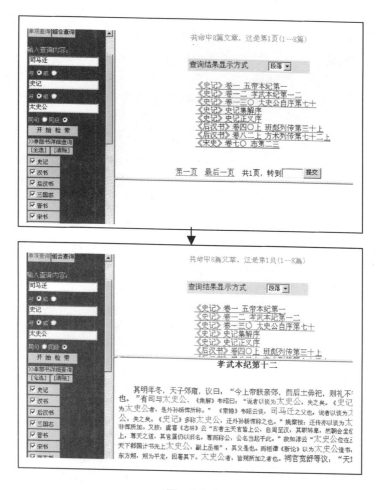

图 1.3.6

系统根据检索词在数据库资源中出现的频率和概率,对包含检索词的信息进行排序,并输出排序的结果。对一般的网络资源利用者来说,人们关注和使用的是它的检索功能,因此,才有所谓搜索引擎是从因特网上获得信息的向导性检索工具之说。

作为"向导性检索工具",搜索引擎提供的检索结果是"线索性"结果,而不是原始的文献信息资源。如目前一般的中文搜索引擎可以提供网络资源的网站、网址、类目、网页、摘要等信息。从这个意义上说,搜索引擎可以称做"网络信息之眉目,网络检索之门径"。不过,与印刷版的线索性工具书不同,搜索引擎都建立了由检索结果指向原始资源的地址链接,所以通过资源线索过渡到原始资源只是点击之劳。在这方面,计算机化的检索工具又显示出了印刷版工具书无法比拟的优势。

目前,中文搜索引擎的检索方式主要有两种:一是分类方式,二是关键词方式。大多数搜索引擎都同时提供这两种检索方式。

分类方式按照搜索引擎所提供的分类体系逐级递进,搜索所需要的信息线索。它比较适合目标不是非常明确、特定的方向性和专题性检索。但由于搜索引擎的分类体系是既定的,而且不同的搜索引擎使用的分类表不完全一致,所以,采用分类方式,首先需要熟悉具体的分类体系的概貌,同时需要对检索目标在既定分类体系中的统摄隶属关系作出正确地分析判断。

关键词方式将查找目标定义为关键词,输入搜索引擎的检索框,检索需要的信息线索。这种方式比较适合目标较为明确、具体的检索,检索结果在汇聚跨类别的同主题资料方面有优势,针对检索词的准确度较高。

在实际利用搜索引擎检索文献信息线索时,往往是两种方法交叉并用。交叉并用,实际上是二者的优势互补。在分类检索的基础上再作关键词检索,可以有效地避免单纯的分类检索常常出现的相关信息被人为割裂的现象,也可以避免因对类目归属分析判断不准造成的检索失误;在关键词检索的基础上再作分类检索,可以有效地避免单纯的关键词检索常常出现的专指度过高、同一方向或同一专题的文献信息难以类聚的现象。

近年来,中文搜索引擎还发展出了一些新的检索方法,主要包括:

1. 自然语句检索

这是一种具有个性化、智能化特点的检索方法。它允许以自然语言中的任意短句作为检索语言,不一定非得是严格意义上的关键词。在这种情况下,实际上是计算机对自然语句加以自动分析,提炼出关键词进行检索。如要查考有关"数字图书馆"的资料信息,检索命令可以是"查数字图书馆方面的资料"这样一个自然语句,不需要精确到"数字图书馆"。以自然语言作检索词,更符合一般人的检索习惯。当然,在检索时,用于描述检索对象的自然语言要尽可能简短。

2. 相关检索

这是一种具有模糊性、引导性的检索方法。当无法准确确定检索词时,首先输入一个简单的、模糊的语词执行检索,这时,搜索引擎会自动提供出一系列别人搜索同方向问题时使用过的相关语词,以此作为参考,引导你作进一步的搜索。比如,要查考中国数字图书馆建设方面的资料信息,利用"搜狐"的搜索引擎,先输入一个不太精确的检索词"数字图书馆",执行检索后,搜索引擎就会给出一系列可供进行"相关检索"的关键词,其中包括"数字图书馆建设"。点击这个检索词,便直接进入相应的网页,如图1.3.7。

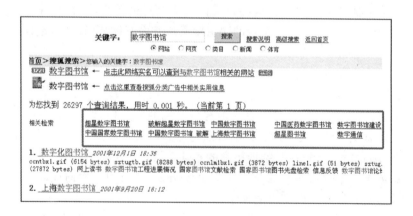

图 1.3.7

3. 检索结果类聚

搜索引擎的搜索对象是浩瀚的网络资源,即便是仅仅提供信息线索,有时网页级的检索结果也是数以十万,甚至几十万计。为了使检索结果最优化,使用搜索引擎时需要充分利用其提供的限定功能,对输出的检索结果作必要的选择性限定,实际上也就是对检索结果的选择性类聚。搜索引擎中常用的结果输出限定方法有:

(1) 信息线索级别限定　搜索引擎的检索结果,一般分为网站级、类目级、网页级,还包括一些专题性信息汇聚,如新闻、文学、股票、游戏、软件等。根据需要限定信息线索的级别,可以有效地减少冗余信息。

(2) 类聚方式限定　类聚方式分"内容类聚"和"站点类聚"。

"内容类聚"是指不管整个网络资源中有多少内容相同的网页,在检索结果中,只保留相关程度最高的一篇,其余的则被隐藏起来。简单地说,就是来自不同站点的同一内容的网页在检索结果中只出现一次。这种类聚方法可以淘汰大量不同网站中内容相同的网页。

"站点类聚"是指不管同一站点中有多少内容相同的网页,在检索结果中,只保留同一站点中相关程度最高的一篇,其余的则被隐藏。同时,提供这个站点的链接,用以检索这个站点上其他相关网页的信息。简单地说,就是来自同一站点的同一内容的网页在检索结果中只出现一次。这种类聚方式可以淘汰掉同一网站中大量内容相同的网页。

"内容类聚"和"站点类聚"两种方式也可以组合起来,同时实现上述两种效果。

以上两种类聚方式,都是为了避免由于信息重复所造成的检索结果数量繁冗,尽可能提供最有价值的信息。

(3) 网页时间限定　所谓网页时间,是指网页生成的时间。一般区分为"任何时间的网页"、"三个月以内的网页"、"半年以内的网页"、"一年以内的网页"几项,供确定检索的时间范围时选用。

(4) 字体编码限定　中文搜索引擎采用的字体编码有简体国标码(GB 2312)和繁体大五码(Big5)之分。相应地,编码选择一般分为"简体"、"繁体"、"简体及繁体"三项。目前,大陆、新加坡主要使用简体汉字编码,台湾、香港、澳门地区主要使用繁体汉字编码。所以,字体编码限定实际上是对网站地域的限定。

搜索引擎对搜索结果的排序,一般按与检索命令的"相关度"由高到低排列。所谓"相关度",是指检索结果与输入的检索语词在内容上关联的疏密程度,由计算机根据词语主题关联分析技术自动处理完成。由于相关度是计算机逻辑运算的结果,所以,它只能是一种参考。影响相关度的因素主要有:在数据库中匹配到的关键词数量的多少,关键词在网页中出现的位置(如是否在标题中出现等),关键词在网页中出现的频率(频率越高,相关程度越高),关键词本身的词义和系统定义的权值大小(权值越大,相关程度越小)等。

第四节 文献信息资源利用的学术规范

一、文献信息资源利用学术规范的基本原则

所谓学术规范,是指学术共同体内形成的进行学术活动的基本伦理道德规范。一般地讲,它涉及学术研究的全过程,学术活动的各方面。所以,有学者说学术规范包括学术研究规范、学术评审规范、学术批评规范、学术管理规范;也有学者对学术规范作出了横向概括,认为它包括两方面的含义:一是学术研究中的具体规则,如文献的合理使用规则、引证标注规则、立论阐述的逻辑规则等;二是高层次的规范,如学术制度规范、学风规范等。

学术规范不仅仅是文献信息资源利用层面上的规范,由于在学术研究活动中,文献信息的利用是贯穿于研究全过程的一项不可缺少的重要工作,所以,学术规范的许多方面都与文献信息资源利用有关。可以说,有关文献信息资源利用的规范,构成了学术规范中的重要内容。

综合学术研究的国际惯例、中国传统和时代特色,文献信息资源利用学术规范的基本原则主要包括:

1. *所有的专门性研究,都应该依据已有文献对相同或相关方面的研究成果、研究状况作出概略性的说明介绍*

这一规范,在现行有效的国家标准《科学技术报告、学位论文和

学术论文的编写格式》(GB 7713—87)中有体现。该标准规定,报告、论文的主体部分由引言、正文、结论等构成,其中引言(或绪论)部分"简要说明研究工作的目的、范围、相关领域的前人工作和知识空白、理论基础和分析、研究设想、研究方法和实验设计、预期结果和意义等"。

为什么需要这种规范?首先,任何知识生产、知识创新都需要以知识的有序继承和必要积累为基础,概略性说明介绍实际上就是作者继承知识和展示积累的体现;其次,通过概略性说明介绍展现了研究现状,提供了必要的信息,为人们评价研究课题的价值提供了基本的资料或线索;第三,体现了对前人创造成果的尊重。

实现这一规范,必然要求研究者在选题之前尽可能全面地普查相关文献。因为只有通过全面的检索获得文献,才能进而对文献进行分析研究,最终才能明确前人的研究已经解决了哪些问题,存在什么缺陷,自己研究的推进和创新是什么。这也就是需要概略性地说明介绍的内容。由此可见,检索相关文献是任何有价值的专门性研究的起点。

2. 对已有文献任何形式的引用,都必须注明出处

这是在学术研究中征引文献最基本的道德规范。注明出处的意义在于,体现作者实事求是、言之有据的科学态度;体现保护他人著作权的精神;把作者的成果和前人的成果明确地区分开来;为读者深入了解相关内容、查找相关资料提供线索;为文献信息的定量统计提供方便。

在学术研究中,规范的对立面是"失范",失范最典型的表现就是剽窃抄袭。所以,剽窃抄袭被认为是学术研究中最不可容忍的事情,是最严重的学术过失——不管是什么形式、什么动机、什么情况下的剽窃抄袭。正因为如此,在学术研究领域,剽窃抄袭者面对着最为严厉的学术惩罚。

在国外的学术评价体系中,对剽窃抄袭往往有较为明确的界定:"复制、综合或解释他人的想法或观点而不指明出处的享有"。复制是逐字引用他人的文本。复制而不指明出处,就是抄袭。概括别的

作者的观点是合法的,但这样做的前提是要清楚地指出正在这样做。如果将别人的观点、思想或信息概括得好像是自己的一样,则是抄袭。释义是用不同的话语将某一作者的意思重新表达。如果完整确切地指出参考出处是允许的,否则是抄袭。上述几种方法的综合使用,如复制加释义、重复原始文本的一些词句然后替换一些别的话等等,同样属于抄袭。① 界定虽然细密,但基本原则是简单的:不指明出处的享有,就是抄袭。

在我国,到目前为止还没有公认的、细密的、成文化的关于剽窃抄袭的界定,但约定俗成的鉴别办法也不是没有,而且在原则上和国外并没有什么差异,这就是——是否注明了出处。这一原则并不是什么舶来品,在我国古已有之。古人说得很明确:"当明引不当暗袭"。"明引"就是指明出处的引用,而"暗袭"则是隐瞒出处的因袭。古人认为,明引"足见其心术之笃实,又足征其见闻之渊博。若暗袭以为己有,则不足见其渊博,且有伤于笃实之道"。所以,"明引则有两善,暗袭则两善皆失也。"② 可见,不论古今中外,在学术研究中对已有文献任何形式的引用都必须注明出处,都不仅仅是一个技术方法问题,而是鉴别是否抄袭的一个基本依据,因此也是谨守学术伦理道德最基本的体现。

按照现代学术惯例,不同性质的作品在要求注明征引出处的严格性上有所不同。研究性作品在这一点上是严格的,教材和主要供大众阅读、以传播知识为主的普及性作品相对宽松,允许例外。在大学里,学生的作业、读书报告、小论文等不一定都用来发表,但由于学习阶段主要是接受基本而系统的理论、方法、技能训练的阶段,所以,要求一般是较为严格的。学位论文因其内容本身就是研究性的,而且本身也包含着学术规范的养成训练,因此,要求是严格的。如哈佛大学的《哈佛学习生活指南》对学生有这样的要求:"独立思想是美

---

① 大东.关于抄袭:我们知道多少? http://www.acriticism.com(2002 年 2 月 19 日)

② 张舜徽.文献学辑要·引书法示端溪书院诸生(清·陈澧撰).陕西人民出版社,1985:413

国学界的最高价值。美国高等教育体系以最严肃的态度反对把他人的著作或者观点化为己有——即所谓剽窃。每一个这样做的学生都将受到严厉的惩罚,直至被从大学驱逐出去。""当你在准备任何类型的学术论文——包括口头发言稿、平时作业、考试论文等时,你必须明确地指出:你的文章中有哪些观点是从别人的著作或任何形式的文字材料上移入或借鉴而来的。"①澳大利亚国立大学在学生手册中公告学生:"学生应该显示他们能够独立思考和用他们自己的文字来维系清楚和符合逻辑的论证。学生可以不交含有未经指明出处或是以不妥方式指出出处的他人作品的内容或过量引语的作业。学术技能和学习中心将为表达有困难的学生提供帮助。"②

3. 原则上不采用间接引用方式

所谓间接引用,就是一般所说的"转引"——引用第三者作品中所引用的内容。

在学术研究中,转引在原则上是被禁止的。因为转引不能确保所引内容的准确无误。你可以把转引的内容一字不错地加以复制,但你不能保证第三者在引用时也是一字不错;你可以说你对转引资料的意思有准确的理解,但你无法保证在原作的语境当中,转引的内容就是这样的意思。从学术研究的角度说,错误的资料、数据会导致错误的结论,因此,要求作为依据的资料一定是原始的、准确的,所以,辗转稗贩式的"转引"自然就被归入禁止之列。

间接引用一般都可以转化为直接引用。因为如果能够形成转引,前提是第三者的作品中已经提供了引文出处。在这种情况下,只要按照第三者作品中提供的资料线索去查找并核对原书,就可以看到资料的原始面貌,也就可以把间接引用转化为直接引用了。

就人文社科研究来说,有时候间接引用难以避免。如某些国外资料,某些珍贵古籍资料,某些目前仍然限制阅读的资料等等,虽然

---

① 端木.没有一流的学术道德就没有一流的大学.中国青年报,2002年1月21日
② 大东.关于抄袭:我们知道多少? http://www.acriticism.com(2002年2月19日)

通过第三者的作品获知了资料线索,但一般人往往无法获得原作。若要引用,只有转引,别无他法,这种情况下的间接引用是允许的。这也就是把不采用间接引用的方法界定为"原则上"的含义所在。不过,如果是这种情况下的转引,必须明确注明"转引自",否则被认为是对出处的不实标注,学术界惯称"伪引"。不实标注,同样是一种学术上的弄虚作假,同样为学术伦理规范所不容。

在我国,原则上不采用间接引用也是古已有之的一种学术规范。清代学者陈澧在《引书法示端溪书院诸生》一文中对此作出过总结:"引书必见本书而引之。若未见本书而从他书转引者,恐有错误,且贻诮于稗贩者矣。或其书难得,不能不从他书转引,宜加自注云:'不见此书,此从某书转引。'亦笃实之道也。"陈氏的总结与今天的规范别无二致,或者说,原则上不采用间接引用的规范在我国有悠久的传统。

4. 引用以必要、适当为限

这是对征引文献量的限制。虽然"必要"、"适当"难以给出一个整齐划一的数量标准,但过度的引用,必然会带来两个后果:一是使人怀疑作者是否具有原创能力,二是涉嫌侵权。没有原创能力,把研究作品变成资料长编,让引用的内容成为研究成果的主要部分或实质部分,即便是注明了出处,研究成果也从根本上失去了存在的价值。从另一方面说,现代著作权保护中的"合理使用",界限是在作品中"适当"地引用他人已经发表的作品。如果超越了"适当"的界限,势必涉嫌侵权。

早在1986年,文化部颁布过一个《图书、期刊版权保护试行条例实施细则》,其中对引用他人作品作过数量上的限制:一般作品,不超过被引用作品的十分之一,诗词类作品,不超过2500字;多次引用同一部作品,引用的总字数不超过1万字,诗词类作品,不超过40行,或不超过全诗的四分之一(古诗词除外);除专题评论文章或古典诗词研究成果,引用他人作品的总量,不得超过本人作品篇幅的十分之一。这一规定,为我们确定什么是引用文献数量上的"适当"提供了参考。

5. 引用不得改变或歪曲被引内容的原貌、原义

这是对原作者拥有的作品不受歪曲、篡改权利的尊重,也是如实使用资料、论据的科学态度的体现。

直接引文,原貌不能改变,原义不能篡改。尤其要防止断章取义。

概括引用,被引文字的原貌可以改变,但不能游离原义,更不能篡改原义。在这方面,需要特别注意的是常常使用的"某某认为"、"某某看来"一类概括,一定要概括出作者的真正主张,而不能将解释学中的"不正确理解形式"或"合理误读"移植到概括引用上来。

改变或歪曲被引内容的原貌、原义,被认为是不实引用。不实引用,被视为学术上的弄虚作假。

6. 引用原则上使用原始文献

这是针对引用文献的来源的规范。有些文献,特别是一些著名文献,往往有汇编本、改编本、简本、摘要等形式,作为原则,引用时应尽可能使用原始形态的文本。比如原本和汇编本并存,则尽量使用原本;原文和摘要并存,则尽量使用原文。这是为了最大限度地忠实于原作,防止由于汇编、改编等编辑工作使文献的本来面目失真。

人文社科领域的有些文献,原始形态的文本不通行,或已亡佚,在这种情况下,当然可以使用非原始形态的文本。典型的例子如中国古代的类书。按照一般的规范,使用类书中的资料必须和原书核对,但类书中辑录的许多资料,原书今已亡佚,对这类资料,允许直接引自类书。

7. 引用原则上使用最新版本

这是针对有修订本的著述的规范。最新版本,一般就是指最新修订本。一般来说,作品的初印本和修订本有形式上或实质上的差异,修订本往往体现了作者思想、观点或表达的最新修正。因此,当引用某一作者的某一资料作为支持性论据时,当引用某一作者的某

一材料作为批评对象时,应当以作者的最新表达为依据,即使用负载作者最新修正信息的版本。从学术研究的角度说,允许思想、观点或表达的修正。有了修正,此前的观点既不受责难,也不作为依据。

在中国的人文社科领域,往往有这样的现象:最新版本不一定是最好版本,不一定是体现作者最真实思想、观点的版本,如某些名作的当代修订本。这就涉及另外一个问题:当以一位作者的思想演变过程作为研究对象时,所谓"最新版本"不一定是最新出版的修订本,而是最能反映作者某一时段思想主张的版本。研究作者的思想演变,当然要以能够反映思想演变轨迹的版本作为依据,这实际上又回到了使用原始文献的原则上。

8. 引用标注应完整、准确地显示被引作品的相关信息

这是对引用标注技术方法的规范。所谓相关信息,包括作者、题名、出版地、出版时间、卷期、页次等。完整、准确地显示相关信息,一方面体现了引文的确切性,说到底是学术研究严谨的科学态度的体现,同时也为读者以此为线索的进一步查找提供了方便。

近年来,在学术规范日益被重视的过程中,引文标注的技术规范也在逐渐强化,所以,这方面的问题,主要是一个熟悉技术规范并在研究中加以运用的问题。

9. 引用网络资源必须注意其"动态性"

随着时代的发展,网络文献信息资源以其内容的丰富、更新的及时、传播的迅速、获取的方便越来越成为学术研究中重要的文献信息源。在学术研究中,严肃的网络资源和印刷版文献具有同等效力,使用的基本规范也相同。惟一的重要区别是,适应网络资源"动态"的特点,网络资源的引用出处一般由网址和时间信息构成。时间信息是指网络资源的发布、更新时间或获取时间。

二、文献信息资源利用的引证标注方法

文献信息资源的引证标注有3种情况:注释、引文出处、参考文献。

注释是对正文内容的解释或补充。

引文出处是对正文中引用文献出处的揭示。

参考文献是著述写作过程中参考过的文献列表。从理论上说，参考文献可以是引用过的文献，也可以是仅仅潜在性地启发了作者的思路而并没有直接引用的文献。

在现实研究中，上述概念的使用存在着某种程度的交叉或混乱。如注释往往是解释、补充性文字与引文出处的集合。这种做法的理论依据是，注释包括"注"与"释"。注的作用在于指明引文出处，释的作用则是对正文内容进行解释或补充。二者的功能往往无法割裂：揭示引文出处后，若要对引用的文献进行分析、比较、鉴别，这便是"注"中有"释"；而对文献的题名、内容所进行的解释与说明中，也许就存在着引用他人观点、著述的情形，这便是"释"中有"注"。既然注释原本就包括了注与释，而且二者往往无法割裂，于是就出现了归并集合使用情形。再如，参考文献往往是引用文献。在中国目前的学术论著论文中，把参考文献和引用文献作为同义语使用的情形比比皆是。

不仅概念认同上存在着混乱，引证标注的表现形式也有不同。比如目前通行的注释位置安排便有 4 种情形：脚注（页末注）、尾注（文末注）、夹注（文中注）、夹注和文末参考文献相结合。至于引文出处或参考文献基本信息的揭示体例，差异更大：揭示的项目有差异，项目的著录方法有差异，项目的排列顺序有差异，使用的标识符号有差异，等等。

从国际经验看，在学术规范体系比较健全的国度，学术研究中的引证标注方法都被当作学术规范的重要组成部分看待，出版单位以此他律作者，作者以此自律，并作为学术同行进行学术对话的基本规则。如美国芝加哥大学出版社的《芝加哥手册——写作、编辑和出版指南》(*The Chicago Manual of Style*：*The Essential Guide for Writers，Editors & Publishers*)、美国现代语言学会(*Modern Language Association*)编辑的《MLA 论文写作手册》(*MLA Handbook for Writers of Research Papers*)、美国心理学会(*American Psychological Association*)编辑的《美国心理学会出版手册》(*Publication Manual of the American Psychological Association)、美国法学界通行的《蓝皮书》(Blue Book：An Uniform System of Citation)等等。英国剑桥大学、牛津大学等机构,日本的重要学术机构和出版机构也都有自己的详略不等的写作技术规范。美国的《芝加哥手册》迄今已有近一百年的历史(1906年初版),经过了14次修订,篇幅达900多页,主要内容包括对手稿的一般要求、体例规范、装帧设计等,成为美国出版界和学术界应用最为广泛的一种专业写作和编辑规范,被称为"芝加哥规范"。《MLA论文写作手册》也有五十多年的历史。新近的第4版(1995年出版)包括研究与写作,写作技巧,学术论文的版式,文献：文末引用著作的准备工作,文献：文内引用资料,缩略语等6部分内容。其中所谓的"写作技巧"并非是探讨如何写作的,而是对规范性技巧的规定。"文献"部分则详细规范了如何引用他人的著作、如何引用学术期刊上的文章、如何引用CD-ROM上的资料、如何引用多人合著的著作、如何引用同一作者的多部著作等诸多具体问题。实际上,这些手册的主要内容大同小异,区别在于针对不同学科特点和习惯的一些具体规定。

引证标注方法一类技术性规范之所以受到重视,是因为它虽然并不反映学术成果的内在学术含量,但却是外化内在学术含量的基本手段;虽然不能反映作者的全部水平,却可以反映作者的研究态度和学术积累;虽然不是学术研究和学术规范的全部内容,但却是学术研究的必要条件和学术规范的起点。简而言之,它是接受过基本的学术训练的标志,是具有基本的学术素养的标志,是建立良好的学术道德的程序性制约。不规范的引证标注往往为剽窃者打开了方便之门,而严格的参考文献制度是杜绝剽窃的有效办法。从这个角度看引证标注方法,就不难理解发达国家长期致力于学术研究的技术规范建设的良苦用心了,也就不难理解我们不时见到的国外严肃的学术著作"一本书半本注"的现象了。

长期以来,我国学术界的学术研究引证标注方法处于一种有传统、有惯例、少规范的境地。相对来说,学术积淀较为雄厚的文史哲领域状况较好,近年来一批自国外归来的接受过系统西方学术训练的中青年学者较多地引进了西方的规范。20世纪90年代以来,面对在社会转型时期中国学术界出现的较为严重的浮躁和失范现象,引发了学术界对学术规范问题的空前关注和讨论,引证标注方法这类技术规范建设也取得了积极进展。目前,国内学术界比较有影响的文献引证标注规范主要有:

1. 文后参考文献著录的国家标准

1987年5月5日,国家标准局批准《文后参考文献著录规则》(GB 7714—87),自1988年1月1日起实施。该标准规定了各类型出版物中的文后参考文献的著录项目、著录顺序、著录用的符号、各个著录项目的著录方法以及参考文献标注方法,专供著者与编者编纂文后参考文献时使用。标准的要点是:

● 文后参考文献的著录项目,不同的文献类型有所区别。总的原则是:作者、题名、出版信息、位置信息。项目之间以符号"."间隔。

● 文后参考文献列表可以采用"顺序编码制",也可以采用"著者—出版年制"。所谓顺序编码制,是指参考文献列表中的各篇文献按正文部分标注的序号依次列出;所谓著者—出版年制,是指参考文献列表中的各篇文献首先按文种集中,然后按著者字顺和出版年排列。国内通常采用的是顺序编码制。

● 顺序编码制的文内标注格式,按引用文献在著述中出现的顺序用方括号阿拉伯数字(如[1])连续编码,以上角标的形式标注。例如:

[1] 季羡林.梦萦未名湖.广东:新世纪出版社,1998:158—200
[2] 刘少奇.论共产党员的修养.修订2版.北京:人民出版社,1962
[3] 季卫东.面向二十一世纪的法与社会.中国社会科学,1996(3):107
[4] 刘伟.关于社会主义所有制改革理论的比较研究:[学位论文].北京:北京大学,1990

对学术研究的引证标注来说,这一规则存在一些问题。首先,将

"参考文献"作为"引文出处"的同义语使用,[①]使研究者无法开列广义上的参考文献。国内广泛存在的"参考文献"与"引文出处"界限不清的局面,与这一规则有直接的关系。其次,标注的对象仅限于参考文献,研究者无法使用对正文内容进行解释或补充的"注释"。由于这两大局限的存在,使它难以适应许多学科的标注惯例,不能满足许多学科的研究需要。因此,虽然它是国家标准,但到目前为止,国内全盘采用这一规则的并不多。

2. CAJ-CD 规范

CAJ-CD 规范全称是《中国学术期刊(光盘版)检索与评价数据规范》(Data norm for retrieval and evaluation of Chinese Academic Journal-CD)。该规范由《中国学术期刊(光盘版)》编辑委员会提出,国家新闻出版署 1999 年 1 月 12 日印发,自 1999 年 2 月 1 日起在《中国学术期刊(光盘版)》入编期刊中试行。

此规范全面规定了《中国学术期刊(光盘版)》检索与评价数据主要项目的名称、代码、标识、结构和编排格式,其中有关"参考文献"规范的要点是:

● 参考文献的著录格式采用 GB 7714(《文后参考文献著录规则》)推荐的顺序编码制格式。

● 参考文献的著录项目包括:

a. 主要责任者;
b. 文献题名及版本(初版省略);
c. 文献类型及载体类型标识;
d. 出版项(出版地、出版者、出版年);
e. 文献出处或电子文献的可获得地址;
f. 文献起止页码;
g. 文献标准编号(标准号、专利号等)。

---

① 该规则对"文后参考文献"的释义是:"为撰写或编辑论著而引用的有关图书资料。"

第一章 概　说

　　在上述著录项目中,"文献类型及载体类型标识"和"电子文献的可获得地址"是两个有特点的项目。
　　该规范规定用单字母方式标识纸张型参考文献类型,用双字母方式标识电子型参考文献类型。具体如下：

专著—M　　　　　　　论文集—C
报纸文章—N　　　　　期刊文章—J
学位论文—D　　　　　报告—R
标准—S　　　　　　　专利—P
析出文献—A　　　　　其他—Z
数据库—DB　　　　　 计算机程序—CP
电子公告—EB

　　该规范还规定,以纸张为载体的印刷型文献在引做参考文献时不必注明其载体类型,而对于非纸张型载体的电子文献,当被引用为参考文献时需在参考文献类型标识中同时标明其载体类型。电子文献的载体类型也用双字母标识,具体如下：

磁带(magnetic tape)—MT　　　磁盘(disk)—DK
光盘(CD-ROM)—CD　　　　 联机网络(online)—OL

　　包括了文献类型和载体类型的电子版参考文献的类型标识方法是：

[文献类型标识/载体类型标识]

　　例如：

[DB/OL]—联机网上数据库(database online)
[DB/MT]—磁带数据库(database on magnetic tape)
[M/CD]—光盘图书(monograph on CD-ROM)
[CP/DK]—磁盘软件(computer program on disk)
[J/OL]—网上期刊(journal online)
[EB/OL]—网上电子公告(electronic bulletin board online)

　　所谓"电子文献的可获得地址",是指经由网络获得的电子文献的出处,即该网络资源的详细网址。由于网络资源具有动态性,其出处除了详细网址以外,还应该包括时间信息。CAJ-CD规范规定,电子文献出处或可获得地址之后,应加注该电子资源的"发表或更新日期/引用日期",但这些日期项目允许任选。

以下是依据CAJ-CD规范标注的文后参考文献示例:

[1] 苏力.法治及其本土资源[M].北京:中国政法大学出版社,1996.8.

[2] 袁行霈.多元与自主——经济全球化趋势中的人类文化生态[A]."北大论坛"论文集编委会.走向未来的人类文明:多学科的考察——第二届"北大论坛"论文集[C].北京:北京大学出版社,2003.26—31.

[3] 罗也平.对美国图书馆的观察与思考[J].中国图书馆学报,1998,(2):67—70.

[4] 谢希德.创造学习的新思路[N].人民日报,1998-12-25(10).

[5] 王明亮.关于中国学术期刊标准化数据库系统工程的进展[EB/OL].http://www.cajcd.edu.cn/pub/wml.txt/980810—2.html,1998-08-16/1998-10-04.

[6] 万锦坤.中国大学学报论文文摘(1983—1993).英文版[DB/CD].北京:中国大百科全书出版社,1996.

● 对"注释"和"参考文献"加以区分。CAJ-CD规范规定,参考文献一般集中列表于文末,即采用文末尾注;注释一般排印在该页地脚,即采用随页脚注。参考文献序号用方括号数字标注,而注释用加圈数字标注(如①,②等)。这一规定,解决了《文后参考文献著录规则》(GB 7714—87)无法使用"注释"的弊端。

CAJ-CD规范在适应利用计算机处理、检索、评价文献信息方面有突破,在我国首次对新兴的电子资源的引证标注方法作出了规范,具有鲜明的时代特色。但是,该规范也存在一些问题。国内一些研究者对它的批评涉及的主要问题是:

● 规定了文献类型代码,但文献类型一方面区分过于简单,另一方面归并不甚科学。如在人文社科研究中常用而且重要的资料集、档案文献等未单独区分,只能统归于"Z";只要是"书",不论是专著、编著、教材、译著、论文集,统统并入一类;在人文社科领域,文集和论文集的性质、功能区别甚大,却并入同类;等等。所有这些,被认为与建立标注规范的初衷——体现严谨、科学的治学态度有距离。

● 没有为人文社科研究中不时出现的"转引"规定明确的、足以显示其是转引的标注方法。直接引用还是转引,在人文社科研究中是必须明确区分的事情。注明"转引自",既是作者没有亲自见到原始文献的坦陈,同时也是作者只对引用的文献承担有限责任的声明。把转引标注得像直接引用一样,在人文社科研究中被称为不实标注,是大忌。而按照 CAJ-CD 规范,恰恰是直接引用和转引无法明确区分,即便是作者想区分也无能为力。这又被认为与建立标注规范的初衷——引导学风、制约投机有距离。

● 使用的标注符号较为复杂。有学者指出,整套规范使用了十多个文献类型和载体类型代码,3 种标识(脚注标识、尾注标识、页次标识),2 种括号,2 套文献序号,对一般人来说,显得复杂,有可能破坏读者阅读的连续性。

2000 年 1 月,教育部印发了由中国人文社会科学学报学会提出的《中国高等学校社会科学学报编排规范(修订版)》(简称"高校学报规范")。高校学报规范与 CAJ-CD 规范基本一致,其细化的内容主要是规定一种文献在同一文中被反复引用,用同一序号标示。如某人在一篇论文中多处引用了苏力所著《法治及其本土资源》一书的不同内容,但在论文正文中标注的引文出处序号只能使用一个。多次引用同一文献而只能采用同一序号标示,保证了在文末参考文献列表中一种文献只出现一次,但势必造成难以标注引文的准确页次位置的弊端。为了解决这一问题,高校学报规范规定,如需标明引文具体出处页次的,可在正文序号后加圆括号注明页码或章、节、篇名,采用小于正文的字号编排。

3. 《历史研究》规范

"《历史研究》规范"是中国社会科学院系统以《历史研究》为代表的 7 家期刊联合制定的引证标注规范,2002 年 1 月开始实行。这是一个比较充分地体现了人文社科研究特点,特别是体现了中国传统学科(如文史哲)引证习惯的规范。规范的主要原则是:

● 不论是注释还是引文出处,一律采用随页脚注形式,不采文后尾注形式。

● 引证标注的行文,按规范使用标点符号,不使用著录符号。公开出版物的题名使用书名号,未刊文献的题名使用双引号。

● 充分考虑了人文社科研究中使用的文献类型的复杂性,对文献不作类型归并,据实揭示。

● 充分考虑了各类著作物在责任者、题名、卷期、版本信息、出版信息等方面的复杂情况,以据实、准确和遵从惯例、便于核对为揭示原则。

● 体现人文社科研究的特点,对古籍、未刊文献、解释性注释中涉及的文献出处的引证标注方法,作了较为详细的规定。

● 确立了引证外文文献原则上使用该文种通行的引证标注方式的原则。

以下一些实例,基本反映了该规范规定的引证标注方法:

朱汉国:《梁漱溟乡村建设理论研究》,山西教育出版社,1996年。(专著)

傅敏编《傅雷家书》,三联书店,1988年第3版。(编著)

A. 施阿兰:《使华记(1893—1897)》,袁传璋、郑永慧译,商务印书馆,1989年。(译著)

楼适夷:《读家书,想傅雷(代序)》,傅敏编《傅雷家书》,三联书店,1988年第3版。(析出文献)

《论语·学而》。(常用基本古籍)

(清)姚际恒:《古今伪书考》卷3,光绪三年苏州文学山房活字本。(古籍—卷/版本)

《太平寰宇记》卷159《岭南道·循州·风俗》。(古籍—卷/篇)

《元典章》卷19《户部五·田宅·家财》,"过房子与庶子分家财"条。(古籍—卷/篇/条)

《资治通鉴》卷2000,唐高宗永徽六年十月乙卯。(古籍—卷/条)

《三国志》卷33《蜀书·后主传》,裴松之注引《诸葛亮集》。(古籍—引书)

崇祯《吴县志》卷2,上海书店,1990年(据明崇祯年间刊本)影印本。(影印古籍)

吴艳红:《明代流刑考》,《历史研究》2001年第6期。(期刊论文)

朱汉国:《民国时期社会结构的变动》,《光明日报》1997年6月17日。(报纸文献)

Basar, T., Olsder, G. J., *Dynamic Noncooperative Game Theory*. New York: Academic Press, 1982, p. 123. (外文文献)

方明东:"罗隆基政治思想研究(1913—1949)",博士学位论文,北京师范大学历史系,2000年,第67页。(学位论文)

中岛乐章:"明前期徽州的民事诉讼个案研究",国际徽学研讨会论文,安徽绩溪,1998年。(会议论文)

"蒋介石日记",毛思诚分类摘抄本,中国第二历史档案馆藏。(档案资料)

①关于这一问题,参见卢汉超著《赫德传》(上海人民出版社,1986年)第89页。(注释)

③转引自王晓秋《近代中日文化交流史》(中华书局,2000年)第456页。(转引)

"《历史研究》规范"在通过形式的规范引导学风养成,通过形式的规范制约学术失范方面是成功的,并且较好地继承和保留了中国人文社会科学研究在引证标注方面的传统与特色。它的主要问题是,遵从习惯较多,自由裁量较多,因此,形式上的规定性相对较弱。比如,规范规定,常用基本古籍,可以不标注作者;古籍作者之前是否标注朝代,视需要而定;古籍是否标注版本和页码,根据实际情况决定;影印古籍是否标明所依据的原始版本,视必要而定;稀见期刊和港澳台期刊适当加注出版地;等等。此类规定中的"视需要"、"视必要"、"可以"、"适当"等,都有较大的自由度。自由度大,导致的结果是标注项目不一致,形式不整齐,这给引用文献的计算机统计分析带来了困难。

文献信息资源利用中的引证标注方法,绝不仅仅是纯粹技术性、工艺性的事情,它具有引领学风、规范方法、制约投机、体现功力的意义,在学术研究中,是典型的"程序正义"。在今天,科学的引证标注方法,必须考虑国际惯例、民族传统、学科特色与利用现代化手段统计分析等诸多因素的有机结合。也许美国的经验值得我们借鉴:不追求大而全的企图覆盖所有学科的统一规范,而是形成若干适应大学科或相近学科群需要的规范,比如人文科学有"芝加哥规范",语言学有"MLA标准",心理学和社会学有"APA标准",法学有"蓝皮书"。这样,形式服务于内容、规范制约适应学科规律的空间会更大。

第二章　辞书资源与汉语字词的查考

第一节　中国辞书的演进源流

一、辞书释义

1. 辞书与字典、词典

辞书是字典和词典的统称。

汉语的字典、词典有区别。字典是主要用来解释汉字形、音、义的工具书；词典是主要用来解释词语的意义、概念、用法的工具书。但这种区别又是相对的。汉语字典一般兼收词语，汉语词典一般兼释单字。所以，二者的不同仅仅在于解字释词，重点各异。

汉语字典、词典这种既有区别又有联系的特点，说到底是由汉语字词的特点决定的。在汉语里，一个字代表语言里的一个音节，每个字都有自己的形体、读音和意义。词语是由词素构成的，词素就是单字。由于汉语的字和词本身有区别，反映在解释字词的工具书中，就有字典和词典的区别；由于汉语的词素就是单字，单字都具备形、音、义三大要素，词语的读音和意义很大程度上取决于构成词语的词素。所以，汉语的字和词关系密切，反映在解释字词的工具书中，就是字典和词典总是可以交相为用。在西方语言中，一般没有字和词的区分，所以西方的工具书体系中也就没有字典和词典的区分，而是统称为词典(dictionary)。

2. 辞书与百科全书

在我国,辞书的概念往往又被用来指称字典、词典和百科全书。更有甚者,将所有仿照词典体例编纂的工具书,都称为辞书。这样一来,不仅百科全书,甚至包括年鉴、某些以词语立目的手册、中国传统的类书也都被纳入了辞书的范畴。这是对辞书概念的泛化。

辞书是中国和日本特有的概念,有学者说,汉语的"辞书"一词是"侨词",源于日语。在日语中,"辞书"便是"词典"的同义语,而与百科全书(日语又称"百科事典")无涉。日本平凡社出版的《大百科全书》(1985年初版)中的"百科事典"条目专门对百科全书和词典的区别作了论述:"encyclopedia(百科全书)一词是由希腊语 enkyklios(圆环)和 paideia(教育、训练)合成的,原本是'知识之环'、'体系化的教育'之意。不论是词语的意义,还是发音、语源,都与专门收录语言知识的辞典(辞书,dictionary)有区别。在内容方面,进入百科全书范畴的,只是像辞典中那样的语词被冠于条目之首。"(第647页)这是从概念产生的角度论述二者的区别。从另一方面说,目前不论中外的工具书体系,词典、百科全书、年鉴、手册等都是作为独立的工具书类型出现的,所以,把性质、功能与字典、词典并不相同的百科全书等统称为辞书,并不科学。

3. 词典与辞典

汉语词典往往又写作"辞典"。

从语义上说,"词"和"辞"在表示言辞(言词)、文辞(文词)时是相通的。古人有所谓"言之成文则为辞"的说法,也有"有是意于内,因有是言于外,谓之词"的说法。词典是以词语为收录和解释对象的,既然在"言辞(言词)"、"文辞(文词)"的意义上"词"和"辞"可以通用,所以就出现了"词典"和"辞典"通用的现象。在许多辞书中也可以见到"词典同辞典"或"词典又作辞典"这样的解释。

不过,仔细区分,"词"和"辞"也有微殊。比如,"词"在古代可以用来特指"语助",即今天所说的虚词,"辞"却没有这样的意思。清代著名学者王引之写的解释西汉以前古书中虚词的训诂学专书,名《经传释词》，意思是释经传之"词"。近代学者杨树达编的专门解释古汉语虚词的词典，名《词诠》，意思是诠"词"。在这种情况下，"词"并不能替换为"辞"。还有，"词"的基本意思是语言中能够独立运用的最小单位，"辞"则是言辞、文辞。仅就此比较，"辞"的指称范围比"词"大。运用在指称词典当中，近年来出现了这样一种趋势：以收录语文性词汇为主的语文词典，多写作"词典"，如《现代汉语词典》《汉语大词典》；以收录术语、专名、学科性词汇为主的词典，多写作"辞典"，如《中国历史大辞典》《经济大辞典》。

也有学者提出，汉语词汇实际上可以分成"词"和"语"（成语、谚语、俗语、惯用语等）两个层次。专门收"词"或以收词为主的是"词典"，专门收"语"或以收语为主的是"辞典"。这些事实表明，汉语中"词典"和"辞典"的用法正在逐步走向规范化。

二、词典的分类

学术界对字典、词典类型的划分，依标准的不同而结果有异。从规模上区别，有大、中、小型之分；从释词方法上区别，有描写型词典和规范型词典之分；从收词时限上区别，有历时性词典和共时性词典之分；从载体形式上区别，有印刷版词典和电子版、网络版词典之分；等等。比较常用的区分方法是从内容上着眼，将其分为语文性字典词典、学科词典、专名词典3大类。

语文性字典词典以提供字词的语言文字性解释为主要内容。

学科词典包括百科词典，以提供概念、术语和学科语词的知识性解释为主要内容。

专名词典主要包括人名词典、地名词典、书名词典，以提供与专名有关的基本事实和资料为主要内容。

三、中国古代的字书

在中国古代，字典、词典一类工具书统称为字书。

准确地说，字书是以解释汉字形体为主，兼及音义的书。与字书性质相近的，还有训诂书和韵书。训诂书以讲解字义、训释名物为主，兼及形体、读音；韵书以审音辨韵为主，兼及形体、释义。可见，字书、韵书、训诂书是分别针对着汉字的形、音、义三大要素,作侧重点不同的训释。由于汉语是用具有表义特征的汉字记录的语言,与其他民族语言相比,汉字的形、音、义关系更为密切,所以,将三者联系起来而不是割裂开来,是深刻地理解和准确地说明汉语字词意义的关键所在。中国的字书从一开始就注意到了汉语的这一本质特征。因为在中国古代的字书、韵书、训诂书中,以分析汉字形体构造为主要内容的《说文解字》最为有名,所以"字书"就成了这类书的统称。

字书、韵书、训诂书构成了中国古代辞书的3种主要类型。在古代的分类体系中,它们统属于"小学类"。

中国古代的字书起源于教授学童的识字书。周宣王时的史官曾编纂《史籀篇》,据王国维考证,《史籀篇》是"春秋战国之间秦人作之以教学童"。秦始皇统一六国后,丞相李斯作《仓颉篇》,不仅用于教授学童识字,还成为秦统一文字时小篆书体的样板。西汉元帝时(公元前48—前33),黄门令史游作《急就篇》,以韵语形式分章叙述各类名物知识,以应学童识字"速成"("急就")之用。《急就篇》保存至今,是我国现存最早的用于教授学童识字的字书。正因为中国的字书起源于学童识字书,所以在古代的分类体系中被归入"小学类"。从起源上说,中国的字书比西方的词典早出现了1500年以上。

到汉代,中国的字书已经发展到了比较成熟的阶段。由秦汉之间的学者递相增益而成的《尔雅》,是中国最早的以训释词义为主要内容的训诂书,被称为中国最早的词典。唐宋时期被列为"十三经"之一。历代对《尔雅》进行注解、续补、模仿的作品层出不穷,形成了中国辞书发展史上特有的"《尔雅》系统的字书"(又称"群雅")。西汉时著名学者扬雄编纂《方言》(全称《輶轩使者绝代语释别国方言》),是我国历史上第一部具有方言词典性质的汉语比较方言词汇集,在世界方言研究史上也占有重要地位。和《尔雅》一样,历代对《方言》的注疏续补之作同样层出不穷,形成了中国辞书发展史上特有的"《方言》系统的字书"。东汉中期,著名学者许慎完成《说文解字》,这是我国历史上第一部系统地分析字形、解释字义的字书,代表了当时字书编纂的最高水平。它首创的按照部首归并集中汉字的字书编纂方法对中国字典、词典编纂所产生的深远影响,直到今天仍在延续。

历代研究、续补《说文解字》的作品,又形成了中国字书发展史上特有的"《说文》系统的字书"。

汉魏以来,随着汉字形体的变迁、反切注音方法的产生、四声现象的被发现,以及文学作品对声律的讲求,审音辨韵的社会需求日渐突出。三国时期,我国历史上最早的韵书——李登编纂的《声类》应运而生,紧接着,又出现了晋代吕静编纂的《韵集》。到了隋朝,陆法言在继承和总结前代韵书的基础上编著了《切韵》,成为后世传统韵书演变的基础。《切韵》原书早已亡佚,现在据以了解其基本体制和内容的,是敦煌出土的唐人抄本片段和一些增订本。宋真宗大中祥符元年(1008年),陈彭年等人奉诏编纂的《广韵》(全称《大宋重修广韵》)问世。这是中国古代最早的官修韵书,也是现存最早的完整韵书。从内容上说,《广韵》继承了《切韵》、《唐韵》的音系,韵数(206韵)、字数(26194字)较以前有所增加,[①]是汉魏以来具有集大成性质的韵书。从体制上说,《广韵》完善了唐代以来韵书加注释、引文注出处的体制,确立了韵书作为"按韵编排的同音字典"的性质。《广韵》之后,宋仁宗宝元二年(1039年),丁度等人编纂完成了《集韵》,是在《广韵》的基础上增订而成,分韵的数目与《广韵》相同,但收字数量更多(53525字),特别是所收的异体字数量多。《广韵》和《集韵》是现存古代韵书的代表作。元代以后,曲韵、诗韵在韵书中占据了重要地位。元定泰元年(1324年)周德清作《中原音韵》,是用来指导作曲用韵的工具。清代康熙年间编辑成书的《佩文诗韵》,按长期以来作旧体诗的金科玉律"平水韵"(106韵)编排,是当时权威的官修标准韵书。

在中国古代字书发展史上,成书于明代的《字汇》和《正字通》为古代字书编纂法的定型奠定了基础。《字汇》是梅膺祚于明神宗万历四十三年(1615年)编成。其突出的贡献是把《说文解字》开创的540部首改并为214部首,并依照地支次序分为12集。此外,确立了部首和部首内汉字按笔画多少排列顺序的原则,确立了字书释文先注

[①] 《广韵》、《集韵》因系按韵排列,一个复音字按音排在几个地方,如难易的"易"和交易的"易"古不同音,分列两处,所以实际字数少于所列字数。

音、后释义以及字义有序排列、释义列举书证的体例。《正字通》是张自烈在明崇祯末年编成的。它的基本内容和体例都沿袭了《字汇》，但补正了《字汇》的许多缺漏和错误，释文中征引前代注疏的繁博程度也远胜于《字汇》。清代康熙年间，在《字汇》和《正字通》的基础上编成了《康熙字典》。经过几千年的发展，中国古代字书在编纂方法上形成的一整套规范，借助着官修的《康熙字典》得以最终确立；在内容上形成的深厚积淀，在《康熙字典》中得以充分体现。《康熙字典》不仅是中国历史上第一部明确以"字典"命名的字书，而且是中国传统学术文化总结时期出现的最具代表性的古代字书。

四、近代以来的字典、词典

晚清以来，在西学东渐热潮中，西方的词典编纂方法伴随着西方的词典传入中国，中国古代形态的字书开始了向近代形态的字典、词典的转化。转化的标志，首先是一些外语或汉外对照辞书的出现，其次是一些专科词汇集、专科词典特别是科技专科词典的出现，第三是一些汉语百科词典的出现。在中国辞书发展史上，一般以 1915 年作为时间分界，标志是《中华大字典》和《辞源》的出现。

《中华大字典》是中华书局于 1915 年出版的。从内容上看，《中华大字典》并没有全面超越《康熙字典》，它的创新和改进，是在编排的体例上。典型的表现，是它的释文采用了西方词典中惯用的"分条释义"的方法，同时，简化了单字注音体例。《辞源》是商务印书馆于 1915 年出版的。不论在内容上还是形式上，它都对传统字书作了全面革新。比如，在收词范围上，它突破了传统字书"以字为限"的格局，不仅收字，还广泛收录常见常用的复词、成语、熟语以及百科语词，确立了汉语辞书"以字带词"的收录体制；在释文体例上，它继承了中国传统字书的优良传统，同时采用了"分条释义"的方法。从此，汉语辞书"以字带词，分条释义"的编纂方法得以确立。

从 20 世纪初到 1949 年之间的五十年间，我国出版的中外语文性辞书大约有 250 种，科技词典 70 多种，还出版了一批专科词典。20 年代初至 30 年代后期，是辞书编纂出版取得成就较大的时期。近代以来一些在学术界影响较大的辞书，大都出现在这时。如《词诠》(杨树达编,商务印书馆,1928)、《四角号码字典》(商务印书馆,1930)、《联绵字典》(符定一编,中华书局,1932)、《辞通》(朱起凤编,开明书店,1934)、《辞海》(中华书局,1936)、《中国人名大辞典》(臧励龢编,商务印书馆,1921)、《中国古今地名大辞典》(臧励龢编,商务印书馆,1929)、《古今同姓名大辞典》(彭作桢编,北平好望书店,1936)等。

1949—1979年的三十年间,我国的辞书编纂出版事业有进展,也有曲折。1949—1965年,出版各类辞书有700多种,1966—1977年,只有区区100多种,而且内容大都偏离了辞书规律。此期间最杰出的成就是编纂出版了《新华字典》。到目前为止,《新华字典》已经是第10次修订,120多次重印,总发行量突破4亿册。在及时反映国家现行的语文政策、促进现代汉语规范化、促进科学文化普及、完善辞书编纂方法等方面,它都发挥了巨大作用,产生了深远影响。

20世纪80年代以来,我国的辞书编纂出版事业进入了迅速发展阶段。20多年来,共出版各类辞书8000多种,在数量上已经超过了此前两千多年中国辞书的总和。一大批质量高、影响大、基础性的辞书相继出现,如《现代汉语词典》的正式出版,《辞海》和《辞源》修订的最终完成,《汉语大字典》和《汉语大词典》的成功编纂等。较为完整的中国辞书体系已经基本形成,标志是:基础性、权威性汉语语文辞书已经形成系列,汉外对照的双语辞书基本覆盖了所有实用语种,学科性辞书基本覆盖了所有主要学科,辞书的品种、类型多样化,辞书的功能、效用特定化,辞书的社会认知程度明显提高。

20世纪90年代以来,电子词典在我国开始出现。目前的电子词典,在内容上基本还是成功的印刷版词典的电子化,在载体形式上以光盘版为主。90年代中期以后,具有交互特点的网络词典引起了人们的关注。目前,电子词典、网络词典在中国发展迅速。依托计算机和网络环境的电子词典,并没有改变词典的性质功能,但它却深刻影响并改变了辞书编纂出版和查考利用的思维方法、行为习惯。技术方法的进步,为辞书的发展开辟了新的天地。

第二节　中国辞书的结构体例与编纂传统

一、印刷版字典、词典

现代字典、词典的整体构成,一般包括前言、凡例、正文、附录、索引几部分。

前言是对字典、词典编纂意图、编纂过程以及主要内容、功用的概略性说明。

凡例是对字典、词典编辑体例的介绍,主要包括选收字词的原则,解释字词的体例,词条的有序化方法,特殊标记符号的说明等。熟悉凡例,是正确地使用字典、词典的前提。

附录是字典、词典的附属部分,主要提供一些常用的参考性、指南性资料。

索引是查考内容的入口。为了便于人们从不同途径、不同角度进行查考,字典、词典一般都提供多种索引。汉语字典、词典常见的索引类型有汉语拼音索引、部首索引、笔画索引、四角号码索引、分类索引等。

字典、词典的正文由词条组成。词条是对一个单位字词的解释说明。词条包括词头(又称"词目",在语文字典中也称"字头")和释文两部分。词头是单位字词的标准形式。在语文字典中,如果单字有异体、繁体,一般在词头后附带列出。对学科名词或国外专有名词等音译外来语,汉语词典一般在汉语词头后附注相应的外文写法。释文是对词头的解释说明。词典的性质不一样,释文的内容也有区别。语文字典、词典的释文,主要提供字词的语言性解释。百科词典、学科词典的释文,主要是提供有关的知识性解释。专名词典的释文,主要是提供有关的基本事实或资料。

从结构体例来看,语文性字典、词典相对复杂。同时,由于中国的字典、词典源远流长,千百年来,已经形成了一些较为稳定的、具有中国特色的编纂传统。

1. 以字带词

汉语语文字典、词典对词条的编排组织，一般采用"以字带词"的方式——先列出单字词条，然后带出一系列包含了该单字的词语词条。首先列出的单字，称为"统领字"；带出的一系列词语，称为"被统领词"。被统领词中肯定包含了统领字，但随着统领字在被统领词中所处位置的不同，统领关系也有区别。

常见的是统领字和被统领词的词头（前语素）相同。这类词典，习惯上称为"正序词典"。一般的词典都是正序词典。

统领字和被统领词的词尾（后语素）相同的词典，称为"逆序词典"，又称"倒排词典"、"韵脚词典"。逆序词典实现了对同韵词汇的汇聚，对辨析字义词义、诗文写作有特殊的功用。

统领字在被统领词中的位置不固定，既有正序的，也有逆序的，还有居间的，它只是作为被统领词的一个语素而存在，具有这种统领关系的词典，习惯上称为"构词词典"。构词词典主要反映单字的构词能力，为人们以单字构词提供参考，对诗文写作、语言翻译往往有独特的作用。

2. 分条释义

汉语语文字典、词典对单位字词意义的解释，一般采用"分条释义"的方式——一个义项作为一条，分别列举，逐一解释。义项是指字词的每一个稳定的意义。

"分条释义"要求分别列举单位字词的每一个义项，那么，单位字词的所有义项在释文中如何排列？

按照中国传统字书形成的编纂方法，是依据字词意义发展演变的源流关系来排列义项。一般是本义居前，然后引申义、假借义依次排列。按照这种方法形成的单位字词义项序列，实际上就是一个字词的意义系统，基本反映了字词意义发展演变的轨迹。这种方法在明代梅膺祚的《字汇》中就已成型，《康熙字典》加以沿用，所谓"引用训义，各以次第"，遂使这一方法定型。这种方法充分体现了中国传统字书注重从探求本义出发清理源流、描绘递变的学术含量和科学精神。目前,一般大型历史性汉语字典、词典大都继承了这一传统,如《辞源》(修订本)、《汉语大字典》、《汉语大词典》等。

另外一种排列单位字词义项的方法,是建立在对字词意义使用频率的计量统计基础上,以常用的高频率义项居前,罕用的低频率义项列后。这种方法起源于西方。按字词意义的使用频率排列义项,是一种方便一般人使用的方法,同时也反映了字词意义的时代变化,但它无法反映义项之间纵向的流变演化情况。目前,一般以记录民族标准语为主要任务的描写性字典、词典,大都采用这种方法,如《现代汉语词典》等。

比较一下《辞源》(修订本)和《现代汉语词典》"河"字条的义项排列,可以看出两种不同方法的区别与特点。

辞源(修订本)	现代汉语词典
① 黄河。	① 天然的或人工的大水道。
② 河流的通称。	② 指银河系。
③ 指银河。	③ 特指黄河。
④ 姓。	

3. 书证和例证

语文字典、词典对单位字词每一个义项的解释,一般都要求举例,以证明该字词确有该意义。引自书面文献的例证,一般称为"书证";引自当代口头通行语的例证,直接称为"例证",或称"例句"。按照汉语辞书的编纂传统,对释文中的举例主要有如下要求:

首先,大型历史性语文字典、词典的举例,不采用例证,只采用书证。描写性字典、词典可以采用例证。

其次,引用书证必须详注出处。出处一般包括作者、书名、篇目或卷次。这一规范,在《康熙字典》时就已确立。《康熙字典》编纂时曾针对《正字通》"援引诸书不载篇名,考之古本,讹舛甚多"的现象提出了批评,并确立了"穷流溯源,备载某书、某篇,根据确凿"的书证著录规范。此后,汉语字典、词典引用书证大都继承了这一传统。

第三,同一义项引用多条书证,以时代先后排列顺序。这一原则,也在《康熙字典》时就已确立。目的在于通过书证的顺序罗列,反映字词意义稳定发展的时限概念。

第四,书证引自"始见书"。即作为原则,引用的书证(多条书证中的首条书证)应出自现存最早的书面文献。这一原则,与中国传统字书的义项排列原则相呼应:引自始见书的书证,用实例证明了字词意义的源头。这一原则,同样在《康熙字典》时就已定型。中华书局影印本《康熙字典》的《出版说明》中明确指出了这一点:"除了僻字僻义以外,它又差不多在每字每义下,都举了例子;这些例子又几乎全部都是引用了'始见'的古书。"当然,由于汉语书面文献的数量浩如烟海,因此,所谓"始见书"往往有其不确定性。

由于中国的字典、词典释义有书证,书证强调引自始见书,始见书的出处要求详细注明,所以,大型历史性语文字典、词典的释文往往可以作为查考字词最早出处的参考,而且是重要的参考。

4. 因声求义

"因声求义"是中国传统训诂学训释字义词义的重要方法。清代著名学者段玉裁在对《说文解字·叙》的注解中便说:"圣人之造字,有义以有音,有音以有形。学者之识字,必审形以知音,审音以知义。"因此,语文字典、词典的释文还包括注音。

大型历史性语文字典、词典的注音,不仅标注汉字的现代读音,还要标注古代读音。古代读音有上古音和中古音之分。上古音是指以《诗经》音为代表的先秦两汉时期的汉语语音系统,中古音是指以《切韵》为代表的隋唐时期的汉语语音系统。由于《切韵》原书已佚,而成书于宋代的《广韵》、《集韵》继承了《切韵》的音系,所以,现在人们标注中古音时一般以《广韵》、《集韵》为依据。多数汉语语文字典、词典标注的古音为中古音,也有少数同时标注上古音、中古音,若再加上现代音,就是一般所说的"三段标注法"。

标注古音的项目,较为齐全的包括反切、声调、韵部、声纽;也有的简化标注反切和韵部。例如:

丈　雉两切,长上声,养韵。(《中华大字典》:反切—直音注音—韵部)

丈　直两切,上,养韵,澄。(《辞源》修订本:反切—声调—韵部—声纽)

丈　《广韵》直两切,上养澄,阳部。(《汉语大字典》:反切—声调—韵部—声纽—上古音韵部)

丈　《广韵》直两切,上养,澄。(《汉语大词典》:反切—声调—韵部—声类)

  反切是中国古代给汉字注音的一种方法。它用两个汉字拼合另外一个汉字的读音。拼合的原理是:反切上字与被切字的声母相同,反切下字与被切字的韵母和声调相同。拼合时,取反切上字的声母,取反切下字的韵母和声调,把它们拼合起来,便是被切字的读音。现在见到的许多反切,按这一规则拼合后与被切字的读音并不吻合,这是因为汉字的读音发生了变化。

  声调也称字调,是指整个音节的音高。古代的声调分为平、上、去、入4种类型。

  韵部是古代韵书中对同韵汉字的归并。凡同韵的汉字归并为一类,称为一个韵部。每一个韵部都用一个汉字来代表,这个代表字称为韵目。

  声纽是声母的别名,简称"声"或"纽",又称"音纽"。古人认为一个字的读音,声母处于关键、枢纽的地位,故名。声母的代表字称为字母。声母有时也称为声类。

  总之,从编辑体例上看,中国的字典、词典在古代字书阶段就已形成了先注音、后释义,以及字义有序排列、释义列举书证等规范,并且在义项排列、引用书证等方面形成了优良的传统。发展到现代字典、词典阶段,编辑体例上的最大变化是形成了"以字带词,分条释义"的表现形式,中国字书编纂的优良传统在这一形式中得到了继承和发展。

二、电子词典和网络词典

  在我国,电子词典目前是一个泛称,既包括光盘载体的词典,又包括网络传输的词典,还包括软件形式和袖珍型的词汇集,特别是那些具有双语对照功能的词汇集。实际上,这三类词典有区别。这里只讨论光盘载体的电子词典和网络词典。

1. 电子词典的深度开发

目前国内光盘载体的汉语电子词典主要是成功的印刷版词典的CD-ROM化,因此,从内容上说,它们并没有超越印刷版词典。不同之处在于电子词典发挥了计算机的存贮和检索优势,对印刷版词典作了一些深度开发,从而使检索和查考更为方便快捷。所谓深度开发,目前主要的表现是:

(1) 检索系统的开发　与印刷版词典相比,电子词典的检索途径不仅仅是数量的增加,更重要的是可以实现印刷版词典无法实现的不同检索条件的组合查询、检索词部分缺省的模糊查询,以及检索词的逻辑组配查询。比如《汉语大词典》1.0版光盘,其部首查询、笔画查询都可以附加音读条件,同部首、同笔画的汉字可以按读音再作限定,这样就可以大大缩小查找的范围。台湾编纂的一部电子版《国语词典》,在检索词中使用通配符号,可以实现语词的前方一致、后方一致或任意一致汇聚;使用逻辑算符,可以实现不同检索词的逻辑组配查询。电子词典对检索系统所作的深度开发,已经改变了人们传统的查考字典、词典的方法,这是电子词典最突出的优势。

(2) 内容的整合　发挥数据库组织和类聚资源的优势,对词典的内容作多角度组合,实际功效是使一部词典派生出了多种专门词典,实现了信息的增殖。如《汉语大词典》1.0版光盘可以分别按字、词、成语组合内容,实际上就形成了以《汉语大词典》为基础的字典、词典和成语词典。台湾编纂的电子版《国语词典》对内容的组合更为精细,不仅按语词的语文属性作了重新组合(如成语辞典、谚语辞典、外来语辞典等),而且按语词的学科属性作了重新组合(如文学技艺类、生物类、地方行政类等),等于由一部词典派生出了十多部词典(参见图2.2.1)。电子词典的这一优势,将会给人们今后编纂和利用专门词典的思路与方法带来深刻影响。

(3) 相关内容的跳转　这是超链接功能在电子词典中应用的结果。在印刷版阶段,一部词典中的相关内容只能通过"参见"建立联系,虽说提供了联系的线索,但却不能减轻查找的烦劳。电子词典利用超链接技术将全部的相关内容联系起来,使相关内容的参见在点

第二章 辞书资源与汉语字词的查考

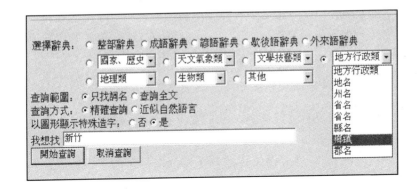

图 2.2.1

击之间完成。《汉语大词典》1.0版光盘就做到了这一步。

（4）基本信息的添加 由于目前的电子词典主要是印刷版词典的 CD-ROM 化，所以，对印刷版阶段由于种种原因未能收入词典的字词基本信息，电子词典可以悉数收录，结果是扩大了词典的信息量，强化了词典的参考功能。如电子版《康熙字典》就在原有内容的基础上，增加了单字的形体、读音、编码等基本信息，如图 2.2.2。

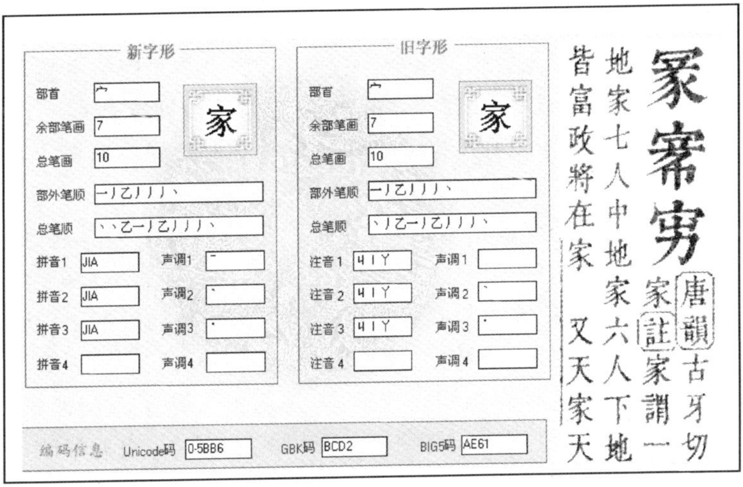

图 2.2.2

(5) 字音朗读　这是多媒体技术在电子词典中应用的结果。目前电子词典一般都具有这一功能。从长远看,这一功能的实现有可能改变人们查考字音的途径和习惯。

2. 网络词典的本质特点

网络词典又称在线词典。从广义上说,网络词典可以归入电子词典的范畴,所以,它具有电子词典所具有的特点。但是,从国外的实践经验看,仅仅通过网络传输并不是网络词典的本质特点。网络词典不同于光盘载体的电子词典的突出特点主要在于:

(1) 网络词典的编纂和使用具有互动性　所谓互动性,是说在网络环境下,词典的使用者和编纂者没有严格的区分,词典的编辑阶段和出版阶段没有严格区分,词典不需要形成定型的版本,词典的编纂和利用都是一个开放的、互动的过程。作为网络词典的编纂者,一般只是提供一个编辑方案、一个体例框架,提供一些词典样条,使用者在利用这些内容的过程中,完全可以介入词典的编纂,提出自己的解释,发布自己的修改意见或补充。这样,词典的利用者参与了词典的编纂,词典的编纂过程也就是词典的出版过程,由此导致了词典的内容是动态的、多元的。从本质上说,网络词典实际上是提供了一个开放的、互动的、多元的知识平台。这一特点,决定了网络词典的形式比较适合那些专门化程度较高的研究型、学术型词典。

在我国,目前还没有严格意义和严肃意义上的网络词典。有一部标称为"COOL 酷词典"(http://www.unihan.com.cn/cidian/search.html)的消遣娱乐型词典,在形式上具有网络词典的雏形。图 2.2.3 是该词典的界面之一。

可以看到,与传统的印刷版词典不同,它有"添加新词语"功能,还可以汇集动态性的"最新 50 词语"、"最新 50 解释"。图 2.2.4 是其正文对词语的解释。同样一个词语,不同的人作了不同的解释。所有这些,都体现了网络词典编纂与使用的互动以及由此导致的内容的动态的特点。

(2) 网络词典的构成具有集合性　从国外的经验看,所谓网络词典,往往是一个由多种词典构成的词典库。由于在计算机和网络

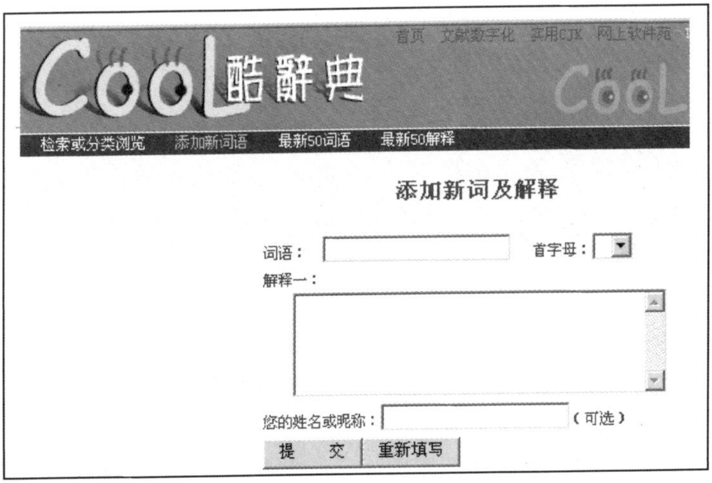

图　2.2.3

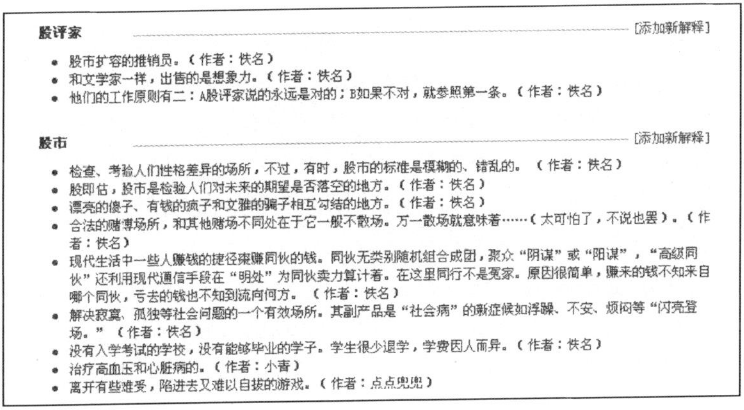

股评家　[添加新解释]

- 股市扩容的推销员。（作者：佚名）
- 和文学家一样，出售的是想象力。（作者：佚名）
- 他们的工作原则有二：A股评家说的永远是对的；B如果不对，就参照第一条。（作者：佚名）

股市　[添加新解释]

- 检查、考验人们性格差异的场所，不过，有时，股市的标准是模糊的、错乱的。（作者：佚名）
- 股即估，股市是检验人们对未来的期望是否落空的地方。（作者：佚名）
- 漂亮的傻子、有钱的疯子和文雅的骗子相互勾结的地方。（作者：佚名）
- 合法的赌博场所，和其他赌场不同处在于它一般不散场。万一散场就意味着……（太可怕了，不说也罢）。（作者：佚名）
- 现代生活中一些人赚钱的捷径来赚同伙的钱。同伙无类别随机组合成团，聚众"阴谋"或"阳谋"，"高级同伙"还利用现代通信手段在"明处"为同伙卖力算计着。在这里同行不是冤家。原因很简单，赚来的钱不知来自哪个同伙，亏去的钱也不知到流向何方。（作者：佚名）
- 解决寂寞、孤独等社会问题的一个有效场所。其副产品是"社会病"的新症候如浮躁、不安、烦闷等"闪亮登场。"（作者：佚名）
- 没有入学考试的学校，没有能够毕业的学子。学生很少退学，学费因人而异。（作者：佚名）
- 治疗高血压和心脏病的。（作者：小青）
- 离开有些难受，陷进去又难以自拔的游戏。（作者：点点兜兜）

图　2.2.4

环境下没有了存贮和传播空间的制约，词典库往往是跨国合作、多版本共存的。这一特点，大大扩展了词典的知识范畴，大大强化了词典的参考功能。

网络词典的出现，改变的不仅仅是词典的载体形式。编纂和使用的互动性,改变了词典的编纂方法和工艺流程;内容上的动态性,使传统词典作为"标准工具"的作用淡化了,而词典的参考功能增强了,同时对词典利用者"选择"能力的要求更为突出了。网络词典将会逐步改变人们利用词典查考问题的思维方法和预期目的。

在发达国家,网络词典也是 20 世纪 90 年代以后伴随着互联网的普及才开始出现的。目前在我国还没有严格意义上的网络词典,但可以预料,它在未来有良好的发展前景。

第三节 代表性中国辞书

包括字典和词典在内的中国辞书是查考汉语字词的主要参考工具书。字典、词典的类型与数量繁多,综合性语文字典、词典最为常用。

在中小型汉语语文字典、词典中,《新华字典》、《现代汉语词典》和《古汉语常用字字典》最具代表性。

新华字典是 1949 年以后我国编纂出版的最有代表性的字典之一。最早出版于 1953 年。目前最新的版本是第 10 次修订的"2003 年修订本",共收单字 11000 多个。收字范围是:以一般常用字为主,兼收部分古籍、方言和各行各业的常用字。《新华字典》的最大特点是汉字的形体和读音规范、准确,释义和例句简明易懂,全面而及时地体现国家现行的语文政策。

现代汉语词典是一部高质量的记录、描写现代汉语的中型规范词典。由中国社会科学院语言研究所词典编辑室编,商务印书馆出版。该词典的编纂工作开始于 1956 年,1960 年印行"试印本",1965 年印行"试用本送审稿",1973 年印行供"内部发行"的"试用本",直到 1978 年,第 1 版才正式公开出版。目前通行的是 1996 年修订第 3 版,共收字、词、词组、成语、熟语等词目 6 万多条。该词典的突出特点,一是内容以现代汉语普通话为基本范围:对在现代汉语中不常使用的字词一般不收,对字词在古代汉语中的音义一般不作解释;二是全面推行"规范":字音以《普通话异读词审音表》为规范,字形以《简化字总表》为规范,科技术语以新定名为规范,全面、正确地体现国家的语言文字标准。它出版以来,对推广普通话、促进现代汉语规范化起了积极的促进作用。

古汉语常用字字典是一部十分便于初学者使用的小型古汉语专门字典。1979年商务印书馆出版第1版,目前最新版本是"1998年版"(第3版)。共收古汉语常用字4100多个,复音词2500多个。本字典的编写原则和体例遵循与沿用了王力主编的《古代汉语》中"常用词"部分的体式,对字词意义的梳理和辨析,达到了较高的学术水平。如义项的排列体现字词意义的演变源流;对同义词和近义词一般作出辨析;对字词意义在发展过程中的需要注意的地方,一般均作出提示。同时,字典选用书证强调典型性和明白易懂,繁难例句作注解或串讲,实现了学术性和通俗性的较好统一。

《辞海》和《辞源》是查考古今常用字词时最为重要的辞书。

辞海最早于1936年由上海中华书局出版,是我国自20世纪初《辞源》问世以后出现的第二部产生了深远影响的大型综合性词典。1958年之前,这个版本的《辞海》曾多次重印,这些印本今天统称为"旧《辞海》"(或称"老《辞海》")。从1958年开始,对《辞海》进行修订,直到1979年修订工作终告完成,并于当年由上海辞书出版社出版,这就是《辞海》(1979年版)。此后,按照大型辞书实行连续修订制的国际惯例,《辞海》每隔10年出版一次修订本。截至目前,已经出版了1989年版和1999年版。1979年以后出版的《辞海》,统称为"新《辞海》"。

《辞海》是一部兼有字典和百科性质的综合性辞书。所谓兼有"字典"的性质,是说它收录、解释了较多的古今常见常用的语文性字词,具有一般语文字典、词典的功能;所谓兼有"百科"的性质,是说它广泛地选收、解释了百科性词汇,如古今中外人名、地名、图书典籍、历史文物典章制度,以及各个学科常用的名词术语,具有明显的"百科"特色。

《辞海》的主要特点是:在选收词语上,以解决一般人在学习、工作中质疑问难的需要为主,并兼顾各学科的固有体系;在释文内容上,以介绍基本的知识为主,并注意材料与观点的统一。

《辞海》(1999年版)收单字19000多个,字头及其下所列词目共

12万多条。自1979年版以来,通过连续不断的修订,在健全学科体系、增收新词新义、修正不足与失当等方面与时代同步前进,从语言变迁的角度见证与记录了中国社会二十多年来的全面发展与进步。它在修订过程中形成的"实事求是、历史主义、客观表述"的原则,体现了辞书编纂的规律,对近二十多年来中国辞书编纂产生了广泛而深刻的影响。

辞源是中国辞书发展史上标志着辞书编纂由古代字书阶段发展到现代词典阶段的具有划时代意义的大型综合性词典。编纂工作开始于清光绪三十四年(1908年),1915年由商务印书馆出版。

和《辞海》一样,《辞源》也有"新老"之分。1915年以后,1931年出版了《辞源》续编,1939年出版正、续编合订本,1949年出版简编本,1950年又出版修改本,这些,今天统称为"老《辞源》"。"老《辞源》"是为适应当时开发民智、普及学术文化知识的需要而编纂的一部"古今皆收"的综合性辞书。1958年,《辞源》的修订工作开始。1979年,修订本的第1分册由商务印书馆出版,至1983年修订本的4个分册全部出齐。这个修订本,习惯上称为"新《辞源》"。

《辞源》(修订本)与"老《辞源》"最主要的区别,是删除了"老《辞源》"中有关近代自然科学、社会科学、应用技术方面的词语,收词范围到鸦片战争(1840年)为止。这样,《辞源》(修订本)的性质就发生了变化:成为一部主要供查考古代词语典故和文物典章制度等知识性疑难问题的大型辞书,即专门的古汉语词典。

《辞源》(修订本)的特点是:在收词上,以语词为主,兼收百科,以常见为主,强调实用;在释义上,结合书证,重在溯源。"溯源"是《辞源》的本质特点。通过对文献证据(尽可能是出自"始见书"的证据)的梳理分析追溯词语意义发展演变的源流,义项排列反映字词本义、引申义、通假义的发展递变,书证排列严格以出现先后为序,标注统领字的古代读音,这些都是《辞源》"溯源"特点的鲜明体现。

《辞源》(修订本)共收单字12890个,词语84134条。它所采用的部首法,沿用了《康熙字典》的214部首方案。

从历史渊源上看,《辞海》和《辞源》关系密切,但各具特色;从修订以后的情况看,二者各有分工,性质、功能已有不同。这两部词典是一般人在学习、工作中查考汉语字词基本而重要的工具书。

目前,大规模的查考汉语字词的代表性工具书是《汉语大字典》和《汉语大词典》。

汉语大字典是一部以解释汉字形、音、义为主要内容的大型历史性详解字典。本书编辑委员会编,湖北辞书出版社、四川辞书出版社1986—1990年出版8卷本,1992年出版缩印本。

收字数量多,是《汉语大字典》的特点之一。全书共收列单字54678个,几乎囊括了中国历代辞书和古今著作中出现的楷书单字,堪称古今楷书单字的大汇编。

在内容上,《汉语大字典》的突出特点是,以"字"为中心,形、音、义兼顾,历史地、全面地、正确地反映其演变和发展。所谓"形、音、义兼顾",体现在字典提供的内容,包括了字形、字音、字义三个方面;所谓"历史地、全面地、正确地反映其演变和发展",体现在字典所提供的字形资料、所标注的古今读音、所解释的古今意义,反映了历史的发展变化,梳理了演变的源流,形成了演进的系统。如字形方面,选列了能够反映源流演变的古文字形体,使人们可以据此了解汉字形体是如何由古而今的。字音方面,采用了"三段标注法",即以汉语拼音标注现代音,以《广韵》、《集韵》为主标注中古音,以近人考订的30韵部为准标注上古音,使人们据此可以了解字音的发展变化。字义方面,通过本义、引申义、通假义的依次排列,反映字义转移与变化的线索和轨迹,同时,全面清理总结单字在发展演变过程中形成的各种意义,不仅解释常用字的常用义,而且考释常用字的冷僻义、冷僻字的基本义,使人们可以据此了解汉字的全部意义,以及字义演变的进程和规律。

《汉语大字典》采用200部首方案。这一方案,是以《康熙字典》的214部首为基础加以删并而形成的。

汉语大词典是《汉语大字典》的姊妹篇。本书编纂委员会编,上海辞书出版社、汉语大词典出版社1986—1994年出版12卷本,1997年出版3卷缩印本,1998年,汉语大词典出版社和香港"商务印书馆"联合推出该词典的电子版——1.0版光盘。

《汉语大词典》是目前规模最大的历史性汉语语文词典。全书共收词目37.5万多条。语词的收录标准是"汉语一般语词",专科语词以进入一般语词范围内的为限。就收录的宏富程度而言,堪称集古今汉语辞书之大成。如"便"字头所带出的语词,《辞源》(修订本)为45条,《汉语大词典》则达到了141条。

《汉语大词典》的编纂方针是"古今皆收,源流并重",在内容上体现出来的特点,是着重从语词的历史演变过程加以全面阐述。"全面阐述",包括纵向流变的清理和横向繁衍的考订。不论是纵向的清理还是横向的考订,科学而准确地反映"历史演变过程"是基本的目标。体现在词典的释文中,那就是词目完备,义项完整,流变清晰,例证确凿。从总体上说,对古今汉语词汇的清理总结与记录解释,《汉语大词典》达到了时代的最高水平。

由于规模巨大,印刷版的检索往往会遇到一些特殊的困难,典型的如检索到字头以后的语词定位,同形异音异义字的确认等。为此,《汉语大词典》在编排方法上采用了一些一般词典不常用的标记符号来强化区分和有序的程度。熟悉这些标记符号,可以大大提高检索的效率。这类标记符号主要是:

(1)字头单字右上角标 表示一个单字有两个以上的音义,形成两个以上的字头。如:

中^1　[zhōng]……
中^2　[zhòng]……
中^3　[zhòng]"仲"的古字。……

(2)语词单字右下角标 表示该单字在该语词中的读音与同序号的字头单字相同。如:

【中人】　①中等的人;常人。……
【中$_2$人】　伤害人。……
【中$_3$女】　仲女,次女。……

(3)字头单字和语词条目左上角标 表示单字或语词的笔画数。单字笔画数为部首以外笔画数,语词条目为第2字的完全笔画数。这一标注,可以大大缩小检索的范围。如:

第二章　辞书资源与汉语字词的查考　　61

³中¹
²⁴【中蠱】
²⁵【中廳】

《汉语大词典》1.0版光盘的内容与印刷版基本一致。主要的区别有二：一是印刷版中的书证，在1.0版光盘中未予收录；二是作为字头的单字，二者略有不同。具体说，印刷版没有而Windows 95简体中文版字符集中包括的4500多个汉字，1.0版光盘收入并作了释义；印刷版包括而Windows 95简体中文版字符集中没有的4000多个汉字，1.0版光盘未予收入。

在词典内容的组合、揭示和检索方面，1.0版光盘显示出了远胜于印刷版的优势。主要表现在：

（1）实现了词目的多样化组合　　首先，所有词目按字、词、成语分类组合，等于以《汉语大词典》为基础形成了3种不同的字典、词典和成语词典，如图2.3.1。其次，字形相同而音义不同的单字所带的词目分别组合为"全条目"、"单条目"、"分条目"3种类型。全条目是印刷版条目排列的原型。单条目仅包括选定的字头所带出的条目。分条目是隶属于不同字头的条目依次分别列出。通过这些方法，使词

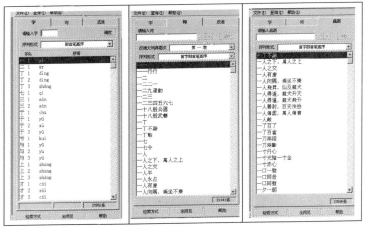

图　2.3.1

目的类聚方式多样化,统领字与被统领词的关系得以更清晰地表达。

(2) 全面建立了相关内容的超文本链接　印刷版中也有"关联条目",但只能通过一些关联术语表达,而且受分卷出版的制约,只实现了同部首之内的关联处理。在 1.0 版光盘中,所有相关内容都建立了链接,而且是以超文本的形式实现。主要包括:

● 相关字词链接(字词以蓝色显示)。在词典释文中,相关字词建立了超文本查询点。

● 相关图文链接(词目以红色显示)。词典中词目与图片的链接。

● 词或成语的首字与该单字释文的链接。通过点击"字形按钮"实现跳转。

● 释文中任意字词的查找与链接。释文中出现的任意字词,只要在本词典的收录范围内,都可以通过"选定→查找"操作实时跳转到该字词的释文。另外,用鼠标右键单击释文中的任一单字,也可直接跳转到该单字的释文。

● 关联字信息的链接。所谓关联字信息,是指单字的简体与繁体、正体与异体、古字与今字、正字与讹字、通假字与被通假字、新字形与旧字形、中用汉字与日用汉字。点击"关联按钮",可以显示单字的关联字信息,如图 2.3.2。

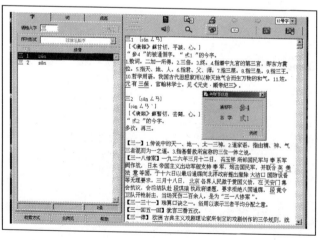

图　2.3.2

第二章 辞书资源与汉语字词的查考 63

(3) 集中提供单字的基本信息 1.0版光盘为所收的每一个单字字头都建立了一张"字信息表",提供有关该单字部首、笔画、读音、编码等方面的基本信息。这些信息,有的是印刷版词典中原有的,有的是光盘版添加的,归并到信息表中集中反映。点击"字信息按钮",即可显示字头单字的信息表,如图2.3.3。

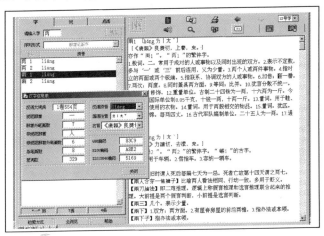

图 2.3.3

(4) 词条排序灵活多变 在"全浏览"状态下,词条的排序(序列形式)可以有4种形式,如图2.3.4所示。

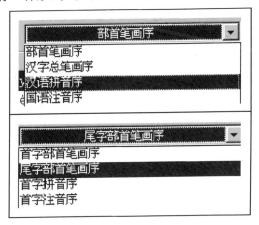

图 2.3.4

（5）检索功能大为强化　1.0版光盘的常规检索方法是：在字、词、成语的检索框中直接输入检索字词。除常规检索方法外，1.0版光盘还有一些印刷版无法实现的检索方法。主要是：

● 组配检索。将不同的检索条件组配起来进行检索，如部首条件附加读音条件，如图2.3.5。笔顺条件附加部首条件和笔顺序列条件，①如图2.3.6。笔画条件附加读音条件。组配检索可以有效地缩小检索范围，优化检索结果。

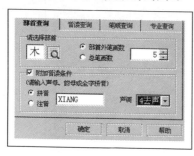 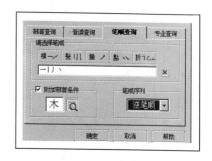

图　2.3.5　　　　　　　　　　图　2.3.6

● 模糊检索。利用不完全词形和通配符进行检索。"?"代表一个汉字，"*"代表一个或多个汉字，如图2.3.7。模糊检索便于已知条件不精确情况下的检索，可以有效地扩大检索范围。

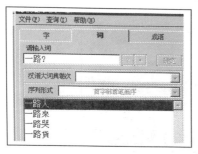 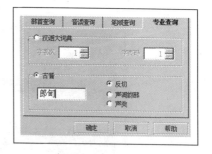

图　2.3.7　　　　　　　　　　图　2.3.8

---

① 《汉语大字典》1.0版光盘将单字的笔顺分为3个序列。一为"正笔顺"，指输入笔画为字的前笔顺。二为"逆笔顺"，指输入笔画为字的末部分笔顺。三为"全笔顺"，指输入笔画为字的全部笔顺。

● 专业查询。1.0 版光盘的专业查询包括单字古音查询(见图 2.3.8)和印刷版卷次、页码查询。古音查询在印刷版中无法实现。

(6) 具有字音朗读功能　点击"发声"按钮,朗读单字读音。

《汉语大词典》1.0 版光盘在对印刷版的内容开发、实现的技术手段方面,代表了目前国内电子词典的较高水平。

在中国古代的字书中,影响大而且对一般人来说使用价值较高的是《康熙字典》和《说文解字》。

康熙字典是中国古代字书发展史上第一部明确以"字典"命名的字书,是中国古代字典的代表作。清康熙四十九年(1710 年)根据康熙皇帝的指令,陈廷敬、张玉书等 30 多人开始编纂,至康熙五十五年完成。成书后,康熙皇帝亲自作序,认为此书"无一义之不详、一音之不备",改变了长期以来字书"曾无善兼美具,可奉为典常而不易者"的局面,因此"命曰字典","于以昭同文之治,俾承学稽古者得以备知文字之源流,而官府吏民亦有所遵守焉",[①]故名。

《康熙字典》主要是在明代梅膺祚《字汇》、张自烈《正字通》的基础上编成的。全书分 12 集,以 12 地支标名,每集分上、中、下 3 卷。共收单字 47035 个,是当时收字最多的字书。分为 214 部首。214 部首并不是《康熙字典》的首创,但它的广泛流行并成为后世中国字典部首排检法的定型范式,却是借助和得益于官修的《康熙字典》。

《康熙字典》对汉字的解释形、音、义兼顾。其解字释词的内容和形式,既是两千多年古代字书的最后总结,又为中国的现代字典奠定了基础。字形方面:

● "一以《说文》为主,参以《正韵》,[②]不悖古法,复便于楷书。"后出的版本还在书眉上添列了小篆,在古代字书中独具特色。

● "于本字之下,并载古文。复古文之偏旁笔画,分载各部,详注所出何书。"

——简单地说,是先列本字,次列"古文",后出本添列小篆。

字音方面:

---

① 御制康熙字典序. 载:康熙字典卷首
② 此处的《正韵》,指《洪武正韵》。

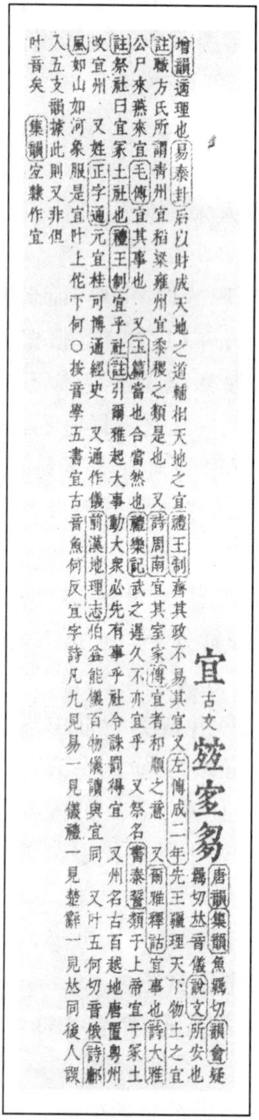

宜 古文 𡧯宐㝖 唐韻 集韻 魚羈切 韻會 疑
羈切𠀤音儀 說文 所安也
增韻 適理也 易泰卦 后以財成天地之道輔相天地之宜 禮王制 齊其政不易其宜 又 左傳成二年 先王疆理天下物土之宜
註 職方氏所謂青州宜稻粱雍州宜黍稷之類是也 又 詩周南 宜其室家 傳 宜者和順之意 又 爾雅釋詁 宜事也 詩大雅 宜于冢土
公尸來燕來宜 毛傳 宜其事也 又 玉篇 當也合當然也 禮樂記 武之遲久不亦宜乎 又祭名 書泰誓 類于上帝宜于冢土
註 祭社曰宜冢土社也 禮王制 宜乎社 註 引爾雅起大事動大衆必先有事乎社令誅罰得宜 又州名古百越地唐置粵州
改宜州 又姓 正字通 元宜桂可博通經史 又通作儀 前漢地理志 伯益能儀百物儀讀與宜同 又叶五何切音俄 詩鄘
風 如山如河象服是宜叶上佗下何○按音學五書宜古音魚何反宜字詩凡九見易一見儀禮一見楚辭一見並同後人誤
入五支韻據此則又非但
叶音矣 集韻 宜隸作宜

图　2.3.9

● “详引各书音切，……集古今切韵之大成。”

● 音韵“依《唐韵》、《广韵》、《集韵》、《韵会》、《正韵》为主，同则合见，异则分载。其或此数书中所无，则参以《玉篇》、《类篇》、《五音集韵》等书。又或韵书所无，而经传史汉老庄诸书音释所有者，犹为近古，悉行采入。”

● “字兼数音，先详考《唐韵》、《广韵》、《集韵》、《韵会》、《正韵》之正音，作某某读，次列转音。”

● “正音之下另有转音，俱用空格，加一‘又’字于上。”

——简单地说，是先列举古代的反切注音，再加注直音注音。先释本音，再释转音。

字义方面：

● “引用训义，各以次第。经之后次史，史之后次子，子之后次以杂书。而于经史之中，仍依年代先后，不致舛错倒置，亦无层见叠出之弊。”

● “字有形体微分，训义各别者。……今俱细为辨析，庶指事了然，不滋伪误。”

● “《正字通》援引诸书，不载篇名。考之古本，讹舛甚多。今俱穷流溯源，备载某书某篇，根据确凿。……偶有参酌，必用‘按’字标明。”①

——简单地说，内容上先释本义，再释别义；形式上“分层释义”。书证详注出处。

图 2.3.9 是《康熙字典》的一个完整条

① 以上引文均出自《康熙字典·凡例》。

目。《康熙字典》的表现形式是古代字书的形式,但它事实上已经奠定了现代字典区分义项、分条释义的基础,确立了释义举书证,书证注出处的传统。

《康熙字典》卷首的《总目》是部首总目录,这是印刷版的主要检索入口。卷首的《检字》,是一个查找疑难文字的笔画检字表。所谓疑难文字,是指那些一般人不易判别部首的字。卷首的《辨似》,是对那些字形相似、音义显别的字的分组辨别。卷末的《备考》,汇集了一些"无可考据、有音无义,或音义全无"的字。卷末的《补遗》,补充了正文的遗漏。

《康熙字典》的电子版由北京书同文数字化技术有限公司制作,万方数据电子出版社出版。由于《康熙字典》原书是古代刊印本,电子版以目前通行的同文书局石印本为底本,所以,电子版对字典原文部分采用的是图像扫描处理,但对每一个单字条目进行了切分,以保证检索时的准确定位。在此基础上,电子版所作的技术开发主要包括:

(1) 扩充检索途径　电子版共有4种检索途径:单字查询(输入检索字)、部首查询(选择部首并给定部首外笔画数)、音读查询(输入汉语拼音并选择声调)、笔顺查询(点击输入笔顺)。

以"单字查询"为例,检索的基本步骤是:输入单字→显示"查询结果"→点击"查询结果"→显示"单字信息"和单字条目。

(2) 建立"关联代换"　所谓"关联",是指单字的繁简、异体、通假、新旧、日中、正讹等关系。关联代换功能可以实现输入简体汉字同时检索到该汉字的其他形体,如图2.3.10。

(3) 增加单字信息　电子版增加了每一单字"新字形"和"旧字形"的部首、笔画、拼音、编码等基本信息。

(4) 全书浏览、整页显示与条目显示　在"浏览"状态下,可以依次浏览原书。点击"整页显示"按钮,显示所查单字所在的整页。由于原书页面字小行密,整页显示时可以整页放大,也可以利用"放大镜"局部放大,以便于阅读。图2.3.11是局部放大的效果。条目显示只显示切分后的单字释文内容,和"单字信息"在同一界面中显示,如图2.3.12。

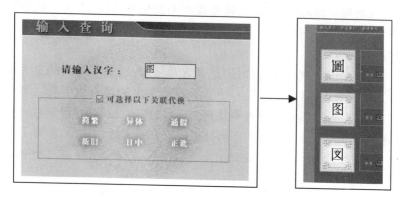

图 2.3.10

图 2.3.11   图 2.3.12

(5) 图像复制 点击"复印图像"按钮,可以将单字条目或单字所在整页复制到系统剪贴板上,以便于粘贴后处理。

(6) 字音朗读 点击"发声"按钮,朗读单字读音。

说文解字被称为是中国历史上第一部系统地分析字形、解释字义的字书。该书完成于东汉和帝永元十二年(100年),东汉安帝建光元年(121年),许慎命其子许冲上于安帝。

按照许慎在《说文解字·叙》中的解释,"依类象形,故谓之文。其后形声相益,即谓之字。文者,物象之本;字者,言孳乳而浸多也。"清代学者段玉裁在《说文解字注》中作了一个简单的概括:"古曰文,今曰字。言'文字'以赅古文、籀文、小篆三体。"据此,"说文解字",意即解说"文"和"字"。后世一般简称为《说文》。

《说文解字》正文14卷,叙目1卷,共15卷。全书收篆文单字9353个。这些单字另有古文、籀文等异体者,则列为"重文",计1163个。所收文字,按形体构造归并为540个部首。在中国辞书编纂史上产生了深远影响的部首法,即首创于此。

许慎在《说文解字·叙》中对其创制540部首的理论基础和具体方法作了说明:"其建首也,立一为耑。方以类聚,物以群分,同牵条属,共理相贯,杂而不越,据形系联,引而申之,以究万原,毕终于亥。"这段话告诉我们,第一,按部首归并集中汉字的理论基础是"方以类聚、物以群分"的分类思想。中华民族是类化思维发达的民族。分类的思想运用于自然界和人类社会,有所谓"阴阳五行"的区分;运用于图书典籍整理,有《别录》、《七略》的"六分法";运用于图书编纂,有"类书";运用于归并集中汉字,便形成了"部首"。部首法的创造性在于把一种民族性的思维方法和汉字由"部件"构成的特点完美地结合了起来。用一种有特点的思维方法正确地解读了汉字的本质特点,这是部首法千百年来长盛不衰的动力之源。这一事实再一次说明:越是民族的,就越是世界的。第二,许慎创造的540部首,始于"一"部,终于"亥"部。这种安排方法是弥漫于当时的五行家理论的体现。所谓"立一为耑",耑者,"物初生之题也"。中国传统文化中有所谓"道生一,一生二,二生三,三生万物"(《老子》第四十二章)之说,"一"具有万事万物之源的象数表征意义,因此,540部首以"一"为首,象征文字之源。为什么以"亥"为终呢?在中国传统文化中,"亥"被赋予了阴阳转移、盛衰转化的临界意义。《说文解字》有所谓"十月(按:亥月)微阳起,接盛阴"的说法,传统的十二地支以"亥"结尾,所以,

"亥"具有一个轮回结束的普遍意义。《说文解字》以"亥"终篇,体现了作者所宣称的"万物咸睹,靡不兼载","群书所载,略存之矣"的意味。但是,在中国传统的辩证思想中,"阴极阳生"。"盛阴"之时,也正是"微阳"萌动之际,所以,终于"亥",也就意味着新的"一"的开始。可见,许慎设计的部首法,"思想性"远远大于"技术性"。第三,在许慎的540部首中,不同部首的排列原则是"据形系联"。什么是"据形系联"?按照清代学者段玉裁的解释,"五百四十部首次第,大略以形相连次也"。为什么"以形为次"?"以六书始于象形也"。所以,虽说"据形系联"的简单解释是部首按笔画和形体结构相近相对集中,但由于汉字源于象形,按形体结构相近的原则相对集中,实际上已经包含了按意义相对集中的意蕴在内。从这一角度说,部首法仍然不是纯技术性的。同一部首内的字如何排列部居?许慎没有提出明确的原则,但大体说来,文字在应用上属于褒义的居前,属于贬义的列后;属于专名词的居前,属于普通名词的列后;意义相近的,一般次序在一起。同样是"重意义,轻形式"。有人把许慎所创造的部首法和起源于西方的字母顺序法相比较,认为部首法作为一种技术方法,"有序化"程度不高。殊不知,部首法从一开始就不是纯技术性的。就像中国传统的图书分类体系追求"辨章学术、考境源流"的境界一样,许慎创造的部首法鲜明地体现出了在中国传统文化土壤上生长出来的学术成果所具有的中国学术特色。

《说文解字》的内容以文字解释为中心,广泛地涉略了自然界和人类社会生活的各个方面,所谓"六艺群书之诂,皆训其意,而天地、鬼神、山川、草木、鸟兽、虫蟲、杂物、奇怪、王制、礼仪、世

图 2.3.13

间人事,莫不毕载"。对每一单字的解释,一般包括三部分内容,段玉裁对此所作的概括是,"先说解其义,次说解其形,次说解其音",即释义、析形、注音。如果单字有"重文",列于正文解说之后。图 2.3.13 是《说文解字》的一个完整条目。

关于《说文解字》解字释词的体例,有两点需要注意。

(1) "凡×之属皆从×" 《说文解字》每一个部首的第一字的释文中都有这句话,意思是凡是属于×部首的字全都排列在×字之后,作用在于列举作为部首的偏旁。许慎在《说文解字·叙》中说该书"分别部居,不相杂厕","凡×之属皆从×"就是具体体现。

(2) 注音 《说文解字》原书中的注音,采用的是读若某的方法。今天见到的《说文解字》都有反切注音,那是后世"大徐本"增加的内容,并非原书所有。

由于《说文解字》所具有的重要价值,自它问世以后,研究整理者代不乏人,其中成就最突出的要算清代学者。在清代学者中,又以段玉裁、桂馥、朱骏声、王筠四人的成就最大,人称"清代《说文》四大家"。段玉裁的《说文解字注》是"四大家"中最有代表性的成果。1928 年,近人丁福保编纂的《说文解字诂林》问世。该书将 228 种历代研究《说文解字》的资料分类编排在各字之下,号称"查一字而各家之说皆备,集《说文》注释之大成"。

第三章 古籍资源与基本古籍的查考

第一节 中国古籍资源

一、资源数量

中国古代产生的文献典籍浩如烟海,汗牛充栋。一些具有总结性意义的古籍目录,为我们部分地提供了某些类别、某些时段古籍资源的数量概况。

● 清代乾隆中期编成的《四库全书总目》记载各类古籍 10254 种,其中包括正式收入《四库全书》的典籍 3461 种,列为"存目"的 6793 种。这些古籍,可以认为是清代中期当时存在古籍中最重要的部分。

● 1931—1945 年由中国学者编撰、1993 年开始由中华书局陆续出版的《续修四库全书总目提要》,收录各类古籍 3 万多种,被认为基本反映了我国从古代到 20 世纪 30 年代存世典籍的概况。

● 一般认为,清代学者的著述,占了现存中国古代典籍的大多数。清代学者的著述到底有多少? 1929 年刊行的《清史稿·艺文志》著录 9 万多种;20 世纪 50 年代武作成编纂的《清史稿艺文志补编》增补 1 万多种;2000 年中华书局出版的王绍曾等人编纂的《清史稿艺文志拾遗》增补 54888 部,375710 卷。据此可以作出一个较为准确的估计:流传到今天的清代学者的著述,总数量在 8 万种以上。

● 1989—1996 年出版的《中国古籍善本书目》是全国现存善本古籍普查的总结性成果。该书目记载善本古籍 6 万多种,13 万部,比较完备地反映了我国现存善本古籍的概貌。

● 1959—1962年出版的《中国丛书综录》共收录古籍丛书2700多种,包括的单种古籍达38000多种。1999年湖北人民出版社出版的《中国丛书广录》收录1990年以前海内外刊印的中国古籍丛书3200多种,包括的单种古籍在4万种以上。二者相加,除去重复,古籍丛书总数在5000种左右,被认为基本反映了1990年以前海内外现存古籍丛书的概况。

● 1985年出版的《中国地方志联合目录》收录我国在1949年以前编成的"旧方志"8200多种,1996年出版的《中国地方志总目提要》收录1949年10月以前编修的历代方志8500多种,二者被认为是对"旧方志"进行书目总结的集大成之作。

以上具有总结性意义的书目成果所提供的数据,或是涉及某一方面的古籍,或是涉及某一时段的古籍,可以从某一方面、某一角度反映古籍资源的概貌。但是,中国古代到底出现了多少典籍?古籍资源的存量到底有多少?直到目前,并没有一个基于广泛的文献考订或资源普查而来的准确数字。学术界一般估计,流传至今的古代典籍的总数量,在10万种左右,这是一个通行的说法。

二、资源分类

对古籍资源的分类,反映的是不同历史时期人们对古籍资源的总体特点的认识和理解。

我国最早对古籍资源整体而系统的分类,出现在古代学术文化的第一个总结时期——汉代,标志是我国最早的系统目录《七略》的完成。《七略》原书早已亡佚,其分类体系被完整地保留在《汉书·艺文志》中。当时的典籍被分为6大类,史称"六分法"。具体类目名称如下:

- 六艺略
- 诗赋略
- 数术略
- 诸子略
- 兵书略
- 方技略

中古时期,南朝梁学者阮孝绪编纂了另外一部总结性书目——《七录》,反映了流传到当时的文献典籍的概貌。《七录》名虽曰"七",

但一般认为它把所有典籍分为五大类别,史称"五分法",因为佛、道典籍在其分类体系中是单独立类的。《七录》分类体系的类目名称如下:

- 经典录
- 子兵录
- 术伎录
- 仙道录
- 纪传录
- 文集录
- 佛法录

从《七略》到《七录》,中国古籍资源分类体系的变化折射出了资源内容特色的变化。首先,先秦时期数量还较少的历史著作,中古以来开始迅速增加。这一现象反映到书目成果中,就是《七略》中还只是在"六艺略"中的"春秋类"下收录的历史类著作,到《七录》已经大为扩展,形成了专门的"纪传录",这是四部分类法中"史部"的前身。其次,在先秦时期蔚为大国的兵书、数术、方技类典籍,到中古时期大为减少,兵书被归并到诸子,形成"子兵录",数术和方技被合并为"术伎录"。第三,东汉末年以来,佛教经典的移译和传抄大规模地展开,到中古时期,作为外来宗教的佛教基本上完成了本土化的过程。原本就是本土宗教的道教,魏晋以来在行动组织化的同时,也开始了巫仪方术著作的理论化与老庄道家著作的巫术化,基本完成了理论与实践体系的构筑。佛道典籍伴随着佛道事业的兴盛而大量出现,在作为文献典籍记录与总结的书目中的反映,就是《七录》中"佛法"与"仙道"单独立类。总之,具有总结性的书目分类体系的变化,实质上是学术兴替、学术成果时代特色变化的写照。

唐代堪称我国古代第二次大规模的学术文化总结时期。唐代初年,又一部具有划时代、总结性意义的书目成果——《隋书·经籍志》问世。《隋书·经籍志》最大的贡献之一,是使发端于三国时期的《中经》,经过西晋荀勖《中经新簿》、东晋李充《晋元帝书目》、南朝梁阮孝绪《七录》不断完善的典籍分类体系改革最终定型于"经史子集"四部分类法,史称"四部法"。至此以后,中国古代典籍的分类体系"世相祖述","以为永制"。由于四部分类法从本质上说是比较准确地从整体上抽象、反映了中国古代文献资源的内容特色,所以,直到今天,它依然是类分中国古籍的最主要的方法。

经,是指儒家经典和阐释儒家经典的著作。

史,是指历史著作。

子,是指传统学术中的"杂学",主要包括诸子、兵书、数术、方技、佛教、道教等类别的典籍。

集,是指文学及文学评论作品。

经史子集四部分类法自《隋书·经籍志》定型以后,体系内部的类别细目仍然处在不断完善变化的过程中。如《隋书·经籍志》分为4部40类,到《四库全书总目》则分为4部44类66子目。总的发展演变趋势是体系日臻完善严密。

三、基本古籍资源

对一般的利用者来说,在现存的古籍资源中,最基本、较常用的大约是如下一些:

- "十三经"。中国古代集中代表儒家思想的十三部经典著作。
- "二十六史"。中国古代最为著名的纪传体史书,古代历史著作的典型代表。
- 《诸子集成》。汇集诸子著作的大型丛书。
- 诗文总集、别集。
- 古籍丛书、类书、政书、方志。

上述基本古籍资源,相当数量的都有经过今人整理的印刷版本。20世纪90年代中期以后,一批最重要的大规模的古籍资源还实现了数字化,研发出了较为完善的计算机全文检索系统。本章后面重点阐述的内容,就是有关这些基本古籍资源的检索、查考和利用问题。

四、古籍资源数据库的组字方法

古籍往往含有较多的繁难、冷僻文字。在古籍资源数字化过程中,常用的 GB 2312 字符集(收汉字 6763 个)或 GBK 字符集(收汉字 21886 个)有时会出现不能满足古籍用字需要的现象。较为简单的解决办法之一,就是按照 GBK 规定的组字方法进行补充。对于古籍资源数据库的使用者来说,熟悉 GBK 的组字方法,是顺利阅读和利用原文的前提。GBK 规定的组字方法是：
- 以"＜＞"作为组字的始末标志。
- 所组字的结构用符号描绘。GBK 规定的组字符号共 13 个，分别为：

- 所组字的形体用既有汉字部件表示。如图 3.1.1 是"澍"字和"辻"字的组字表示方法。
- 符号"－"表示在前一字中减去后一字。若被减字后面还有字，则表示以该字填补减字后的空间。图 3.1.2 是"疳"字的组字表示方法。

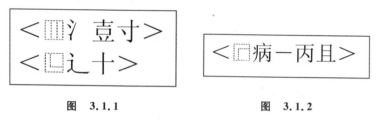

图 3.1.1　　　　　　　图 3.1.2

第二节　基本古籍的全文检索系统

一、"十三经"

"十三经"是中国封建社会儒家十三部经典著作的统称。这十三部著作是：《周易》、《诗经》、《尚书》，以上简称"易、诗、书"；《周礼》、《仪礼》、《礼记》，以上简称"三礼"；《春秋左传》、《春秋公羊传》、《春秋榖梁传》，以上简称"三传"；《论语》、《孟子》、《尔雅》、《孝经》，以上简称"论、孟、尔、孝"。"十三经"最终定型于宋代。汉代时把《诗》、《书》、《易》、《礼》、《春秋》称为"五经"，唐代把《诗》、《书》、《易》再加上"三礼"、"三传"称为"九经"，唐文宗时又将《孝经》、《论语》、《尔雅》列为经，至宋代又列《孟子》为经，遂成为"十三经"。

第三章 古籍资源与基本古籍的查考

自从西汉"废黜百家，独尊儒术"以来，儒家思想成为社会的统治思想。儒家经典是负载儒家思想的载体，千百年来被尊奉到了至高无上的地位。从形制上说，早在简册时代，就出现了"六经之册长二尺四寸；《孝经》谦，半之；《论语》八寸"的现象，显示了当时"经"的与众不同。就内容而论，《文心雕龙·宗经篇》说，"经也者，恒久之至道，不刊之鸿教也。"《隋书·经籍志》说，"夫经籍也者，机神之妙旨，圣哲之能事，所以经天地，纬阴阳，正纲纪，弘道德，显仁足以利物，藏用足以独善，学之者将殖焉，不学者将落焉。"儒家经典是封建社会"修身、齐家、治国、平天下"的原典，而"十三经"则是儒家经典的核心部分，它集中表现了民族思想与传统文化的要义，是中华民族各个时期文化成果的标志性著作，是学习研究中国传统文化、探讨领略中华文明的不可或缺的基本典籍。

由于"十三经"的重要性，历代对其注解阐释者不乏其人。南宋时，出现了将"十三经"本文和注疏合并刊行的"合刻本"。清代嘉庆年间，阮元又主持校刊《十三经注疏》，对传世的《十三经注疏》作了一次较为全面的正本清源工作，世称"善本"。1935年，世界书局缩印阮元刻本。1980年，中华书局又影印出版世界书局本。2000年，北京大学出版社据阮元刻本出版了《十三经注疏》的"繁体整理本"和"全新整理本"。繁体整理本采用繁体竖排，并对全文规范了标点，还广泛吸收了前人的校勘成果。全新整理本采用简体横排，加注现代标点。中华书局本和北京大学出版社本是今天通行的印刷版"十三经"文本。

由于"十三经"规模庞大，为方便查检，1934年开明书店出版了由叶绍钧所编的《十三经索引》。1983年，中华书局重新排印了该索引，并加注了在中华书局影印本中的页数和栏次，成为与中华书局影印本配套的索引。北京大学出版社在出版整理本《十三经注疏》时编制了繁、简两种版本的索引，并附列了中华书局影印本的页码，是适用于两种版本的索引。

现有的这些与印刷版"十三经"配套的索引，都是文句索引。文句索引是一种逐一标引所有句子的索引。具体说，它以"十三经"中的自然句为标引单位，以文句的首字为标目，一句话标引一次。文句索引为查考"十三经"的内容提供了一定的方便,但这类索引的局限性也是明显的,最主要的是检索入口的限制性大,只能从文句的首字入手查考。而对于古籍来说,由于理解或诵读习惯的不同,文句单位的确定往往会出现歧异,会直接给查考带来困难。

我国台湾地区"中央研究院"开发的"汉籍电子文献瀚典全文检索系统"加载的"十三经",是有代表性的网络版"十三经"全文检索系统之一,目前免费开放使用(http://www.sinica.edu.tw/tdbproj/handy1/)。

该系统的"十三经"原文,包括了阮元刻本《十三经注疏》和经过断句的"十三经"经文,可以根据需要作不同的选择。系统的检索主界面如图3.2.1。

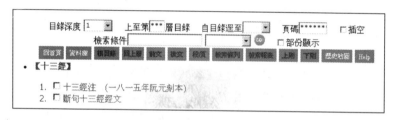

图 3.2.1

"目录深度"指的是由题名到内容的目录递进层次。以"断句十三经经文"为例,目录的深度递进层次为:

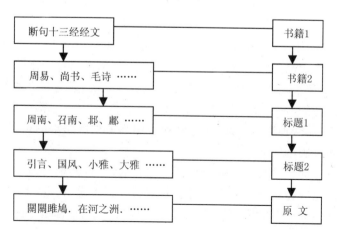

第三章 古籍资源与基本古籍的查考　　79

"目录深度"的设计,为按典籍的目录层次查询、浏览原文提供了方便。

该系统的最小显示单位是"段"。所谓"上则"、"下则",指的就是上一段、下一段。同时系统可以"分段按页"显示。所谓"段/页"就是这种显示方式。所谓"前文"、"后文",指的是前一页和后一页。

利用该系统进行全文检索时,输入的检索条件可以是一个或多个检索词。多个,最多可以到数百个。检索词之间的逻辑关系包括逻辑"或"(以符号"|"表达)、逻辑"与"(以符号"&"表达)、逻辑"非"(以符号"!"表达)。例如,要查考《论语》中有关"天地、君臣、鬼神"的论述,如图3.2.2。

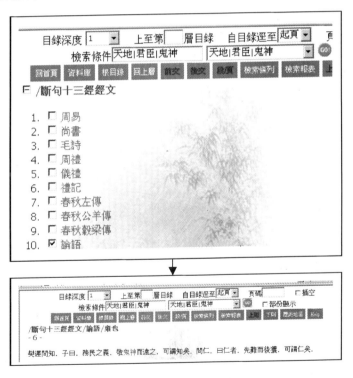

图 3.2.2

"检索条列"和"检索报表"是两种不同的检索结果显示方式。前者是检索结果的目录列表显示,如图 3.2.3;后者是检索结果的全文列表显示,如图 3.2.4。

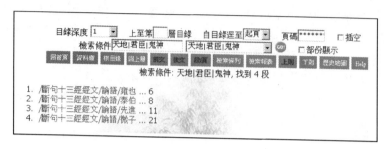

图 3.2.3

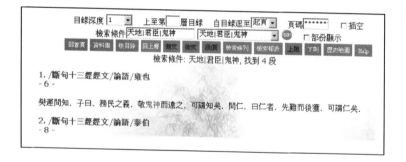

图 3.2.4

二、"二十五史"

"二十五史"本是"二十四史"和《新元史》的合称。1921 年,北洋政府大总统徐世昌下令,将柯劭忞所著《新元史》列为"正史",遂有"二十五史"之名。1935 年,上海开明书店影印出版了一套《二十五史》,是"二十四史"与《新元史》的合刊。1986 年,上海古籍出版社和上海书店联合影印出版的《二十五史》则是"二十四史"和《清史稿》的合刊。如今,人们说到"二十五史",一般是指"二十四史"加上《清史稿》。

与"二十五史"相关的概念,还有"二十四史"、"正史"和"二十六史"。

"二十四史"是中国古代最重要的24部纪传体史书的统称,始于司马迁的《史记》,终于清张廷玉等纂修的《明史》。"二十四史"的称谓确立于清代乾隆年间。当时以既有的"二十二史",再加上晚明以来才又重新流传的《旧唐书》和四库馆臣从《永乐大典》中辑录出来的《旧五代史》,合称"二十四史"。这一称谓一直沿用至今。

"正史"之说始于《隋书·经籍志》。当时是把所有的纪传体史书"依其世代,聚而编之",统称为"正史",列于史部首位。含义在于强调"世有著述,皆拟班、马,以为正史",即强调此类史书是"史书的正宗"。而那些"其著书皆编年相次,文意大似《春秋经》"的编年体史书,在《隋书·经籍志》中被称为"古史"。其后,唐代刘知几在《史通》中将《尚书》、《春秋》以及此后出现的编年体、纪传体史书统称为正史。自《旧唐书·经籍志》始,《隋书·经籍志》中的"古史"被改称为"编年",史部图书以"正史"为首、"编年"居次的格局稳定了下来。清代乾隆年间编修《四库全书总目》沿袭了这种分类部居方法,但却对"正史"的含义作了新的解释。首先是对正史的范围作了严格的限定。由宋代形成的"十七史"算起,明代有"二十一史",清乾隆以前形成了"二十三史",乾隆年间四库馆臣从《永乐大典》中辑录出了《旧五代史》,最终形成了"二十四史",这是《四库全书总目》所说的"正史"范围。"凡未经宸断者,则悉不滥登"。(宸[chén]断:帝王的裁决。)其次,把"正史"解释为史部典籍的"大纲",认为"正史体尊,义与经配,非悬诸令典,莫敢私增,所由与稗官野记异也"。所谓"未经宸断,悉不滥登",所谓"非悬诸令典,莫敢私增",说的都是这类史书的编纂需要经过皇帝批准,或修成后需要得到皇帝承认。至此,正史在范围上变为仅指纪传体的"二十四史",在含义上除了传统的"史书的正宗"意义外,又附加了"正统的史书"之意味。

20世纪20年代末,由赵尔巽等人主编的《清史稿》完成,并于1928年首次刊印。《清史稿》在体例上沿袭了历代正史的纪传体模式,在时限上与《明史》相接续,因此人们把它和"二十四史"、"二十五史"相提并论,统称为"二十六史"。

如今,人们使用"正史"这个概念并不严格。比如,有时将"二十五史"泛称为正史,有时所说的"正史",从现实语境看实际上是指"二十六史"。

从20世纪50年代后期开始,中华书局对传世的"二十四史"和《清史稿》进行全面整理,陆续出齐了排印的"点校本",这是目前最为通行的印刷版本。近年来出现的几乎所有的电子文本,都是中华书局点校本的数字化。1986年上海古籍出版社和上海书店联合影印的"二十五史",习惯上称为"上海版二十五史"。

"二十六史"是最具代表性的中国古代历史著作。它完整系统地记录了中华民族五千年的文明史,全方位地展现了古代中国的精神世界和物质成就,对学习研究中国传统文化、继承民族优秀遗产具有多方面的应用价值。比如,"二十六史"是纪传体史书,纪传体史书是以人物活动为中心的史书体裁。一部"二十六史",记录了5万多位在中国各个历史时期最为重要的人物的活动情况。纪传体史书一般由纪、传、表、志等部分组成。其中的"志"是记载各方面典章制度演变沿革和现实史实的专门篇章。"二十六史"中有十多种类型的"志",堪称分门别类的中国古代专门史。"二十六史"合起来,编修延续了两千多年,规模达到了4015卷,是一个负载着丰富内涵的文献信息源。

但是,"二十六史"巨大的规模,也给人们的查考利用带来了困难。"一部二十四史,不知从何说起"的慨叹,就是这种困难的真实写照。鉴于此,专门用来揭示"二十六史"中资料出处的工具书便应运而生。到目前为止,与"二十六史"配套的印刷版检索工具主要是以下几类:

(1)人名索引 目前有两大系列:一是"群史人名索引",以《二十四史纪传人名索引》(张忱石、吴树平编,中华书局1979年出版)和《二十五史纪传人名索引》(上海古籍出版社、上海书店1990年编辑出版)为代表。这类索引集群史于一书,使用起来较为方便,但它揭示的只是相应史书中三类人物的传记资料出处:有专传的、有附传的、附见人物。二是"专史人名索引",以中华书局出版的与点校本单种史书配套的人名索引为代表,如《史记人名索引》、《汉书人名索引》等。这类索引一书针对一史,综合性与方便程度当然不及"群史人名索引",但它揭示了每一部史书中所有人物的所有传记资料出处。所谓"所有人物",超越了"群史人名索引"三类人物的范围;所谓"所有传记资料",是说不仅揭示一人的专传资料,而且揭示散见于其他传记中有关此人的传记资料。在印刷版的"二十六史"检索工具中,人名索引是最完备的一类。

(2) 地名索引 揭示对象主要是"二十六史"中的"地理志"。目前数量不多,主要是与中华书局点校本配套的,如《史记地名索引》、《汉书地名索引》等。

(3) 书志索引 主要是哈佛燕京学社引得编纂处编纂的两种索引。一是1933年印行的《艺文志二十种综合引得》,一是1938年印行的《食货志十五种综合引得》。"艺文志"是正史中记载国家图书典藏制度和现实藏书或著述的专门篇章。"食货志"是正史中记载国家经济、财政制度的专门篇章。前者的揭示对象包括了7部正史中原有的艺文志、8种由后人续补的艺文志、4种禁毁书目、1种征访书目,计20种。后者揭示了15部正史食货志的内容出处。

(4) 综合索引 以李晓光等主编、中国广播电视出版社1989年出版的《史记索引》为代表。该索引是利用计算机编纂、以印刷版形式出版的索引。由于编纂采用了计算机技术,所以使揭示的对象大大超越了人工阶段只能局限于某一专门方面的限制,走向了对内容的全方位、综合性揭示,如该索引包括单字、人名、地名、援引著作、专有名词、补遗、衍文等7部分。由于仍然采用印刷版形式出版,导致了索引的书本规模庞大,这就决定了在印刷版阶段,此类索引的覆盖范围难以由专史走向群史。

20世纪90年代中期以后,依托计算机和网络环境的"二十五史"全文检索系统开始出现。它一经出现,立即以其海量的存贮、全面的揭示、快捷的检索、方便的输出等优势迅速取代了印刷版索引,并且终结了印刷版索引的编纂思路和编纂方法。目前,国内已经有了若干种电子版的"二十五史"检索系统。较有代表性的一种是南开大学组合数学研究中心和天津永川软件技术有限公司开发的"二十五史全文阅读检索系统"。该系统所说的"二十五史",是指"二十四史"加《清史稿》。主要功能有两大项:一个是全文阅读,一个是全文检索。

全文阅读通过点击树形目录选择阅读篇目。

全文检索的检索范围,可以在"多部书同时查询"和"单种书内部查询"之间切换。检索方法分"单项查询"和"组合查询"。查询结果的显示方式分"句子显示"和"段落显示"两种。

单项查询较简单,只要将查询内容概括成一个检索词输入即可。

组合查询是该系统的高级查询。可以实现的功能有:
- 不多于 3 个检索词的逻辑组配,包括逻辑"与"和逻辑"或"。
- 在检索词中使用通配符"?",实现模糊检索。
- 具有位置检索功能,可以限定多个检索词在"同句同现"或"同段同现"。

例如,若要从"二十五史"中查考中国历代农民的税赋情况,检索词选择"田租"、"口赋"(古代的人口税)、"刍藁"(喂牲畜的干草),检索过程及结果如图 3.2.5。

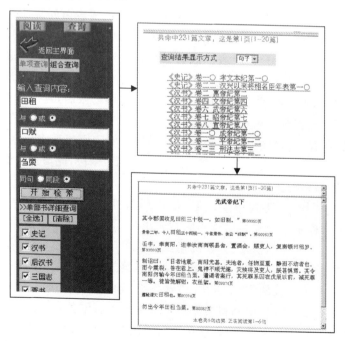

图　3.2.5

我国台湾地区"中央研究院"开发的"汉籍电子文献瀚典全文检索系统"中也加载了"二十五史",目前免费开放使用(http://www.sinica.edu.tw/tdbproj/handy1/)。该系统的结构与使用方法与前述该处开发的"十三经"全文检索系统一样。系统原文底本是根据百衲本、武英殿本、汲古阁本等,并参照中华书局点校本比勘形成的"新校本"。

三、《四库全书》

《四库全书》是中国古代规模最大的丛书。清乾隆三十七年(1772年)初,乾隆皇帝发布"谕内阁著直省督抚学政购访遗书"令,要求对那些"或逸在名山,或未登柱史"的典籍,"及时采集,汇送京师,以彰稽古右文之盛",①拉开了《四库全书》编纂的序幕。当年的十一月,时任安徽学政的朱筠上书奏陈购访遗书事宜,并建议"择取其(《永乐大典》)古书完者若干部,分别缮写,各自为书,以备著录"。② 于是,由"购访遗书"引出了"校核《永乐大典》"的工作。乾隆三十八年二月,大学士刘统勋奏陈议定"校核《永乐大典》条例"事,并提出在翰林院衙门内辟专门房舍、选专门官员、增办事人员从事校核工作。乾隆皇帝批示:"依议。将来办理成编时,著名《四库全书》。"③至此,由采集遗书、校核《永乐大典》导致了《四库全书》的编纂。

按照《清史稿》的记载,"明年(乾隆三十八年),诏设四库全书馆,以皇子永瑢、大学士于敏中等为总裁,侍郎纪昀、大理寺卿陆锡熊等为总纂,其纂修等官则有戴震、邵晋涵、庄存与、任大椿、王念孙、姚鼐、翁方纲、朱筠等,与事者三百余人,皆博选一时之俊。"经过近十年的编纂工作,到乾隆四十六年,第一份《四库全书》缮写告竣,贮藏于紫禁城内文渊阁。此后至乾隆四十九年,又分抄了第二、三、四份《四

---

① 中国第一历史档案馆.纂修四库全书档案·谕内阁著直省督抚学政购访遗书.上海古籍出版社,1997:1
② 安徽学政朱筠奏陈购访遗书及校核永乐大典意见摺.同上书,第21页
③ 参:大学士刘统勋等奏议定校核永乐大典条例并请拨房添员等事摺.同上书,第59页

库全书》，分藏于盛京(沈阳)文溯阁、圆明园文源阁、承德避暑山庄文津阁，是为北四阁《四库全书》。乾隆四十七年七月，乾隆皇帝谕令："兹《四库全书》允宜广布流传，以光文治。如扬州大观堂之文汇阁、镇江金山寺之文宗阁、杭州圣因寺行宫之文澜阁，皆有藏书之所，著交四库馆再缮写全书三分，安置各该处，俾江浙士子得以就近观摩誊录，用昭我国家藏书之美富，教思无穷之盛轨。"[①]至乾隆五十二年缮写完成，是为南三阁《四库全书》。

上述7部《四库全书》，扬州文汇阁和镇江文宗阁所藏，于19世纪中叶毁于战火，圆明园文源阁所藏，1860年毁于英法联军入侵北京时。杭州文澜阁所藏，前有损毁，后经补抄，今藏于浙江省图书馆。紫禁城文渊阁所藏，解放前夕被运到台湾，今藏台北故宫博物院。盛京文溯阁所藏，先藏于辽宁省图书馆，后移藏于甘肃省图书馆。承德避暑山庄所藏，1915年移藏于京师图书馆(现国家图书馆)。至今存世的《四库全书》原本共4部。

《四库全书》还有一部作为抄写底本的"翰林院副本"，习惯上称为"第八部《四库全书》"。这部《四库全书》经过1860年英法联军和1900年八国联军入侵北京的焚掠，几乎损失殆尽。目前，只在国内外图书馆和私人手中有零星的收藏。

《四库全书》收录的典籍数量，随缮写时间的不同略有区别。文渊阁本收书3457种；文津阁本收书3503种，79337卷，36304册；《四库全书总目》著录3461种，79309卷。所收图书，按经、史、子、集四部分类编排。其中：

经部 10 类
易、书、诗、礼、春秋、孝经、五经总义、四书、乐、小学
史部 15 类
正史、编年、纪事本末、别史、杂史、诏令奏议、传记、史钞、载记、时令、地理、职官、政书、目录、史评
子部 14 类

[①] 中国第一历史档案馆.纂修四库全书档案·谕内阁著交四库馆再缮写全书三分安置扬州文汇阁等处.上海古籍出版社，1997：1589

儒家、兵家、法家、农家、医家、天文算法、术数、
艺术、谱录、杂家、类书、小说家、释家、道家
集部 5 类
楚辞、别集、总集、诗文评、词曲

共4部44类。"四部"是一种分类名称,唐初的国家藏书按四部分类分藏为4库,所以,这里的"四部"和"四库"是同义语。

《四库全书》的入选典籍虽然经过了严格的选择,"有益于世道人心"被作为最高的遴选标准。虽然对典籍的"舔改抽挖"现象不时可见,所谓"俚浅讹谬"的内容已被严密防范,但从总体上说,它仍然汇聚了先秦至清代乾隆年间以前中国最重要的传世典籍,是中国传统学术文化总结时期形成的最能体现传统文化概貌的巨著。

由于《四库全书》的重要性,也由于其传本的稀少,从20世纪初开始,影印《四库全书》的呼声便不时出现。从1920年到1928年,影印工作曾有过"四试四败"的经历。① 30年代开始,选印成果陆续出现。如1934年上海商务印书馆影印出版《四库全书珍本初集》;60年代初,台北艺文印书馆影印出版《四库善本丛书初编》;从70年代初到80年代初,台湾"商务印书馆"影印出版了《四库全书珍本丛书》;70年代中,台湾"商务印书馆"影印出版了《四库辑自永乐大典诸佚书》。从80年代初开始,上海古籍出版社陆续选印了《四库兵家类丛书》、《四库术数类丛书》、《四库艺术类丛书》、《四库笔记小说丛书》、《四库类书丛刊》、《四库唐人文集》、《四库明人文集》、《四库文学总集选刊》等。80年代中,中医古籍出版社和北京大学图书馆联合影印出版《四库全书·医家类》。1982年,台湾"商务印书馆"正式启动了影印文渊阁《四库全书》全本的工程。至1986年,影印工作完成。1987年,上海古籍出版社以台湾影印本为底本再次缩印,至1988年完成。这两个影印本是目前国内外通行的《四库全书》印刷全本。

《四库全书》规模巨大,查考不便。为了解决这一问题,20世纪初以来,人们便开始为其编制检索工具。印刷版阶段,有代表性的如杨家骆所编《四库全书大辞典》(中国辞典馆1931年出版),台湾《四

---

① 参:王余光等.中国新图书出版业的文化贡献.武汉大学出版社,1998:238—244

库全书》索引编纂小组主编、台湾"商务印书馆"出版的《四库全书文集篇目分类索引》(1988)、《四库全书传记资料索引》(1990)、《四库全书艺术类分类索引》(1993),李学勤、吕文郁主编的《四库大辞典》(吉林大学出版社 1996 年出版)等。90 年代末,电子版的《四库全书》开始出现,其中最具代表性的是上海人民出版社和香港迪志文化出版公司联合推出的文渊阁《四库全书》电子版。

该电子版分为"原文及标题检索版"(简称"标题版")和"原文及全文检索版"(简称"全文版")两种版本。全文版的主体是《四库全书》全文文本数据和原文图像数据。它所具有的功能主要是:

(1)基本检索 包括全文检索、分类检索、书名检索、著者检索 4 种方式。其中,分类检索按照《四库全书》的分类体系逐级递进,递进层次为:部→类→属→书→卷(或篇目)→原文。

书名检索和著者检索均支持模糊检索,即命中对象是包含了检索词的任意一致。如在"书名检索"界面下使用检索词"茶",可以检出所有书名中包含了"茶"的典籍(图 3.2.6);在"著者检索"界面下使用检索词"宋子",可以检出所有著者名(包括姓名、字、号)中包含了"宋"与"子"或"宋子"的典籍(图 3.2.7)。这一功能为以不精确的书名或作者名作为检索词查考提供了方便。

第三章　古籍资源与基本古籍的查考

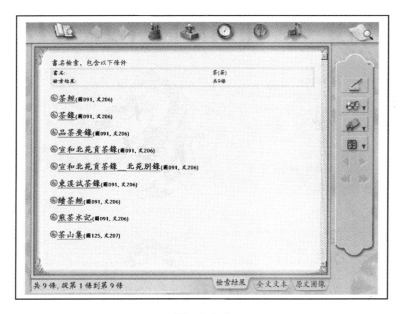

图　3.2.6

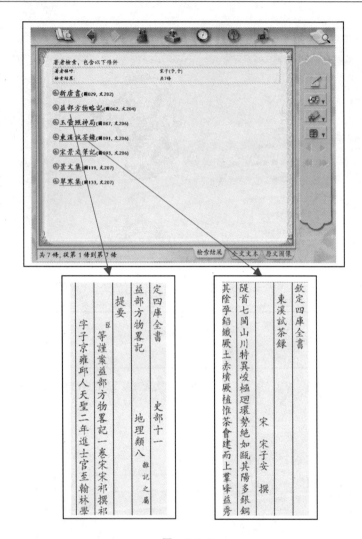

图 3.2.7

全文检索以原文或注释中的任意字词、字符串作为检索词。同时可以作两方面的选择限定：一是对"正文文字"或"注释文字"进行选择限定；二是对"检索范围"（分类、书名、著者等）进行选择限定。如查考有关"蹴鞠（cùjū）"的资料，图 3.2.8 对检索词未作限定，图 3.2.9 则作了限定，检索的结果大不一样。选择限定功能有效地缩

第三章　古籍资源与基本古籍的查考　　91

小了检索范围,是提高检索效率的重要手段。

（2）高级检索　这是两个检索条件的逻辑组配检索,逻辑关系包括"与"、"或"、"非"。比如要查考有关"沙尘"或"扬沙"的历史记载,分别用逻辑"与"和逻辑"或"组合这两个检索词,检出的结果不一样。图3.2.10是检索词"沙尘"、"扬沙"进行逻辑"或"组配的检索实例。

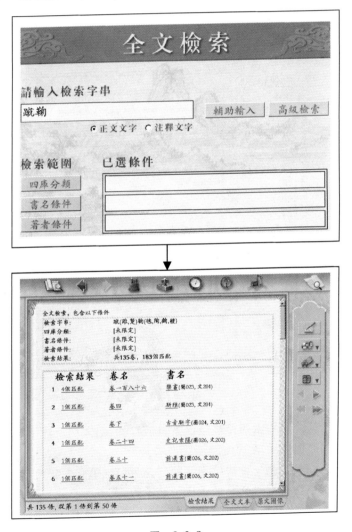

图　3.2.8

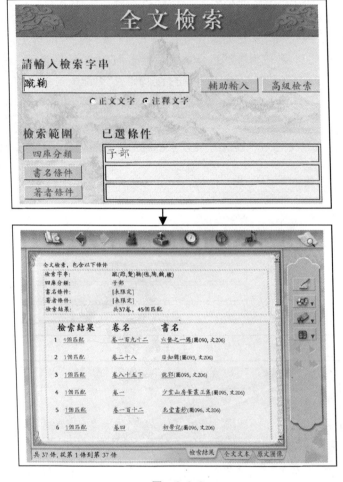

图 3.2.9

不论是全文检索还是高级检索,检索词的输入都设计了"辅助输入"功能和"汉字关联"功能。

"辅助输入"是一种按检索词的部首、拼音、笔画选择检索词的方法。这种方法为疑难文字的输入扫除了障碍。

"汉字关联"是指对汉字由于异体、通假、繁简、正讹、中日、新旧、古今、形近等现象所导致的不同的形体的汇聚。在开启"汉字关联"

第三章 古籍资源与基本古籍的查考

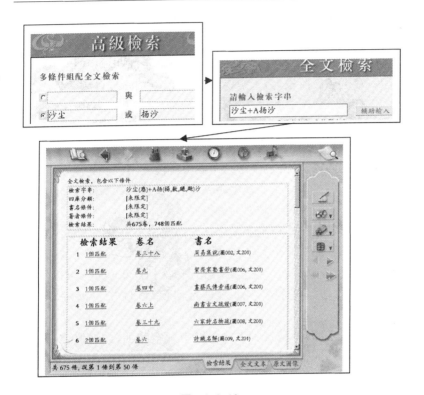

图 3.2.10

功能的状态下，当输入的检索词有上述关系时，系统的检索将自动覆盖所有的字形正体和别体。图 3.2.11 是开启（左）和关闭（右）"汉字关联"功能的比较。这一功能，可以有效地避免因字形不一所造成的漏检，从而提高检索的准确性。

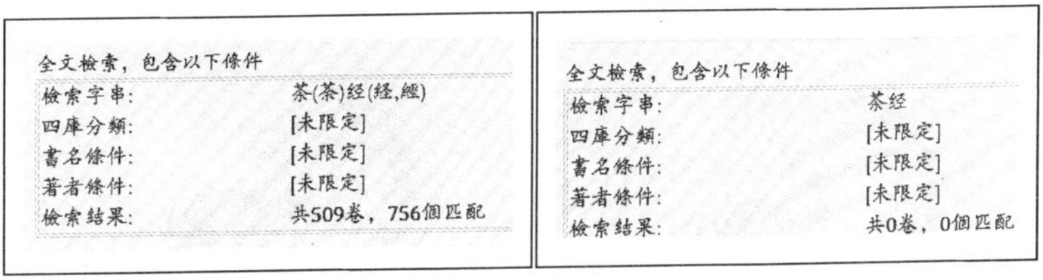

图 3.2.11

（3）全文文本与全文图像的切换　一般来说，古籍的"保真"与

"整理"存在着矛盾。保真拒绝整理,整理难以保真。但保真的古籍与整理的古籍各有适用对象,因此,理想的状态应是"保真原则"与"整理原则"的结合。在印刷版阶段,保真通过影印实现,整理则可以排印。在电子版阶段,为了实现检索功能,必须将图像文本转换为字符文本,因此,目前多数电子版古籍都采用原文输入的方法,相当于印刷版阶段的"排印"。若此,检索功能虽然建立起来了,但保真功能却无法实现。从理论上说,计算机环境下的电子古籍不必过多考虑存贮空间的问题,不必过多考虑印刷版阶段成书以后的规模问题,扫描技术又为保真提供了实现手段,因此,"保真"与"整理"的矛盾在电子版古籍身上应该得到较好的解决。

文渊阁《四库全书》电子版在这方面作出了有益的尝试。它采用扫描技术输入原文,通过 OCR 技术自动进行原文图像的编码字符转换,从而使它既保留了完全保真的图像数据,又形成了可以实现检索的文本数据。两个文本可以进行切换,以便于比勘对照,如图3.2.12。

提供原文图像,满足了古籍研究中版本鉴别、文物鉴赏、书史研究、文字校勘、原件对照等特殊需要。更重要的意义在于,文本版与图像版的结合,凸显了数字化古籍可以兼顾"文物存贮"和"资料应用"两种功能的优势,使古籍整理"保真"和"整理"相结合的原则在电子版阶段真正变成了现实。

(4) 辅助工具和研究支持功能　文渊阁《四库全书》电子版加载了一些对研究工作具有支持功能的辅助工具。包括:
- 资料管理员;
- 单字字义查询;
- 写字板;
- 古今纪年换算;
- 干支/公元年换算;
- 八卦·六十四卦表。

同时,还有几项支持研究的重要功能:
- 实时标点断句。利用标点工具,可以对显示页面的文字添加标点,如图 3.2.13。

第三章 古籍资源与基本古籍的查考

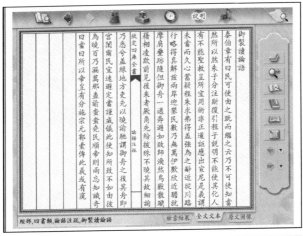

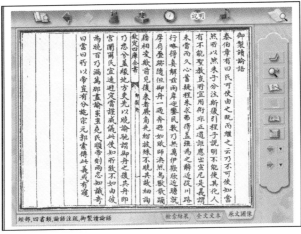

图 3.2.12

● 实时字义查考。利用联机字典,可以在浏览阅读过程中随时对疑难文字进行查考,如图3.2.14。

● 实时添加笔记。利用添加笔记功能,可以在原文中想做笔记的地方添加笔记,并保存到辅助工具"资料管理员"中备查。

在现有的电子版古籍全文检索系统中,文渊阁《四库全书》电子版是有代表性的一种,比较典型地体现了到目前为止我国古籍资源

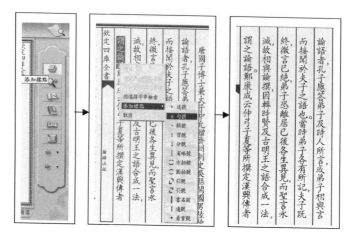

图 3.2.13

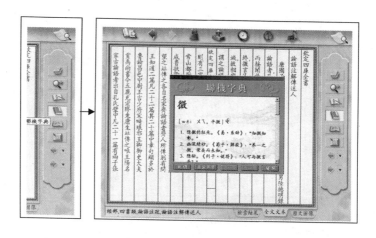

图 3.2.14

数字化开发与建设的水平。它的主要技术优势是：采用国际标准 ISO/IEC 10646 中、日、韩汉字大字符集文字平台，不仅提高了古籍用字的满足程度，而且实现了跨平台展现内容，使中国古籍能够超越语言限制，在不同的视窗平台上运行，解决了中国古籍资源的全球共享问题。开发出了古籍专用 OCR 识别系统、辅助校对系统，实现了在适当人工干预下古籍原文的自动高速输入，并自动由数字图像转换为数字文本,基本解决了古籍资源数字化过程中的瓶颈问题——原文输入。同时,为电子版古籍完美体现"保真"与"整理"相结合的原则提供了技术保证。在满足利用者实际需求方面,文渊阁《四库全书》电子版也具有一些优势。它不仅具有强大的检索功能,而且具有显示原文图像的功能,还捆绑了一些辅助工具,开发了一些研究支持功能,所有这些,不仅使古籍检索的思路和方法发生了变革,而且会带来古籍研究思路和方法的变革。

四、《四部丛刊》

《四部丛刊》是 20 世纪初我国出版的最有影响的大规模古籍丛书之一,由著名学者、出版家张元济纂辑,商务印书馆出版。全书分 3 编。"初编"始印于 1919 年,收书 323 种,8548 卷。1924 年重印初编,抽换 21 种版本,增为 8573 卷,并新撰若干校勘记。"续编"于 1934 年印成,收书 81 种,1438 卷。1936 年续出"三编",73 种,1910 卷。初、续、三编总计收书 477 种,3134 册。

《四部丛刊》所收的古籍,上起上古,下至清末,按经、史、子、集四部分类编排。其最大的特点,是精选宋元旧刻,明清精刻、抄本、校本和手稿本,质量高。另外,全书采用石印技术影印,真实地再现了古籍的原貌,开创了中国古籍印刷出版的新阶段。

2001 年,北京书同文数字化技术有限公司开发出了《四部丛刊》电子版。该电子版的开发技术、实现功能、使用方法与文渊阁《四库全书》电子版几乎一样。如基本检索包括全文检索、书名检索、著者检索、分类检索;高级检索为多条件逻辑组配检索;具有检索词用字的形体关联功能;具有全文文本与全文图像的切换功能;加载的辅助工具和具有的研究支持功能也基本和《四库全书》电子版一样。

和文渊阁《四库全书》电子版相比,《四部丛刊》电子版有所区别的地方主要是:

● 增加了"勘误"功能。在浏览阅读原文的过程中,如果发现了原书的错误,可以利用此项功能进行修改。修改操作完成后,还可以还原。图 3.2.15 是一个"勘误"和"还原"的示例。

● "添加笔记"的界面有变化。

- 联机字典选用了《康熙字典》电子版。

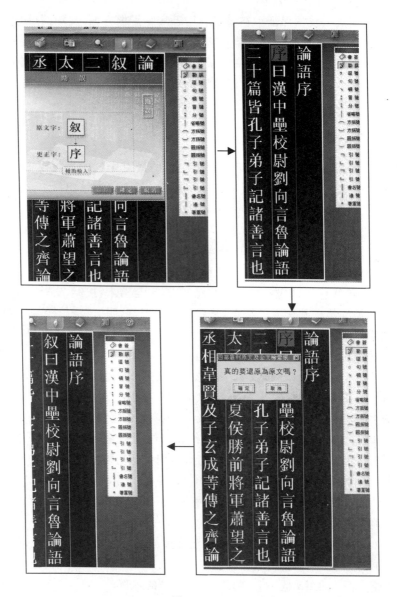

图 3.2.15

第三节 古籍流传与古籍版本

一、古籍流传

1. 古籍流传过程中的"存"和"佚"

古籍流传,是指古籍在传播过程中的流布递变、存佚缺失情况。

人们常用"浩如烟海,汗牛充栋"来形容中国古籍资源的丰富。实际上,丰富的古籍资源有些流传到了今天,一般估计总数量在10万种以上,更有一些在流传的过程中亡佚了。在中国历史上,出现过大规模的文献典籍总结性整理时期,古人称之为文献典籍的"盛聚之时",如汉代、唐代、清代;也有过由于天灾人祸导致文献典籍大量散失的阶段,古人称之为文献典籍的"大厄之会"。早在隋朝初年,秘书监牛弘就总结过隋之前图书典籍在流传过程中经历过的五次灾厄,称为"五厄"。①明代胡应麟接着续补,说从隋到宋又有"五厄"。② 张舜徽先生把由于兵燹(xiǎn)战乱导致的典籍"俱成灰烬"、"扫地无余",称为"有形的摧毁",而把那些"无意的"或"有意的"通过对典籍的整理而导致其散亡的现象,称为"无形的摧毁"。他认为,兵燹、焚禁一类"有形的摧毁",很难造成图书典籍的"绝灭","即以秦始皇焚书而论,当日明令不烧的书,反没有一卷流传后世;而那些限期焚绝的'经典',经汉代学者搜求修补,反而一部分恢复了旧观"。相反,某些大规模的古籍整理活动,却事实上造成了某些典籍的"无意"散亡,典型的如唐太宗时将"五经"的义疏整理成180卷的《五经正义》,结果是"其他经学书籍皆废"。更严重的是封建统治者打着"稽古右文"、"采访遗书"的旗号,干着"寓毁于征"的勾当,"有意识"地造成了大量典籍的散亡灭绝,典型的如《四库全书》告成之日,正是古代文

---

① 参:牛弘.请开献书之路表.载:隋书·牛弘传.中华书局点校本:1299—1300
② 参:胡应麟.少室山房笔丛卷1经籍会通

献散亡最多之时"。①

今天所谓利用古籍资源,当然只能利用以各种方式流传到今天的古籍。但如上所述,"流传"是一个动态的概念,流传的结果可能是"存",也可能是"佚",因此,了解古籍在传播过程中的流布递变、存佚缺失情况,就是利用古籍资源的前提条件。

查考古籍流传,主要利用不同历史时期编成的古籍目录。

2. 古籍目录的特点

中国传统的古籍目录有鲜明的特点。

从名称上说,"目"和"录"原本有区别。目是指篇目,录是指篇目和叙录。叙录,也就是后来所说的提要、解题、书录。西汉刘向校书,"每一书已,辄条其篇目,撮其旨意,录而奏之"。"撮其旨意"的结果,就是今天所说的"提要","条其篇目"和"撮其旨意",才叫"录"。这一记载,可以明确地说明"目"和"录"的区别。由于"录"是篇目和叙录的统称,所以,举"录"可以该(赅)"目";由于典籍编校之始,本以"条其篇目"为主,篇目之后,才是叙录,所以,从"目"的角度出发命名,便称为"目录",若从"叙"的角度出发命名,也可以称为"叙录"。余嘉锡先生说,目录和叙录,"二名皆举偏以该全,相互以见意耳。""盖全举之则名录,兼包篇目旨意;偏举之则为目录,以叙在目后,校书编次本重在目也。意有轻重,词有繁简耳。"

"目录"一词在汉代就已经出现了,但作为一个通名使用,则是晋代以后的事情。自此以后,目、录、目录的含义便逐渐向近义甚至同义的方向发展。比如,同样性质的书,可以叫《古今书录》(唐·毋煚编),也可以叫《崇文总目》(宋官修),还可以叫《直斋书录解题》(宋·陈振孙编)。不过,体现区别的称谓也一直延绵不断。如唐代毋煚《古今书录·序》中有"览录而知旨,观目而悉词"的说法,还有的古代目录称为"录目",显然是在强调"叙"在前,"目"在后,强调与"目录"的区别。②

---

① 参:张舜徽.中国文献学.中州书画社,1982:25—29
② 关于"目录"的释名,参:余嘉锡.目录学发微.中华书局,1963:15—25

在形式上,早期的目录是"一书之目录",而且是置于一书之末。如《周易·十翼》中的《序卦传》,编次和汇总了六十四卦的卦名,被认为是最早的一书之目录。《史记》的最后一篇《太史公自序》是《史记》的目录,《汉书》的最后一篇《叙传》是《汉书》的目录。后来,人们为了翻阅的方便,才把置于书末的篇目移至卷首。清代学者卢文弨对此有过考证:"夫《太史公自序》即《史记》之目录也,班固之《叙传》即《汉书》之目录也,乃后人以其艰于寻求,而复为之条例,以系其首。后人又误认书前之目录,即以为作者所自定,致有据之妄訾本书者。"①大约在唐初以后,目录置于卷首的做法便相沿成俗了。

把多种"载在本书"的"一书之目录"汇集成另外一种专书,以便于"别行于世",就是所谓的"群书目录"。群书目录是一种系统目录,西汉时刘向所编的《别录》,是中国最早的综合性系统目录。《别录》之所以称为"别录",意思就是"别集众录"、"别行之叙录"。系统目录是中国传统目录学研究的主要对象,也是用于文献典籍查考的主要目录形式。

在内容上,起源于中国的系统目录从一开始就强调不是"部次甲乙"的流水账簿,不能仅仅停留在对典籍基本信息揭露和外部形态描绘的层次上,而是强调通过目录体系对图书典籍的渊源流别、学术内涵进行清理总结,进而对图书典籍所负载着的学术文化信息加以揭示,对图书典籍所体现的学术流变加以反映,这就是中国传统目录学所具有的"辨章学术、考镜源流"的传统,是中国传统的系统目录所具有的"学术史"功能。在内容上注重学术性,而在事实上淡化了工具性,这是中国传统的系统目录和西方的系统目录的一个明显区别。

3. 具有"划分阶段"意义的古籍目录

中国历史上文献典籍总结性整理时期形成的几种综合性古籍目录,是今天查考古籍流传情况具有"划分阶段"意义的检索工具。它们主要包括《汉书·艺文志》、《隋书·经籍志》和《四库全书总目》。

汉书·艺文志是《汉书》中记载当时国家图书典藏情况的专门篇

---

① 卢文弨.钟山札记卷4

章。它根据西汉刘向、刘歆父子的《七略》编成。《七略》是西汉成帝河平三年(公元前 26 年)开始进行的大规模图书校理活动的最终产品之一,系统地记载了西汉末年之前中国重要的图书典籍,具有当时国家藏书总目录的性质。《汉书》成书于东汉光武帝建初(公元 76—83)中期,距《七略》编定约有七八十年时间。《汉书·艺文志》的内容,基本上照录了《七略》的分类体系和著录的图书典籍,同时增加了一些《七略》编成以后新出的典籍。由于《七略》的亡佚,《汉书·艺文志》便成了了解《七略》的直接资料,也是反映西汉国家藏书情况的完整的系统目录。

《汉书·艺文志》记载图书的总数是 596 家,13269 卷。所有图书,按照《七略》的分类体系,类分为 6 大类 38 小类,习惯上称为"六略三十八种"。6 大类分别是六艺略、诸子略、诗赋略、兵书略、数术略、方技略,这就是刘向《七略》开创的图书典籍"六分"体系。这一分类体系,不仅是对先秦以来流传下来的图书典籍的分类整合,也是对先秦以来的学术体系的描绘,学术流派的清理,学术演变的总结。这种目录编纂方法和形式,"是和学术思想史、科学技术史相结合着的目录方法和形式",[1]是体现中国传统目录学"辨章学术,考镜源流"特点的形式。所以,范文澜先生说《七略》和《汉书·艺文志》是"完整的巨著","是一部极可珍贵的古代文化史"。[2]国外有学者称《汉书·艺文志》为"体系化的哲学著作"。[3]

汉代是中国学术发展史上第一个总结时期。先秦"百家争鸣"形成的思想观点,通过汉代学者的清理总结传之后世,同样,汉代初年大规模的图书典籍整理活动,为负载这些思想观点的图书典籍的有序流传架起了桥梁。《汉书·艺文志》作为反映当时图书典籍整理成果的目录,是了解先秦学术文化遗产经过汉代初年的清理总结后在西汉的现存情况的重要根据,是查考中国典籍流通传播脉络的第一

---

[1] 王重民.中国目录学史论丛.中华书局,1984:28
[2] 范文澜.中国通史.人民出版社,1964:126
[3] 〔日〕金谷治.汉书艺文志的意义——作为体系化的哲学著作.载:文化.(日本东北大学文学会),20(6)

道重要关卡。

隋书·经籍志是《隋书》中记载当时国家图书典藏情况的专门篇章。《隋书》出于当时史馆众家之手，编修历时18年。《经籍志》部分由著名学者魏徵编纂，时间在唐太宗贞观三年至十年（公元629—636）。唐代是中国历史上辉煌灿烂的时代。"盛唐气象"折射出了当时国力的富足，文明的领先，社会的进步。《隋书·经籍志》产生在"盛唐"前夜，它是中古时期中国学术文化的总结性作品，是《汉书·艺文志》之后对传世图书典籍的又一次阶段性清理总结，是查考中国典籍流通传播脉络的第二道重要关卡。

《隋书·经籍志》记载的主要是唐代以前的图书典籍，总数量有6520部，56881卷。[①] 与《汉书·艺文志》相比，数量大为增加，这说明了汉代以来文献生产能力的提高。在《隋书·经籍志》中，所有图书被分为经史子集4部40类。在中国影响深远的经史子集四部分类体系，就是在《隋书·经籍志》中最后定型的，此后，"历代相沿，以为永制"。《隋书·经籍志》在确立四部分类法的主导地位上起了决定性的作用。

从《汉书·艺文志》到《隋书·经籍志》，反映的是经过汉代整理的先秦典籍以及汉代以后新出现的各类典籍到中古时期的存佚递变情况。

四库全书总目是清代乾隆年间编修《四库全书》的连带产品。

乾隆三十七年（1772年）乾隆皇帝下达的"购访遗书"谕令中就提出了为各书"叙列目录"的构想："但各省蒐集之书，卷帙必多，若不加之鉴别，悉行呈送，繁复皆所不免。着该督抚等先将各书叙列目录，注系某朝某人所著，书中要旨在何，简明开载，具摺奏闻。候汇齐后，令廷臣检核，有堪备览者，再开单行知取进。庶几副在石渠，用储乙览，从此'四库'、《七略》，益昭美备，称朕意焉。"稍后，安徽学政朱筠又进一步建议："臣请皇上昭下儒臣，分任校书之选，或依《七略》，或准四部，每一书上，必校其得失，撮举大旨，叙于本书卷首，并以进

[①] 据《隋书·经籍志》各部列举的数字统计。关于《隋书·经籍志》记载图书的总数量，往往有错误的说法。参：王重民. 中国目录学史论丛. 中华书局，1984：89—91

呈,恭俟乙夜之披览。"至乾隆三十八年二月,对在编纂《四库全书》的过程中同时编纂目录的事宜作出了决断:"查宋王尧臣等《崇文总目》、晁公武《读书志》,皆就所有之书编次目录,另为一部,体裁最为简当,应即仿其例。俟各省所采书籍全行进呈时,请敕令廷臣详细校订,依经史子集四部名称,分类汇列,另编目录一书,具载部分卷数,撰人姓名,垂示永久。"在此后的编纂过程中,凡经过甄别、校阅的图书,便交由纂修官撰写提要一篇,并提出应刊、应抄或应存的建议,最后"进呈御览",由皇帝作出最终定夺。乾隆四十六年二月,《四库全书总目》"办峻呈览。"①此后,随着《四库全书》的不断补充抽换,又经过多次修改,至乾隆五十四年已经写定,并在这一年由武英殿刻板。乾隆六十年以后,《四库全书总目》开始广泛流传于世。② 简单地说,《四库全书总目》是汇集编纂《四库全书》过程中由群臣撰写的提要而形成的一部目录,"分之则散弁诸编,合之则共为《总目》"。

《四库全书总目》全书 200 卷。参与其书编纂的有 300 多人,领衔者是乾隆皇帝的六子永瑢,实际主持编纂工作的,是总纂官纪昀。《总目》全书记载的典籍,总数为 10254 种。其中收入《四库全书》的 3461 种,另有"附存目"(简称"存目")图书 6793 种。③ 全书按经史子集 4 部分类编排,共分为 4 部 44 类 66 子目(比较复杂的类下细分子目)。部有"大序"(又称"总序"),类有"小序",子目或书目后间有"按语",每书有提要。在编纂体例上,是典型的中国传统的分类目录形式。

所谓"存目",是指那些虽未收入《四库全书》,但从内容上看大致"无碍"的图书。《四库全书》编纂过程中对图书的审查是非常严格的。按照当时的标准,只有那些"有益于世道人心"的"罕见之书"才能收入《四库全书》,而被发现有"颠倒是非"、"违碍悖逆"或"粗疏不经"内容的,则一概剔除禁毁。还有一些书,"言非立训,义或违经",或是"寻常著述,未越群流,虽咎誉之咸无,要流传之已久",对这类

---

① 纂修四库全书档案. 上海古籍出版社,1997:1292
② 参:中华书局影印组. 四库全书总目・出版说明. 中华书局,1965
③ 据中华书局影印本《四库全书总目》。

书,则既不刊行抄写,也不剔除焚毁,而是仅为其撰写提要,编入《总目》,"以备考核"。这部分图书,就是所谓的"存目书"。据当代学者考证,在《四库全书》编纂过程中,遭到禁毁的图书有 3000 多种,15 万多部,8 万多块板片。① 即以《四库全书总目》而言,"存目书"的数量也占到了总数的三分之二。所以,从另外一个角度说,《四库全书》的编纂是中国封建社会中一个典型的对图书典籍"寓毁于征"的案例。鲁迅先生在《且介亭杂文·病后杂谈之余》中对这种"寓毁于征"的恶劣手法有过深刻的揭露:"单看雍正、乾隆两朝的对于中国人著作的手段,就足够令人惊心动魄。全毁、抽毁、剜去之类也且不说,最阴险的是删改了古书的内容。乾隆朝的纂修《四库全书》,是许多人颂为一代盛业的,但他们却不但捣乱了古书的格式,还修改了古人的文章;不但藏之内廷,还颁之文风颇盛之处,使天下士子阅读,永不会觉得我们中国的作者里面也曾经有过很有些骨气的人。"

《四库全书总目》的"大序"、"小序"、"按语"用来概述典籍的源流递变。具体说,各部之首的大序,"撮述其源流正变,以挈纲领";各类之首的小序,"叙述其分并改隶,以析条目";如果"义有未尽,例有未该",则于子目或书目后间附按语,"以明通变之由"。② 这些内容,对于通过典籍之源流递变了解学术之发展沿革,通过典籍之分并改隶了解学术之兴衰整合,具有重要的价值,其本身就是一部中国传统学术的发展史,是中国传统目录"辨章学术、考镜源流"精神的集中体现。

《四库全书总目》的主体内容是典籍的提要。按照提要的撰写体例,每一书下,首先"各注某家藏本,以不没所自。其坊刻之书不可专题一家者,则注曰通行本"。提要的正文,"先列作者之爵里,以论世知人;次考本书之得失,权众说之异同;以及文字增删、篇帙分合,皆详为定辨,巨细不遗;而人品学术之醇疵,国纪朝章之法戒,亦未尝不各昭彰瘅,用著惩戒。"图 3.3.1 是《四库全书总目》中《干禄字书》的提要。

---

① 参:黄爱平.四库全书纂修研究.中国人民大学出版社,1989
② 四库全书总目·凡例

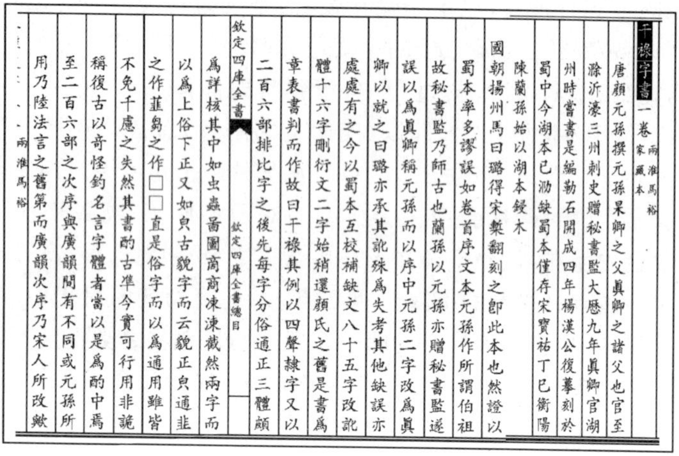

干祿字書一卷 兩淮馬裕家藏本

唐顔元孫撰元孫杲卿之父眞卿之諸父也官至滁沂濠三州刺史贈秘書監大歷九年眞卿官湖州時嘗書是編勒石開成四年楊漢公復摹刻於蜀中今湖本已泐缺蜀本僅存宋寶祐丁巳衡陽陳蘭孫始以湖本鍥木

國朝揚州馬曰璐得宋槧翻刻之卽此本也然證以蜀本率多謬誤如卷首序文本元孫作所謂伯祖故秘書監乃師古也蘭孫以元孫亦贈秘書監遂誤以爲眞卿稱元孫而以序中元孫二字改爲眞卿以就之曰璐亦承其訛殊爲失考其他缺誤亦處處有之今以蜀本互校補缺文八十五字改訛體十六字刪衍文二字始稍還顔氏之舊是書爲章表書判而作故曰干祿其例以四聲隸字又以二百六部排比字之後先每字分俗通正三體頗爲詳核其中如虫蟲畐圖商商凍涷截然兩字而以爲上俗下正又如皃古貌字而云貌正皃通韭之作韮舄之作□□直是俗字而以爲通用雖皆不免千慮之失然其書酌古準今實可行用非詭稱復古以奇怪釣名言字體者當以是爲酌中焉至二百六部之次序與廣韻間有不同或元孫所用乃陸法言之舊第而廣韻次序乃宋人所改歟

欽定四庫全書 欽定四庫全書總目

兩淮馬裕

图 3.3.1

从学术批评的方法上说，知人论世、品评有据、参合众说、导向鲜明是其特色。由于《四库全书》纂修时期正是清代考据学如日中天的时期，四库馆就是“汉学家的大本营”，所以，《四库全书总目》在整体上明显地体现了乾嘉考据学的风格，这就是“主于考订异同、别白得失，故辩驳之文为多”。

清代乾嘉时期是中国传统学术文化的最后一个总结时期。《四库全书总目》是学术文化总结时期形成的总结性书目，它几乎囊括了清代乾隆年间以前流传下来的最重要的中国古籍，而且把刘向、刘歆父子《七略》所开创的有中国特色的传统目录推向了顶峰。查考图书典籍在古代的流传递变，《四库全书总目》是最后也是最重要的一道关卡。一般来说，《四库全书总目》著录的图书，今天绝大多数都是现存的。

《四库全书总目》“多至万余卷，卷帙甚繁，将其抄刻成书，翻阅已颇为不易”，因此，在编纂工作刚刚开始时，乾隆三十九年七月，乾隆皇帝又下达了同时编纂《四库全书简明目录》的指令，并明确要求《简明目录》“只载某书若干卷，注某朝某人撰”，认为若此“则篇目不繁而

第三章　古籍资源与基本古籍的查考

检查较易,俾学者由书目而寻提要,由提要而得全书"。①乾隆四十七年,《简明目录》编成,和《总目》一繁一简,同时流行。

和《四库全书总目》相比,《四库全书简明目录》最突出的特点就是"简明"。具体说,"简明"的表现有二:一是"不录存目",二是"删节提要"。例如,同样是《干禄字书》的提要,《简明目录》简化为图 3.3.2 的样式。由于"不录存目",《简明目录》收录的图书和《四库全书》是一致的,从这个意义上说,《简明目录》是《四库全书》的总目录。

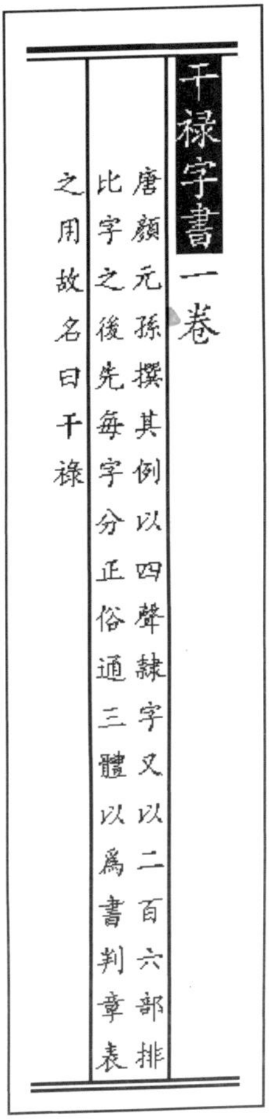

《汉书·艺文志》、《隋书·经籍志》和《四库全书总目》构成了查考清代乾隆年间以前中国古籍的具有"划分阶段"意义的三道重要关卡。《汉书·艺文志》和《隋书·经籍志》通行的印刷版本是中华书局点校本,电子版的"二十五史全文阅读检索系统"中也包括了这些内容。《四库全书总目》通行的印刷版本史是中华书局影印本。1997年,中华书局出版了经过标点断句的《四库全书总目》整理本。《四库全书简明目录》通行的印刷版本是中华书局排印本。在文渊阁《四库全书》电子版中,加载了《总目》和《简明目录》,所以,《总目》和《简明目录》事实上已经有了电子版。

《四库全书总目》收录典籍的下限到清代乾隆年间。实际上,清代的典籍,它收录的数量已经比较少了。目前,能够对《四库全书总目》起续补作用的检索工具主要是《续修四库全书总目提要》和《贩书偶记》及《贩书偶记续编》。

续修四库全书总目提要是1931—1945年间以日本人主持的"东

干禄字书一卷

唐颜元孙撰其例以四声隶字又以比字之後先每字分正俗通三體以爲書判章表之用故名日干禄

图 3.3.2

---

① 纂修四库全书档案.上海古籍出版社,1997:228—229

方文化事业委员会"设立的"北平人文科学研究所"的名义编纂的,提要稿全部由中国学者撰写。1945年日本投降,该书的编纂并未完成,提要稿被我国政府接收。20世纪80年代初,中国科学院图书馆开始对这批遗稿进行整理,1993年起,中华书局陆续出版排印整理本,1996年齐鲁书社出版稿本影印本。该书汇集提要稿32000篇。从内容上看,它实际上包括了对《四库全书总目》的"续"和"补"。续,是续编清代乾隆年间以后到20世纪30年代新出的图书;补,是补充乾隆年间以前《四库全书总目》失收或虽然收录但窜改删削严重、版本不佳者。

贩书偶记由近人孙殿起编,中华书局1959年出版。该书是孙氏对经营古书贩卖过程中随手所作的记录加以整理而形成的,故名。其收录图书的范围,主要是清代的著述,兼及少量明代小说和辛亥革命至抗战前有关中国古代文化的著作。在这一收录范围内,对图书的选择贯彻两条基本原则:一是凡见于《四库全书总目》的图书概不收录(偶有收录者,必定在卷数、版本等方面与《总目》不同),二是非单刻本不录。著录图书的总数量有1万种左右。

《贩书偶记》问世后,孙殿起继续贩书,续有所得。孙氏去世后,其助手雷梦水将遗稿仿照《贩书偶记》的体例编辑整理为**贩书偶记续编**,著录图书6000多种,1980年由上海古籍出版社出版。

由于《贩书偶记》及其《续编》在收录图书的范围上和《四库全书总目》基本不重复,在时限上基本和《四库全书总目》相接续,在体例上又沿袭了以《四库全书总目》为代表的中国传统的分类目录,所以,后来人们往往称《贩书偶记》及其《续编》为《四库全书总目》的"续编"。但二者也有一个重要的区别:《总目》是有提要的目录,而《贩书偶记》及其《续编》是没有提要的目录。

1949年以后,我国的古籍整理工作在持续不断地进行。整理,包括对古籍的标点校勘、注释今译、选编汇集、序跋索引、影印排印等工作。经过整理的古籍,形成了流传到今天的古籍的当代形态。整理的目的,是为了便于今人及后人对古籍的利用。目前较为集中地反映1949年以后经过整理而出版的古籍的基本信息的检索工具是**古籍整理图书目录**(1949—1991),中华书局1992年出版。收录古籍整理作品 6500 多种。

二、古籍版本

1. 古籍版本的特殊性

古籍版本是指一部古书经过多次传写或刊印所形成的不同的书本形态。

对于古籍来说,版本问题是一个尤显特殊和重要的问题。直接的原因在于,古代刻书,没有"统一印刷"、"统一发行"之说,缺少必要的共同规范,因此,不同时间、不同地域、不同个体、持有不同目的所刊刻的图书,不仅形式不一样,内容也往往有区别。比如,明代心性之学盛行,导致了"束书不观,游谈无根"的空疏学风。在这种背景下,图书典籍的刊刻也出现了严重的随意与轻率。清初学者顾炎武在《日知录》有这样的描绘:"近世人轻以意改书,鄙浅之人,好恶多同,故从而和之者众,遂使古书日就讹舛。"他的结论是:"得明人书百卷,不若得宋人书一卷","是故信而好古,则旧本不可无存;多闻阙疑,则群书亦当并定。"由于古籍的版本往往与古籍的内容密切相关,并不仅仅是一个追求形式鉴赏的问题,所以,利用古籍必须树立版本意识,慎选版本。对此,张之洞有过精辟的总结:"读书不知要领,劳而无功;知某书宜读而不得精校精刻本,事倍功半。"[①]

高质量的古籍版本一般称为善本。和善本相对的概念是"劣本",或称"恶本"。善本的概念早在宋代就出现了,但长期以来对它的内涵并没有统一的界定。宋明时期,一般把精加校勘的书本称为善本。到晚清,张之洞在《輏轩语·语学》中对善本作了如下界定:"善本之义有三:一、足本,无缺卷,未删削;二、精本,一精校,一精注;三、旧本,一旧刻,一旧抄。"晚清丁丙在《善本书室藏书志》中则把善本归纳为旧刻、精本、旧抄、旧校。1978 年,我国开始编纂《中国古籍善本书目》,配合这项工程,国内学术界对善本的基本标准作了较为深入的研究探讨,最终形成了一个"三性九条"原则。"三性"是指:

[①] 张之洞.书目答问·略例

第一，历史文物性。指图书的年代久远,具有文物价值。如宋元以前的刻本、写本,明代抄写本、精刻本,清代乾隆以前流传较少的印本、抄本。可见,所谓"文物性"的时间下限是清乾隆年间。第二,学术资料性。指各类在学术研究中具有重要资料价值的稿本、批校题跋本和流传很少的印本、抄本。强调学术资料性,就可以突破"文物性"的时间限制。第三,艺术代表性。指书本的物质形态能够反映中国历代印刷、装帧技术的发展变化与特点,如具有代表意义的活字本、彩色套印本、木刻版画以及明清名家印谱等。艺术代表性强调的是印本和制书的工艺水平。一部古籍,只要具备三者之一,就可以确定为善本。"九条"是对三性原则的解释性规定。目前,把"三性九条"原则作为确定善本古籍的基本标准,已被国内学术界普遍接受。

由于古籍版本的特殊性,所以研究古籍版本在我国形成了专门的学问,这就是古籍版本学。传统的古籍版本学的研究范畴主要是两方面:一是古籍版本的流传递变、版本系统,一是有关古籍版本鉴定的理论与方法。20 世纪 90 年代以来,伴随着电子版古籍的出现,国内有学者提出建立"电子古籍版本学"学术分支,专门研究电子古籍中的特殊版本问题,如图形版与文本版的问题,检索版与阅读版的问题,电子版的致误规律问题,电子版本校对软件的开发问题,古籍版本保真与古籍整理的关系问题,等等。

2. 古籍版本目录

对一般的古籍利用者来说,查考古籍版本实际上需要解决的问题主要有二。第一,一部古籍自问世以后在流传过程中形成了哪些不同的版本?第二,在所有这些传世版本中,哪些质量好,哪些质量不好?这类问题一般可以通过检索工具的查考获得大致的解决。

查考一般古籍的版本状况,有代表性的工具书是**增订四库简明目录标注**,晚清学者邵懿辰撰,邵章续录,通行版本是上海古籍出版社 1979 年重印本。该书的内容,是对《四库全书简明目录》中每一种古籍传世版本的标注,可以认为是《四库全书》的版本目录。对典籍版本的记载,一般分 3 部分内容:"标注"是邵懿辰据其所见所做的记载;"附录"是邵懿辰同时代的学者所做的补充;"续录"是邵章补充的清代咸丰年间以后出现的各种版本。因此,标注、附录、续录三者是相互补充关系。该书突出的特点是:首先,记载的古籍版本数量全;其次,对记载的传世版本的优劣情况常常作出评价。这两个特点,正好可以满足一般人查考古籍版本的需要。

查考古籍善本,目前权威性的工具书是**中国古籍善本书目**,上海古籍出版社1989—1996年出版。该书目的编纂工作始于1978年,是全国现存善本古籍普查的总结性成果。共收录全国782个收藏单位收藏的善本古籍6万多种,13万部,比较完备地反映了我国现存善本古籍的概貌,是查考现存善本古籍的集大成之作。

《中国古籍善本书目》分经、史、子、集、丛5部分。丛,指丛书部。但按照编辑体例,列入丛部的只是"汇刻群书"的丛书,而汇集同类之书的丛书仍归所属各部。对典籍的著录项目,包括书名、卷数、编著注释者、版本、批校题跋者、收藏单位代号。从内容上看,有关版本的著录比较科学、准确,具有较高的学术水平。这不仅表现在对有年代可据或资料可考的版本,详细记载了刊刻年代、刻书地点或刻工姓名,对有批校题跋的版本,注明批校者,揭示版本的特殊价值,还表现在对有多种版本的同一古籍,对版本的源流系统作出了清理总结。在版本项的简略著录中,蕴含着丰富的有关古籍版本断限、鉴别、源流考证等方面的研究成果。此外,该书目详细记载善本古籍的收藏地点,为利用者的实际利用提供了方便。

王重民先生编撰的**中国善本书提要**(上海古籍出版社1983年出版)是一部有特色的善本古籍提要目录。该书收录分藏在北京图书馆(现国家图书馆)、北京大学图书馆和美国国会图书馆的中国善本古籍提要4400多篇。

书中收录的当时收藏在美国国会图书馆的中国善本古籍提要,在今天具有特殊的意义和价值。1941年,为避免日军入侵中国对珍贵古籍的损毁,中国政府决定将当时"北平图书馆"收藏的珍贵善本古籍计102箱、2720种、20738册寄存到美国国会图书馆,由其代管,俟战争结束后运回。抗日战争结束后,美方对这批中国古籍却迟迟没有履行归还义务。直到1965年,经过不懈努力,这批珍贵古籍被台湾的"中央图书馆"收回。1939—1947年,美国国会图书馆邀请王重民先生整理、鉴定该馆所藏的中国古籍。利用这一条件,王重民系统地拍摄、整理了寄存在该馆的这批善本古籍。他每拍摄一书,同时撰写提要一篇。1947年,王重民先生回国,将拍摄的全套缩微胶卷和提要稿带回。缩微胶卷现藏国家图书馆。《中国善本书提要》中收录的标有"国会"(美国国会图书馆)的善本提要,即包括了寄存在该馆的中国善本书提要。历史已经证明了王重民先生当年抢救这批珍贵中国善本古籍的意义和价值。

《中国善本书提要》的主要特点是,提要的内容注重对版本形态的描绘,刊刻源流的考核,序跋资料的记录和汇集。属于比较典型的古籍版本目录形态。

1991年,书目文献出版社出版了《中国善本书提要补编》,续刊了新发现的王重民先生撰写的善本提要遗稿780多篇。其中史部的770多篇,全部都是当年寄存在美国国会图书馆的中国善本古籍提要。

第四节 古籍丛书与类书

一、古籍丛书

1. 古籍丛书概述

丛书是在一个总书名下汇集了多种书的一套书。它被认为是一种广义上的资料工具书。

在中国,丛书的源头可以上溯到汉代。有学者认为,司马迁在《史记·孔子世家》中所说的"六经",就是用一个总书名统括群书,含有丛书的意思。① 到了唐代,"丛书"两字连用的用例出现在汉语书面文献中。比如韩愈的《剥啄行》诗中有"门以两版,丛书期间"(两扇门关着,屋子里丛聚着许多图书)的诗句,陆龟蒙的个人诗文小品集题名《笠泽丛书》。不过,这时的"丛书"连用,意义与今天的丛书不同。丛书是把多种书汇集到一起重新加以刊刻,它的大量出现必须

---

① 参:戚志芬.中国的类书、政书和丛书.商务印书馆,1996:152

以刻书、印书、制书的技术进步为前提。宋代以来,雕版印刷术逐渐走向普及,直接带动了古代丛书编纂刊刻的迅速发展。我国现存最早的严格意义上的丛书,就是南宋宁宗嘉泰二年(1202年)俞鼎孙、俞经合编的《儒学警悟》。

丛书在中国出现得虽然并不算早,但由于丛书这种汇聚文献的形式与中国传统的"述而不作"的观念吻合,也由于丛书的刊刻使大量原本流通不广的单行古籍得以广泛流传,满足了人们利用的需要,所以,它自宋代以来发展迅速。明清两代,都有大量的丛书问世,典型的如《四库全书》,就是中国古代规模最大的丛书。古代丛书的类型,在明代就已发展到基本齐备的地步。及至近现代,还有《四部丛刊》、《四部备要》等大规模的古籍丛书问世。据估计,中国古代编纂刊刻的丛书,总数量在3000种以上,容纳的单种古籍近5万种,占现存古籍总数的近二分之一。这就意味着,丛书资源可以解决近二分之一现存古籍的利用问题。

丛书是一种泛称。古代丛书在题名中常用的称谓,往往多种多样。如丛刊、丛刻、丛钞、丛稿、丛谭、丛编、汇存、汇稿、秘书、志林等,共同的特点只是往往选用能够表现"汇聚典籍"特点的字眼。从上文所说的"丛书"连用意义的变化也可以看到,判断一部典籍是否属于丛书,不能仅以是否在书名中选用了"丛书"一词为依据。

古籍丛书有综合性的和专门性的之分。综合性丛书往往称为"汇编丛书",意谓其选收的典籍是跨类别的。在古籍丛书中,综合性丛书主要包括4种类型:

● 普通丛书,又称杂纂丛书;
● 地方丛书,又称郡邑丛书,以某一地域作者的图书为汇集对象的丛书;
● 氏族丛书,合刻某一家族的著作形成的丛书;
● 个人丛书,又称独撰丛书,合刻某一作者的作品形成的丛书。

专门性丛书往往称为"类编丛书",意谓其选收的典籍是属于同一类别的。类别的划分,有按经、史、子、集区分的,如《皇清经解》、《百子全书》;有按学科区分的,如汇集医学类典籍的《当归草堂医学丛书》,汇集算学典籍的《中西算学四种》;有按文体区分的,如汇集小说的《古今说海》,汇集唐诗的《唐诗二十六家集》;也有以地区或氏族、个人为范围汇集同类作品的,如《江左三大家诗钞》、《高邮王氏家集》等。

对利用古籍资源来说,古籍丛书的作用主要表现在两个方面。首先是保存古籍的作用。一部典籍被收入丛书,也就意味着它被重新刊刻了一次,无疑增加了流通的数量和机会。另外,丛书成套刊刻、流通,较之于单行本,在流通、保管过程中散佚的危险降低,利用的方便程度增加。在中国古代,某些被认为是不登大雅之堂的"雕虫小技"图书,往往没有单刻的机会,丛书的广泛收录,使它们获得了刊刻、流传的机会。中国的传世古籍,有相当数量是靠丛书保存下来的,也有相当数量的古籍通过丛书本增加了传世刊本的数量。其次,古籍丛书具有提供善本的作用。对古籍来说,版本往往和内容密切相关。丛书在汇刻典籍时,对所依据的底本往往"广事购借",所以,丛书中保存的典籍往往"类多密帙"。特别是近代影印技术运用于古籍丛书出版以后,丛书把大量过去一般人难以见到的善本、珍本化为通行版本,为人们利用善本提供了极大的方便。

2.《中国丛书综录》

利用古籍丛书,首先需要了解丛书的基本情况,包括丛书收录典籍的情况,典籍被丛书收录的情况等。目前,查考古籍丛书权威性、集大成的检索工具是**中国丛书综录**(上海图书馆编,中华书局1959—1962年出版,上海古籍出版社1986年重印)。

《中国丛书综录》共收录古籍丛书2797种,包括38891种单种古籍,是迄今为止收录古籍丛书数量最多的丛书目录。

该书的编制结构由3部分组成,各部分具有不同的功用。

第1册是"总目",即以丛书为著录对象的分类总目录。其分类体系是将所有丛书首先分为"汇编"和"类编"两大类,汇编由杂纂类、辑佚类、郡邑类、氏族类、独撰类组成,类编则分为经、史、子、集。著录对象以丛书为单位,揭示的项目包括书名、编者、版本、详细子目。具体样式如图3.4.1。

> **彙 編**
>
> **雜 纂 類**（宋元）
>
> **儒學警悟**
> （宋）俞鼎孫（宋）俞經輯
> 　民國十一年(1922)武進陶氏刊本
> 　石林燕語辨十卷　（宋）汪應辰撰
> 　演繁露六卷　（宋）程大昌撰
> 　嬾眞子錄五卷　（宋）馬永卿撰
> 　攷古編十卷　（宋）程大昌撰
> 　捫蝨新話上集四卷下集四卷　（宋）陳善撰
> 　螢雪叢說二卷　（宋）俞成撰

图　3.4.1

本册后附"全国主要图书馆收藏情况表",反映了所收丛书在全国 41 所图书馆的收藏情况。

检索本册的内容,可以利用卷首的分类目录,但更方便的是利用所附的"丛书书名索引"。该索引按书名首字四角号码顺序编排,给出的结果,既包括丛书在正文的页次,也包括丛书在"全国主要图书馆收藏情况表"中的顺序号码,如图 3.4.2。

"总目"的主要功用有二:一是查考一部丛书包括了哪些具体古籍;二是查考一部丛书在全国主要图书馆的收藏情况。

> 2122_1行
> 50　～素草堂金石叢書
> 　　　　　　685, *1729*
> 　～素軒算稿　736, *2001*
> 　～素軒筆談　736, *2001*
>
> 2122_7儒
> 24　～先訓要十四種續四
> 　　種(東聽雨堂刊書)
> 　　　　　　704, *1819*
> 77　～學警悟　1, *1*

图　3.4.2

第 2 册是"子目",即以丛书所汇集的单种古籍为著录对象的子目分类目录。分类体系采用经、史、子、集4部体系。著录对象以子目为单位,揭示的项目包括书名、卷数、所属丛书3项。

第3册是"索引",即第2册"子目"的索引。包括"子目书名索引"和"子目著者索引"两部分。

第2册"子目"是分类编排的,因此,从理论上说,可以从分类的途径查考。但由于子目数量繁多,类别繁杂,分类检索面临着较多的制约。为便于一般人的检索,该书设计了按子目书名和著者首字四角号码顺序(附有"索引字头笔画检字"和"索引字头拼音检字")编排的索引,给出具体子目在第2册中的位置,为检索第2册"子目"的内容服务。

"子目"和"子目索引"配合起来,其主要功用是查考一部具体的古籍被收入了哪些丛书。

例如,要查考《石林燕语辨》(宋·汪应辰撰)一书被收入哪些丛书,从"子目索引"(书名或著者名)入手查得该书在"子目"分册中的位置;据此过渡到"子目",就可以获得结果,如图3.4.3。如果还想进一步了解所属丛书及丛书的收藏地点,再按丛书名称过渡到第1册即可。

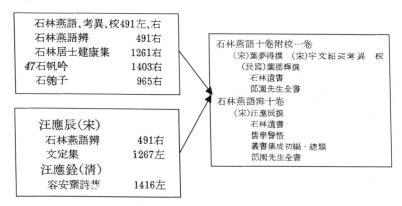

图 3.4.3

1981年,江苏广陵古籍刻印社出版了《中国丛书综录补正》(阳海清编),考订与补正了《中国丛书综录》的错漏之处,补充著录了丛书的版本,增补了丛书的异名和缺漏的子目,增录了一些后出丛书。

《中国丛书综录》的编制结构，实际上体现了丛书目录的基本特点，这就是必须适应丛书"汇聚群书"的特点，既提供从丛书入手查考子目的渠道，又提供从子目入手查考丛书的渠道，反映在丛书目录中，便是"总目"和"子目"的区分。在形式上，总目和子目不一定单独成册，但二者必须加以区分，以形成不同的检索入口。不论丛书还是子目，基本的检索点是书名和著者，因此，书名索引和著者索引就成了最基本的索引。了解了丛书目录的这些特点，也就掌握了使用所有的丛书目录的基本原则。

二、类书

1. 类书的结构、特点与功用

　　类书是采辑古籍中的片段或整篇资料，按类别或韵目加以编排，以供寻检、征引古代文献之用的工具书。简单地说，类书是中国古代形成的具有资料类编性质的参考工具书，是最具世界影响的中国传统文献资源之一。

　　类书之名，最早出现在宋代。此前，这类书称为"类事"。

　　类书的内容，是直接抄录各类典籍中的原始资料而加以陈列。就抄录资料的方式说，一般是片段摘抄，也有的是整段、整篇，甚至整部书抄录。资料的原始出处，一般都加以注明。就抄录资料的性质说，在中国类书发展史上，经历了由专门采辑"事迹"类资料到"事文并重"的转变。这一转变发生在唐代，标志是《艺文类聚》所开创的"事文合编"体制。"事文合编"体制的确立，打破了此前长期存在的"事自为类书，文自为总集"的界限，拓展了类书采辑资料的范围。类书的名称由"类事"变为"类书"，反映的就是这种变化。自此以后，经史子集各类典籍都是类书的资料源泉，记录自然界和人类社会一切已有知识的资料都是类书的陈列对象，由此造成了"类事之书，兼收四部，而非经非史非子非集。四部之内，乃无类可归"[①]的现象。从这个意义上说，类书的内容具有"百科性"，以至于有人认为类书就是

---

① 四库全书总目·类书类小序

中国古代的"百科全书"。

类书从各类典籍中抄录资料的目的,是要通过一种有序的陈列重新展现给人们。因此,对抄录而来的资料必须进行一番以有序化为目标的编排整合工作。怎样编排整合? 古代类书采用的基本方法就是"分类"——对抄录的资料进行分门别类地编排整合。

内容是"抄录资料",整合内容的形式是"分门别类",那么,如果从内容和形式的结合上看,类书最为突出的特点便是所谓"区分胪列,靡所不载",便是所谓"事以类聚,事类相从",这是古人的概括;用今天的话说,就是在分类体系中陈列记录已有知识的资料。"分类"和"陈列",是中国古代类书的核心要义。

分类的本质是思想的秩序,展现出来的是"那个时代人所能够想像到和把握到的知识与思想世界的秩序、范围和边界",[①]所以,分类体现思维和认识的水平与特点。中国古代类书采用的分类体系,从总体上说,是一个将自然界和人类社会的万事万物区分为"天、地、人、事、物"的模式。尽管不同的类书中设置的具体类目可以多寡不同,分类的层次可以深浅有别,类目名称的命名也可以彼此有异,但"天、地、人、事、物"这种认识世界的思维方式和分类思路,却直接规定了不同类书分类体系的基本轮廓。这一分类体系,典型地体现了中国古代儒家文化中"天人合一"、"天人感应"的哲学观念:类书陈列的内容是"靡所不载",在中国传统文化的土壤上,"靡所不载"的哲学理解就是"天、地、人、事、物"。为什么是"天、地、人、事、物"而不是其他? 因为"天、地、人、事、物"就是古人在"天人合一"观念支配下所能把握到的自然界和人类社会的范围与边界。

以下是唐代类书《艺文类聚》的分类体系:

天:天部　岁时部
地:地部　州部　郡部　山部　水部
人:符命部　帝王部　后妃部　储宫部　人部
事:礼部　乐部　职官部　封爵部　治政部　刑法部　杂文部　武部

---

① 葛兆光.七世纪前中国的知识、思想与信仰世界——中国思想史(第一卷).复旦大学出版社,1998:604

物：军器部　居处部　产业部　衣冠部　仪饰部　服饰部　舟车部　食物部　杂器物部　巧艺部　方术部　内典部　灵异部　火部　药香草部　宝玉部　百谷部　布帛部　果部　木部　鸟部　兽部　鳞介部　虫豸(zhi)部　祥瑞部　灾异部

"部"即大类。中国古代的类书一般采用二级分类体系，即"部"下再分"子目"，如《艺文类聚》在46部下又进一步区分出727个子目。清代编成的大型类书《古今图书集成》则实现了由"汇编"、"典"、"部"构成的三级分类。分类层次的深入，是分类体系走向精密的标志，从本质上说，它反映的是思维和认识的精确化，反映的是思想秩序性的增强。

类书在分类体系中陈列的资料，一般按"事居于前，文列于后"的原则排比，性质相同的资料，大体依时代先后为序，所抄录资料注明出处，这是古代类书的基本原则。图3.4.4是《艺文类聚》"岁时部·人日"类别下类聚资料的样式：

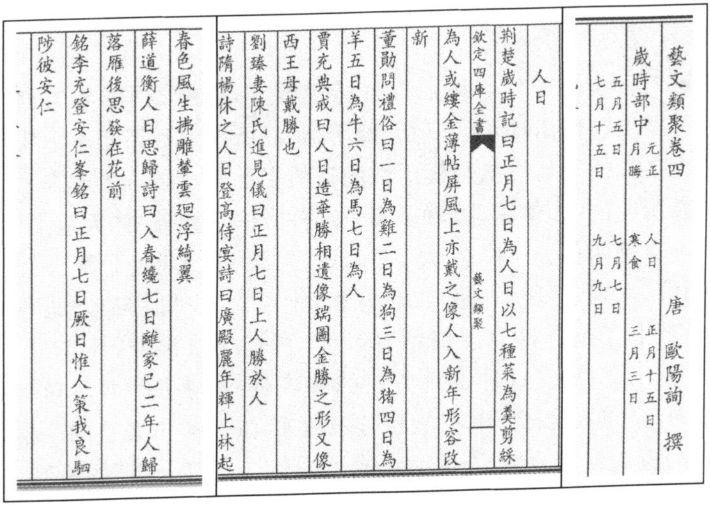

| 艺文类聚卷四 | | 岁时部　人日 | 人日 | | 荆楚岁时记曰正月七日为人日以七种菜为羹剪綵为人或镂金薄帖屏风上亦戴之像人入新年形容改新 | 董勋问礼俗曰一日为鸡二日为狗三日为猪四日为羊五日为牛六日为马七日为人 | 贾充典戒曰人日造华胜相遗瑞图金胜之形又像西王母戴胜也 | 刘臻妻陈氏进见仪曰正月七日上人胜於人 | 诗隋杨休之人日登高侍宴诗曰广殿丽年辉上林起 | 春色风生拂雕甍雲廻浮绮翼 | 薛道衡人日思归诗曰入春纔七日离家已二年人归落雁後思发在花前 | 铭李充登安仁峯铭曰正月七日厭日惟人策我良駟 | 防彼安仁 |

唐　欧阳询　撰

人日正月十五日　寅日三月三日　七月七日　九月九日　五月中月朓　七月十五日

图　3.4.4

该例是古代类书类聚资料的一般形式。也有一些变例，主要是：

● 有的类书在子目下先列出概括性的词语短句,然后再详引资料。这种做法,实际上等于对具体资料的内容作出了简单的主题概括,更便于查考利用。如唐代虞世南所编的《北堂书钞》就较多地采用了这种类聚资料的方法,见图 3.4.5。

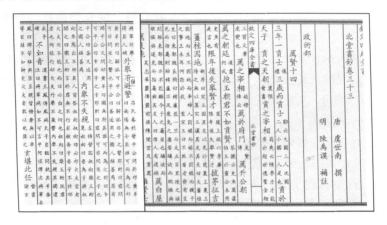

图 3.4.5

● 有的类书子目名称冠以概括性数字,即所谓"以数为纲";同时对资料主题作出提示性概括,即所谓"以所统之目系于下",实际上是把数字式的子目概括与提示性的资料主题概括结合了起来。宋代王应麟所编的《小学绀珠》就采用了这种方法。如该书"天道类"下统摄的子目是两仪、三才、四大、三无私、九天、五天地、七政、三光、三辰、两曜、六宗、五纪、五星、二十八宿、十二次、三垣、四宫、北斗七星等,子目下先作资料主题提示,然后详列资料或出处,见图 3.4.6。《四库全书总目》对这种编排方法的评价是:"与诸类书迥异。盖仿世传陶潜《四八目》之例,以数目分隶故实,遂为类事者别创一格也。"

● 清代编成的《古今图书集成》彻底贯彻了"分类"的原则,子目下汇集的资料仍然是分类编次,如分成汇考、总论、列传、艺文、选句、纪事等类别。

按类别汇集资料,这是中国古代类书最基本的编排形式。此外,也有少数类书采用了按韵目编排的形式。最早采用这种方法编纂的

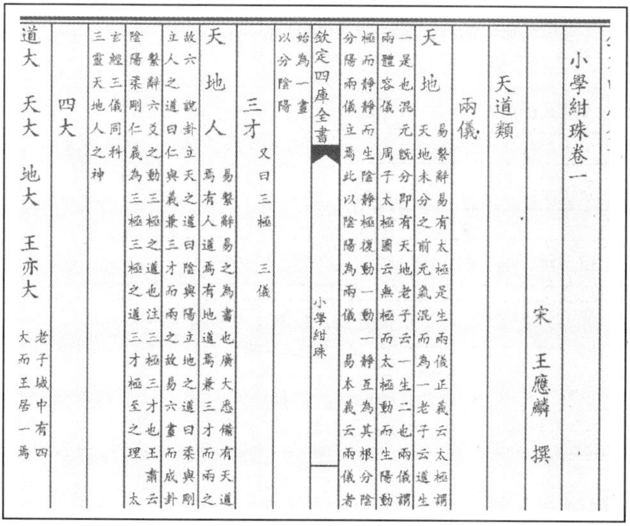
小學紺珠卷一
宋　王應麟　撰
天道類
兩儀
天地　易繫辭易有太極是生兩儀正義云太極謂天地未分之前元氣混而為一老子云道生一是也混元既分即有天地老子云一生二也兩儀謂兩體容儀周子太極圖云無極而太極動而生陽動極而靜靜而生陰靜極復動一動一靜互為其根分陰分陽兩儀立焉此以陰陽為兩儀易本義云兩儀者始為一畫以分陰陽
欽定四庫全書　小學紺珠
三才　又曰三極　三儀
天地人　易繫辭易之為書也廣大悉備有天道焉有人道焉有地道焉兼三才而兩之故六說卦立天之道曰陰與陽立地之道曰柔與剛立人之道曰仁與義兼三才而兩之故易六畫而成卦繫辭六爻之動三極之道也注三極三才也王肅云陰陽柔剛仁義為三極三極之道三才極至之理太玄經三儀同科三靈天地人之神
四大
道大　天大　地大　王亦大　老子域中有四大而王居一焉

图　3.4.6

类书是唐代颜真卿的《韵海镜源》，此书已亡佚。明代编成的《永乐大典》是按韵目编排的类书的代表作。

所谓按韵目编排，简单地说就是“以韵统字，以字隶事”。以韵统字，说的是类书的整体架构不是一个分类系统，而是一个按古韵目的既定成规统摄同韵单字的韵目系统；以字隶事，说的是类书汇聚的具体资料，不是隶属于分类系统的类目之下，而是隶属于韵目系统中由韵脚字构成的语词之下。如《永乐大典》（见图 3.4.7）全书按《洪武正韵》的韵目系统编次，即韵目次序及每一韵目下统摄的单字，都以《洪武正韵》为依据。在“模”这一韵目下，统摄了“模、租、都、图、胡、湖、吴、苏、符”等韵脚字；在“湖”这一单字下，汇集了以“湖”字为韵尾的语词，如“五湖、太湖、鄱阳湖、洞庭湖、东湖、西湖、南湖、天湖、大明湖”等；每一语词下，汇集相关的原始资料，如“大明湖”下辑录了《济南府志》中记述大明湖的资料片段，还辑录了历代以大明湖为吟咏主题的诗词作品。

可见，“以韵统字，以字隶事”之“字”，实际上是指韵脚字。单独

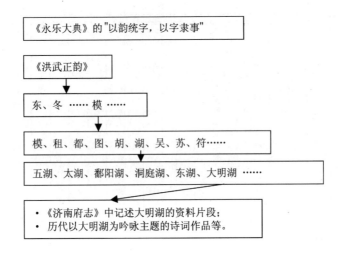

图　3.4.7

的韵脚字无法作为汇聚资料的标志，因此，在古代类书中，韵脚字下实际上汇集了一系列同韵的语词，这种语词可以理解为今天意义上的"关键词"。真正"隶事"的，实际上是这种具有"语词主题"性质的关键词。每一个字都可以作为韵脚字，因此，韵脚字的数量是繁多的。怎样使众多的韵脚字有序化？方法就是通过韵目系统来统摄韵脚字。因为韵目系统本身就是一个有序化的系统，在这一系统中，韵目的次序是固定的，单字所属的韵目同样是固定的，从而可以实现韵脚字的有序化。因此，简单地概括"以韵统字，以字隶事"的含义，那就是：以韵目字统摄韵脚字，由韵脚字构成关键词，在关键词下汇聚资料。这种编排方法，使类书的整体结构由基于认识模式的分类结构变为基于固定韵目系统的韵目结构。

与分类编排的类书相比，按韵目编排的类书实际上强化了类书的检索功能。因为韵目系统的固定性，避免了分类体系中常常出现的分类结果"因书而异"、"因人而异"的现象；韵目字和由韵脚字构成的关键词的固定化联系，实际上为人们查考资料主题提供了简单明确的指引。但是，在中国传统文化的土壤上，这种编排形式的类书并没有真正发展起来，在古代类书中也没有形成主导地位。

类书原本就是为了供人们临事查检而编纂的一种特殊的资料型图书。"临事"之"事",在过去主要是诗文取材、居家日用、幼童启蒙等,另外一个重要的用途,就是直接服务于学人士子应付科举考试。在今天,类书的功用已经发生了变化,人们主要是利用它"资料汇编"的性质,查考某些参考资料或资料线索。具体说,类书在今天的主要作用是:

(1) 系统收集参考资料　由于类书对辑录的资料做了一番穷源溯委、分类整合的工作,所以,一般来说,从类书中获得的资料,往往具有系统性强、针对性强的特点。类书某一类别下陈列的资料,往往就是反映相关主题演变沿革的资料长编。如《中国古代数学史料》和《十三、十四世纪中国的民间数学》中的资料,就全部出自唐宋类书,《中国体育史参考资料》中有关中国古代足球的资料,全部出自《古今图书集成》的"蹴鞠部",古天文、古气象、历史灾变以及文化名胜景观的演变研究,类书中辑录的系统资料也是重要的依据。特别是类书中辑录的某些资料,原书今天已经亡佚,类书就成了惟一的资料源。充分利用类书,可以有效地提高参考文献检索的效率和准确性。

(2) 查考语词和典故出处　古代类书在内容上汇集了较多的历史典故、骈词丽语,而且征引资料一般注明出处,在形式上有类目或语词主题作为标志,因此是查考词语或典故出处的有效工具。同时,类书也是大型历史性辞书选词立目、解释词义的重要参考。

(3) 校勘考证古籍,辑录古籍佚文　类书中辑录的资料,出自当时流通的典籍。这些典籍与今天通行的版本不一定相同,而古籍在流传过程中由于多次传写或刊印而造成的内容差异,是一种较为普遍的现象。因此,类书中保存的资料就具有了对传世古籍进行内容校勘和考证的功用。另外,有许多作为类书资料源的古籍,在此后的流传过程中亡佚了。对这样的古籍来说,类书中保存的资料往往成为惟一的资料片段,所以,类书就成了辑录古籍佚文的重要源泉。清代在编修《四库全书》的过程中,就从《永乐大典》中辑录出了历代佚书500多种(包括"存目"部分120多种),今天通行的"二十四史"中的《旧五代史》,就是其中之一。由于类书本身所具有的特点,使它在今天的校勘考证古籍、辑录古籍佚文工作中具有不可替代的重要作用。

2. 代表性类书及其查考

中国古代的类书有悠久的历史渊源。关于类书的源头,到目前为止,学术界有种种不同的说法。有人认为,类书起源于战国时期的杂家著作。因为杂家著作"兼儒、墨之道,通众家之言",在"综采众说"这一点上与类书有相通之处。在早期的古典目录中,类书一般就归入杂家类,如《隋书·经籍志》。也有人认为,类书源于秦汉学者递相增益而成的《尔雅》。因为《尔雅》按类别汇集解释百科语词,在"明分部类,据物标目"这一点上,与类书有相同之处。还有人认为,类书起源于古代的"抄撮之学"和汉赋。早在姬周末年,研究《春秋》的学者就曾做资料的抄撮工作。到汉代,"钞撮旧史,自为一书"的风气盛行。到三国时期,抄撮的范围已经遍及经史子集,"杂取众籍,分类编排"的抄撮形式已经形成。汉赋不但取材广泛,而且按事类排比,极尽铺陈之能事。所以,抄撮之学与汉赋都和类书有相通之处。关于类书源头的说法虽然五花八门,但有一点是共同的,那就是上述各类著作充其量只能说是类书的"早期胚胎"或演变源头,并不是真正意义上的类书。

中国古代最早的类书出现在三国时期——三国魏王象编纂的《皇览》,成书于魏黄初(公元 220—226)中期。该书的内容,是将抄录的经传资料、诸家之说"随类相从",以供皇帝省览。隋末唐初,全书亡佚。《皇览》在形式和内容上奠定了中国类书的基本格局。自此以后,统治者出于炫耀"文治之盛"的目的,文人士子出于科举应试、临事查检的现实需求,推动类书的编纂迅速走向繁荣。南朝的齐、梁,唐,宋,明,清,都是类书编纂较为兴盛的时期。到清代,中国古代的类书发展到了成熟阶段。在中国类书发展史上,20 世纪初在敦煌石窟中发现的类书残卷(一说为魏北齐时的《修文殿御览》残卷,一说为南朝梁时的《华林遍略》残卷)共 259 行,是现存最早的类书残本;唐代欧阳询等人所编的《艺文类聚》是现存最早的完整类书;唐代颜真卿所编的《韵海镜源》首创了"分韵隶事"的类书编排体例;明代解缙等人编纂的《永乐大典》是中国古代编成的规模最大的类书;清代陈梦雷等人编纂的《古今图书集成》是现存的规模最大的类书。

从清末到 20 世纪 80 年代,中国传统类书的编纂和出版长期陷于停顿,以至于有学者认为类书是封建文化的产物,随着封建社会的结束,类书也就寿终正寝了。进入20世纪90年代以后,新型类书的编纂和出版开始起步,相继出版了《中国历代文献精粹大典》(门岿主编,学苑出版社,1990)、《中华思想宝库》(吴枫主编,吉林人民出版社,1990)、《中国思想宝库》(中国广播电视出版社,1990)等多种大型新编类书。一般来说,新编类书保持了传统类书"事以类聚,事类相从"的基本特点,同时在结构体系、编排方法、表现形式等方面作了一些具有时代特色的改进。如分类体系突破了"天地人事物"的模式而采用现代科学分类,类目名称用现代语义概括界定,注意对资料主题发展源流和内容要点的概述与提要,检索功能有所强化等。

中国古代类书资源的总数量,主要根据历代艺文志、经籍志的记载估计,一般认为在六七百种左右。现存的古代类书,一说有200多种,一说有500多种。清代编修《四库全书》时,正式收入该丛书的类书有65部,列入"存目"的有217部。不过,《四库全书》把所有的像《古今同姓名录》一类姓氏书都归入了类书,原因是这类书"别无可附,旧皆入之类书,亦今仍其例"。显然,当时就已经意识到了把姓氏书归入类书并不妥当。所以,《四库全书》及其"存目"中所说的类书,并不完全是真正意义上的类书。

在现存的古代类书中,在中国类书发展史上具有代表性而且实用价值较大的主要是如下几种。

艺文类聚,唐欧阳询等编。全书100卷,分为46部,727子目。成书于唐高祖武德七年(公元624年),是现存最早的完整类书。《艺文类聚》不论在形式上还是内容上都很有特色。在编排形式上,它首创了"事文合编"的体例,"事居于前,文列于后",奠定了此后类书采辑资料的基本格局。《四库全书总目》对它的评价是,"于诸类书中,体例最善"。在内容上,《艺文类聚》保存了丰富的唐以前的文献资料,特别是由于它采辑资料"事文并重",所以保存了大量的诗文歌赋等文学作品。据统计,《艺文类聚》共引用了1400多种古籍中的资料,这些古籍90%以上均已亡佚。唐以前的许多文学作品,只是靠《艺文类聚》才得以保存下来。

《艺文类聚》被收入《四库全书》,所以,今天通过文渊阁《四库全书》电子版可以对其进行全文检索。

通行的印刷版《艺文类聚》是中华书局 1965 年排印本初版、上海古籍出版社 1982 年新 1 版。印刷版附编了《人名索引》和《书名篇名索引》。人名，是指《艺文类聚》所引用的典籍与诗文的作者姓名、字号、封爵、谥号等名号；书名篇名，是指《艺文类聚》所征引典籍的书名和篇名。这两个索引都是按照首字的四角号码顺序编排的。

初学记，唐徐坚等编。该书是专为皇子临文作诗时查考事类典故、词藻对语而编，故名。全书 30 卷，分为 23 部，313 子目。每一子目所汇集的资料，均分为“叙事”、“事对”、“诗文”3 类。“叙事”是纂辑群书资料，即所谓“杂取群书”；“事对”是汇集有关的对语词汇并列举实例；“诗文”是辑录有关的诗文歌赋。图 3.4.8 是《初学记》“履”子目的实例。

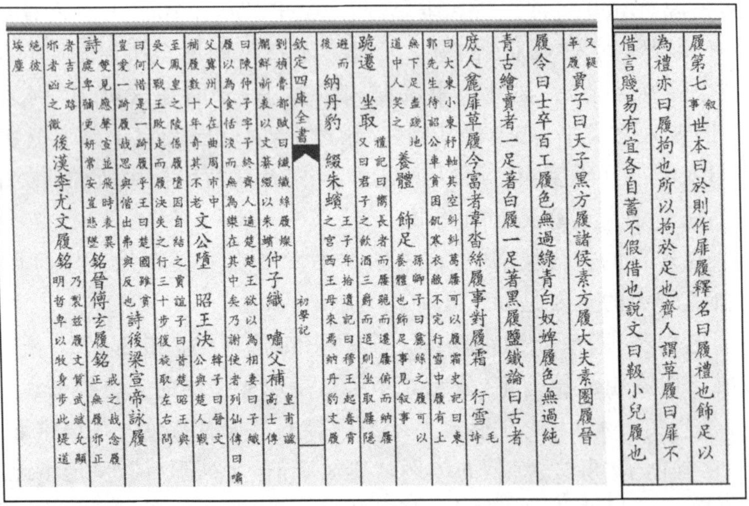
履第七 叙事 世本曰於則作扉履釋名曰履禮也飾足以
為禮亦曰履拘也所以拘於足也齊人謂草履曰扉不
借言賤易有宜各自蓄不假借也說文曰報小兒履也
又疑 革履 賈子曰天子黑方履諸侯素方履大夫素圈履昏
履令曰士卒百工履色無過綠青白奴婢履色無過純
青古繪賣者一足著白履一足著黑履鹽鐵論曰古者
庶人麤扉草履今富者韋沓絲履事對履霜 行雪 毛詩
曰大東小東杼軸其空糾糾葛屨可以履霜史記曰東 郭先生待詔公車貧困飢寒衣敝不完行雪中履有上
無下足盡踐地 道中人笑之 養體 飾足 孫卿子曰麤絲之履可以 養體也飾足事見敘事
跪遷 坐取 禮記曰儕長者而履跪而遷履俯而納履 又曰君子之飲酒三爵而退則坐取履隱
避而 後 納丹豹 綴朱蠙 王子年拾遺記曰穆王起春宵 之宮西王母來為納丹豹文履
欽定四庫全書 初學記
劉楨魯都賦曰纖纖絲履燦 爛鮮新表以文綦綴以朱蠙 仲子織 嘯父補 皇甫謐 高士傳
曰陳仲子字子終齊人適楚楚王欲以為相妻曰子織 履以為食恬淡而無為樂在其中矣乃謝使者列仙傳曰嘯
父冀州人在曲周市中 補履數十年奇其不老 文公墮 昭王決 韓子曰晉文 公與楚人戰
至鳳皇之陵係履墮因自結之賈誼子曰昔楚昭王與 吳人戰王敗走而履決失之行三十步復旋取左右問
曰何惜是一跨履乎王曰楚國雖貧 豈愛一跨履哉思與偕出弗與反也 詩 後梁宣帝詠履
雙見應華室並飛時表異 處卑彌更妍常安豈悲墜 銘 晉傅玄履銘 戒之哉念履 正無履邪正
者吉之路 邪者凶之徵 後漢李尤文履銘 乃製茲履文質武斌允顯 明哲卑以牧身步此堤道
絶彼 埃塵

图　3.4.8

《初学记》的特点是：“叙事”类资料虽然是“杂取群书”，但通过精心编纂，使内容具有了内在的逻辑联系，强化了介绍知识、展现发展的功能。《四库全书总目》说它“虽杂取群书，而次第若相连属，与他类书独殊”。“事对”和“诗文”类资料提供了便于临事查考的词藻和范文，体现了资料性和工具性。《四库全书总目》对《初学记》的总体评价是:"在唐人类书中,博不及《艺文类聚》,而精则胜之。"

《初学记》也被收入《四库全书》,所以,今天通过文渊阁《四库全书》电子版可以对其进行全文检索。

印刷版《初学记》通行的是1962年中华书局排印本。1980年,中华书局又出版了与该排印本配套的《初学记索引》(许逸民编),内容分为"事对索引"和"印书索引"两部分。

宋代在文献编纂学上成就突出,出现了许多大规模的类书、政书、诗文总集等。在综合性类书中,最具代表性的是《太平御览》。

太平御览,宋李昉等编,成书于宋太平兴国八年(公元984年)。该书初名《太平编类》,据记载,"书成之后,(宋)太宗日览三卷,一岁而读周,故赐是名也"。全书共1000卷,分为55部,4558子目。

将部类划分为五十有五,这是古代分类体系中常见的现象。这一做法,是中国传统文化中特有的对思维和认识观念的"象数表征"的体现。《周易·系辞》中有所谓"凡天地之数五十有五"的说法,所以,"五十五"这一数字并不是一种严格意义上的量化表达,而是旨在表征涉及的范围之广:天地人事物无所不包——"备天地万物之理,政教法度之原,理乱废兴之由,道德性命之奥。"(宋蒲叔献《太平御览原序》语)

《太平御览》的最大特点是征引的古籍数量多,辑录的资料丰富。该书卷首有一个类似于现在"引用书目"性质的《经史图书纲目》,开列出来的征引古籍有1690种。后人将未列入此数的古诗赋、杂书累计计算,实际征引的古籍多达2500多种。这些被征引的古籍,"以今考之,不传者十之七八"。因此,《太平御览》被认为是保存五代以前文献资料最丰富的类书。另外,《太平御览》编纂的宋代初年"去古未远",它所辑录的资料,被认为是"皆具有源流",较好地保留了古籍的原始面貌。《四库全书总目》曾列举了7种保存古代典籍佚文最为丰富的著作,其中就包括《太平御览》。① 例如,我国古代科学家张衡创

---

① 其他6种分别为:南朝宋裴松《三国志注》、北魏郦道元《水经注》、南朝梁刘孝标《世说新语注》、唐李善《文选注》、唐欧阳修《艺文类聚》、唐徐坚《初学记》。见《四库全书总目》"太平御览提要"。

制浑天仪和地动仪，原著早已亡佚，但在《太平御览》中就保存了一些有关的记载，有些是连《汉书·张衡传》中都没有的珍贵资料。图3.4.9就是《太平御览》卷2“天部·浑仪”子目下类聚的有关资料。

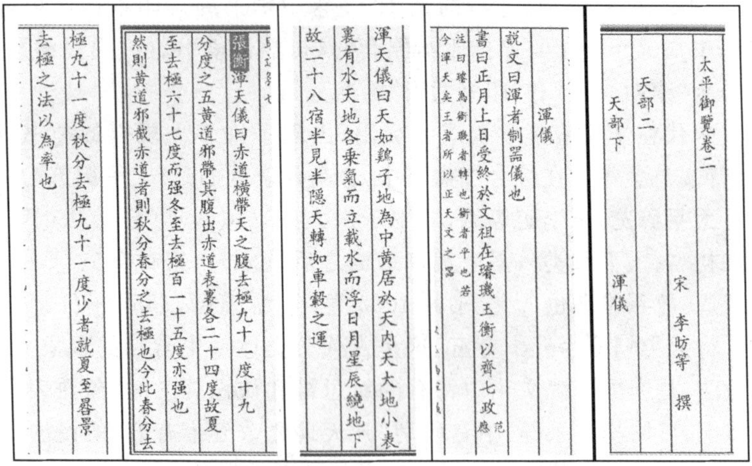
太平御覽卷二
宋 李昉等 撰
天部二
天部下 渾儀
渾儀
說文曰渾者制器儀也
書曰正月上日受終於文祖在璿璣玉衡以齊七政
注曰璿為衡璣者轉也衡者平也若今渾天矣王者所以正天文之器
渾天儀曰天如鷄子地為中黄居於天内天大地小表裏有水天地各乘氣而立載水而浮日月星辰繞地下故二十八宿半見半隱天轉如車轂之運
張衡渾天儀曰赤道横帶天之腹去極九十一度十九分度之五黄道邪帶其腹出赤道表裏各二十四度故夏至去極六十七度而强冬至去極百一十五度亦强也然則黄道邪截赤道者則秋分春分之去極也今此春分去極九十一度秋分去極九十一度少者就夏至晷景去極之法以為率也

图　3.4.9

《太平御览》在内容上存在的主要问题是：有些资料转抄自前代类书，因袭了一些旧有的错误；分类体系有重复之处，导致了某些资料归属上的混乱；所标注的书名往往有前后不一的现象，给资料出处的辨识带来了一定困难。

《太平御览》亦被收入《四库全书》，所以，通过文渊阁《四库全书》电子版可以对其进行全文检索。

1935年哈佛燕京学社引得编纂处编纂的《太平御览索引》是代表性的印刷版检索工具。该索引包括“篇目引得”和“引书引得”两部分。篇目引得是对《太平御览》部类名称与子目名称的索引，便于从子目主题入手查考资料；引书引得是对《太平御览》所征引的典籍题名的索引，便于集中查考某一具体图书的被引情况。

事物纪原，宋代出现的一部专门用来考订事物起源和流变的小型类书。该书最早是高承于北宋元封中期（公元1078—1085）编成的，原本10卷。后来通行的是被收入《四库全书》的明代阎敬（《四库全书总目》误作“简敬”）刻本，内容已比原本大为增加，显然是经过了后人的增补。

今本全书分为55部，“部”下的子目称为“事”，共有1759事。[①]其内容重在汇集反映事物原委流变的资料，所谓“大而天地山川，小而鸟兽草木，微而阴阳之妙，显而礼乐制度，古今事物之变，靡不原其始，推其自，而详其实也”（阎敬《事物纪原序》）。如该书卷9“酒醴饮食部”下收录了记载“馒头”、“饼”起源的资料，见图3.4.10。

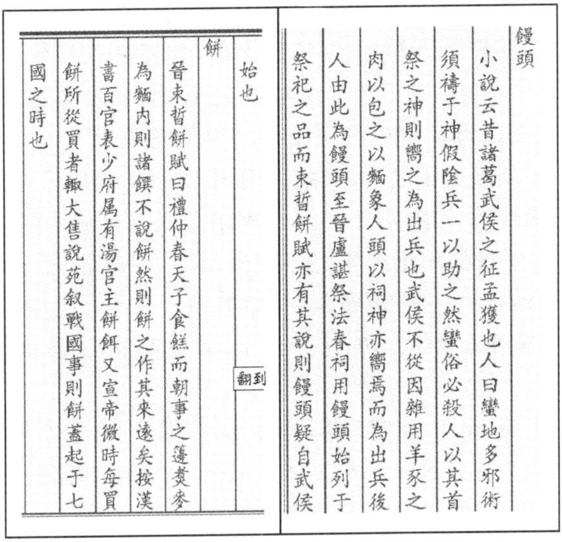
饅頭
小說云昔諸葛武侯之征孟獲也人曰蠻地多邪術須禱于神假陰兵一以助之然蠻俗必殺人以其首祭之神則嚮之為出兵也武侯不從因雜用羊豕之肉以包之以麪象人頭以祠神亦嚮焉而為出兵後人由此為饅頭至晉盧諶祭法春祠用饅頭始列于祭祀之品而束皙餅賦亦有其說則饅頭疑自武侯始也
餅
晉束皙餅賦曰禮仲春天子食麰而朝事之籩煑麥為麪內則諸饌不說餅然則餅之作其來遠矣按漢書百官表少府屬有湯官主餅餌又宣帝微時每買餅所從買者輒大售說苑叙戰國事則餅蓋起于七國之時也

图　3.4.10

《事物纪原》是中国古代以追溯事物起源流变为主要内容的“镜源”性类书的奠基之作。此后，明清两代有多种此类类书出现。这种类书将散见于群书中的有关事物起源流变的资料汇聚起来，实际上是集中展现了记录中国古代物质文明和精神文明成果的资料，为今天进行各方面的“溯源性”研究提供了极大的资料方便。《四库全书

① 此据中华书局1989年排印本《事物纪原·点校说明》。明阎敬《事物纪原序》称：“书凡十卷，纪事一千八百四十有一。”《四库全书总目》称：“惟检此本所载，凡一千七百六十五事。”

总目》在评价《事物纪原》时就说它"排比详赡,足资核证,在宋代类书中,固犹有体要矣"。

利用文渊阁《四库全书》电子版可以对《事物纪原》进行全文检索。印刷版本新近出版的是中华书局 1989 年排印整理本。

明代类书编纂事业上的最大成就,是出现了我国历史上规模最大的一部类书——**永乐大典**。该书最初是根据明成祖朱棣的提议于明永乐元年(公元 1403 年)开始修纂的,主持其事者有解缙、胡广、胡俨、杨士奇等人。明成祖为此书订立了编纂宗旨:"朕欲悉采各书所载事物聚之,而统之以韵,庶几考索之便,如探囊取物尔。……尔等其如朕意:凡书契以来经史子集百家之书,至于天文地志阴阳医卜僧道技艺之言,修辑一书,毋厌浩繁。"解缙等召集 140 多人匆匆行事,于第二年便编出了名为《文献大成》的类书。书成后,明成祖认为失之于简,未合他的本意,于是又命解缙等人为监修,召集各方学者 2000 多人重新修纂。至永乐五年重修定稿,并改名为《永乐大典》。接着又向各地征召一批缮书人,开始誊抄。至永乐六年最后完成。明成祖盛赞此书"上自古初,迄于当世,旁搜博采,汇聚群书,著为奥典"。

《永乐大典》全书 22877 卷,另有凡例、目录 60 卷,分装成 11095 册,字数达 3.7 亿。全书的编排体例以《洪武正韵》为纲,按韵目顺序分列单字。每一单字下,先详注该单字的音韵、训释,次移录该单字篆隶楷草各种形体,因此,具有字书的功能;然后在具有"关键词"性质的同韵语词下汇集与该语词有关的天文、地理、人事、名物,以至奇闻异见、诗文词曲等各方面的资料。在体例上,《永乐大典》存在的主要问题,是所谓具有"关键词"性质的同韵词语的分析概括"参差无绪"。《四库全书总目》曾经指出:"或以一字一句分韵,或析取一篇,以篇名分韵,或全录一书,以书名分韵,与卷首凡例多不相应,殊乖编纂之体。"但从总体上看,它仍然是古代按韵目编排的类书的代表作。

《永乐大典》所汇集的资料,全都照录原文,注明出处,有许多资料往往是整篇、整卷乃至于整部书加以辑录。据统计,《永乐大典》所征引的各类典籍,总数量有七八千种,达到了其他类书无法比拟的地步,真所谓"包括宇宙之广大,统会古今之异同",成为世界文化史上的空前巨著。

　　《永乐大典》编成后,并未刊刻印行。永乐五年定稿后抄成的一部,史称"永乐钞本"或"正本",最初藏于南京文渊阁的东阁。永乐十九年明迁都北京后,运至北京,后藏于文楼。关于"正本"的下落,学术界主要有如下说法:一是毁于明末农民起义之兵火,二是毁于清嘉庆二年(公元1797年)乾清宫大火,三是随明世宗殉葬于十三陵之永陵,四是藏于皇室夹墙内。20世纪90年代末,栾贵明先生重提"殉葬说",并作了一系列推想和考证,引发了国内学术界的讨论。①

　　明嘉靖四十年(公元1562年)至明隆庆元年(公元1567年)曾重录一部《永乐大典》,史称"嘉靖抄本"或"副本"。副本的装帧、格式与正本完全一样,抄成后藏于当时新建的皇室威。清乾隆年间开《四库全书》馆时,经清点已有1000多册、2400多卷亡佚。清咸丰十年(公元1860年),英法联军入侵北京,放火焚烧了圆明园,并劫走了包括《永乐大典》在内的大量珍贵古籍。至光绪元年(公元1875年)重修翰林院衙门时,《永乐大典》已剩不足5000册。及至光绪二十年(公元1894年),所存竟只有800册了。1900年八国联军入侵北京,存留在世的《永乐大典》再遭战火,另有少量被外国侵略者劫走,或流落于私人手中。至此,《永乐大典》的副本已经基本被毁。清末民初,所存仅剩区区64册。根据已知情况统计,目前存留在世的《永乐大典》共有400册左右,约800卷,分散在世界上10多个国家的30多个公私收藏者手中。

　　解放后,我国政府开始多方征集存留在世的《永乐大典》残本。至1960年,共在国内外征集到730卷,由中华书局影印出版,这是历史上第一个比较完整的《永乐大典》影印本。1960—1984年,我国政府又从国内外征集到残存本67卷,中华书局又按1960年影印本的格式加以影印,称为"《永乐大典》续印本"。1986年,中华书局又将1960年影印本和"续印本"共797卷合并缩印,这是到目前为止世界

---

① 参:栾贵明.《永乐大典》之谜.载:文汇读书周报.1997年7月3日;关于永乐大典正本殉葬的推想.载:寻根.1999(4);陈辉."永乐大典之谜"谜团仍存.载:新华文摘.1999(10)

上收录最为齐全的《永乐大典》影印本。一般估计，这一版本已经收录了《永乐大典》残存本的99%，但残存部分不及原书的4%。① 从2001年底开始，北京图书馆出版社开始出版原大仿真的《永乐大典》影印本，计划先出版收藏在中国内地的163册，然后再陆续出版现藏于海外的200多册。

《永乐大典》中辑存的资料，在保留宋元以前佚文秘典方面发挥过重要作用。如清代编纂的《四库全书》所收的古籍，标为"永乐大典本"者，就有380多种（不包括"存目"部分）。张忱石著《永乐大典史话》所附《永乐大典中辑出的佚书目录》，共列出辑自《永乐大典》的佚书590种，其中有许多是非常重要的典籍。现存的《永乐大典》残本，数量虽然不多，但其中亦有一些不见于他书的珍贵资料，在学术研究中具有重要的价值。

三才图会，明代出现的一部颇具特色的类书。该书由王圻、王思义父子编纂，共106卷，分14大类。在古代类书中，其最突出的特点是图文并茂，提供了丰富的在一般类书中较少见到的形象化资料。因此，它被称为是明人"图谱之学"的"巨帙"（《四库全书总目》语）。

在内容上，《三才图会》较多地描绘了一些日用器物、身体服饰、鸟兽草木的形制、体式。清代学者批评其"门目琐屑，排纂冗杂，下至弈棋牙牌之类，无所不收"，"务广贪多，冗杂特甚"。②实际上，在今天看来，这类资料恰恰是较为难得的资料。如明十三陵发掘出土的残破皇后凤冠，就是借助于《三才图会》的一幅皇后凤冠侧面图加以复原的。③当然，《三才图会》中也有一些资料确实存在穿凿附会的弊端。《四库全书总目》曾经指出，"其人物一门，绘画古来名人形象，某甲某乙，宛如在目，殊非征信之道。如据仓颉四目之说，即画一面有四目之人，尤近儿戏也。"

在编纂《四库全书》的过程中，《三才图会》被列为"存目书"。1988年，上海古籍出版社据明万历王忠义校正本影印出版了该书。

---

① 关于《永乐大典》，参：张忱石.永乐大典史话.中华书局，1986
② 《四库全书总目》之"《图书编》"及"《三才图会》"提要。
③ 戚志芬.中国的类书、政书和丛书.商务印书馆，1996：85

清代是我国古代类书编纂高度成熟的时期,最具代表性的成果是大型综合性类书**古今图书集成**的问世。该书于清康熙四十年(公元1701年)在陈梦雷主持下开始编纂,初名《汇编》。五年后初稿基本完成。这时,由于清廷内部发生政治斗争,陈梦雷受牵连被流放东北。雍正帝继位后,又命蒋廷锡等人对该书"重加编校"。蒋等基本承袭了陈梦雷的原稿,于雍正四年至六年(1726—1728)用铜活字排印刊出,仅印64部。光绪十年(1884)上海图书集成局排印本,1628册,印1500部。1934年,上海中华书局影印铜活字本,凡800册。1985年起,中华书局、巴蜀书社联合出版16开精装影印本,凡80册,附索引1册。这是目前易见易得的版本。

《古今图书集成》全书1万卷,目录40卷,计1.6亿多字。由于《永乐大典》的残缺,它便成了现存中国古代类书中规模最大、汇集资料最丰富的一部。

《古今图书集成》最突出的特点是:在内容上,"凡在六合之内,巨细毕举",汇集资料浩瀚而系统;在编排上,彻底贯彻了"以类聚事"的原则,体现了高度的抽象、概括与区分水平。全书的整体结构,是一个由"汇编"→"典"→"部"三级类目构成的分类系统。"6汇编"与"32典"的统摄隶属关系是:

历象汇编	乾象典、岁功典、历法典、庶征典
方舆汇编	坤舆典、职方典、山川典、边裔典
明伦汇编	皇极典、宫闱典、官常典、家范典、交谊典、氏族典、人事典、闺媛典
博物汇编	艺术典、神异典、禽虫典、草木典
理学汇编	经籍典、学行典、文学典、字学典
经济汇编	选举典、铨衡典、食货典、礼仪典、乐律典、戎政典、祥刑典、考工典

"6汇编"的区分,决定了分类体系抽象、概括事物的基本思路与走向,而这种区分的理论思维基础,就是"天地人事物"的认识模式——"法象莫大乎天地,故汇编首历象而继方舆;乾坤定而成位其间者人也,故明伦次之;三才既立,庶类繁生,故次博物;裁成参赞,则

圣功王道以出,次理学、经济,而是书备焉。"①与以前的类书相比,结构更为严谨,条理更为清晰,区分更为深入,显示出在基于"天地人事物"的认识模式构造类书的分类体系上,到《古今图书集成》已经发展到了成熟的阶段。

在《古今图书集成》中,"部"是最基本、最深入的类目单位,全书共区分出 6117 部。所辑录的资料,便类聚于"部"之下。以前的类书对子目下类聚的资料,一般只是简单地按时代先后加以排比,充其量再对"事"与"文"两类资料略加区分,即所谓"事居于前,文列于后"。《古今图书集成》在编次资料时,依然严格地贯彻了分类的原则,对资料按内容属性作出了分门别类的区分。所区分的资料类别包括:

（1）汇考　收录稽考事物发展演变"始末沿革"的资料。"大事有年月可纪者,用编年之体,……事经年纬","大事无年月可稽与一事一物无关政典者,则类经史于前,而以子集参互于后"。

（2）总论　收录"纯正可行"的议论性资料。"以圣经贤传为主",子集类典籍中的议论,则"必择其议论之当者"。

（3）图　收录反映具体事物形象的图像资料。"或一物而诸家之图所传互异,亦并列之,以备参考"。

（4）表　收录反映具体事物变化轨迹的表。"凡史中年月表,皆删之。唯星躔(chán)、宫度、纪元等非表不能详者,则皆立表"。

（5）列传　收录著名人物的传记资料。

（6）艺文　收录以具体事物为题材的诗文歌赋等文学作品。"以词为主。议论虽偏而词藻可采者,皆在所录","大抵隋唐以前从详,宋以后从略"。

（7）选句　摘录有关具体事物的丽词偶句。"或以对待见工","或以警拔见赏","单词片语,亦不可弃"。

（8）纪事　收录有关具体事物琐细而有可取之处的资料,以补充汇考。"按时代列正史于前,而一代之稗史子集附之"。

（9）杂录　收录非专论一事但"旁引曲喻偶及之",或因"考究未真"难入"汇考",因"议论偏驳"难入"总论",因"文辞未工"难入"艺

---

① 参:古今图书集成·凡例

文"的种种资料。

（10）外编　收录百家及佛道典籍中所谓具有"荒唐难信"、"寄寓譬托"性质的资料。①

在每一部中，上述类别的资料有则分列，无则阙如。

由于《古今图书集成》规模巨大，尽管它分类精细，编次有序，但直接从中查考资料仍然比较困难。从20世纪初开始，编制揭示其内容出处的索引的问题就引起了国内外学者的关注。1985年中华书局、巴蜀书社联合出版的《古今图书集成》影印本附载了林仲湘主编的**古今图书集成索引**，这是截至目前水平最高的一种索引。该索引主要设计了5种专题索引用以揭示全书的内容。

（1）部名索引　揭示原书部名出处的索引。以部名立目，注出该部名在原书旧版（指上海中华书局1934年影印本）和新版中的册次、页数及所属典名。全部条目，依首字四角号码顺序排列。这部分索引的突出优点，是对各部的异名作了参见、参阅处理，对部名的概念与含义作了古今对应的处理。例如：

交通　参阅驿递部、太仆寺部
交通工具　参阅车舆部、舟楫部、桥梁部、馆驿部
交通机关　参阅工部部、河使部、漕使部、驿丞部、太仆寺部
交趾　见安南

（2）图表索引　揭示原书中图与表出处的索引。以图或表的名称立目。

（3）人物传记索引　揭示原书中人物传记资料出处的索引。以人物姓名立目。

（4）职方典汇考索引　详细揭示职方典各部"汇考"部分所分设的各种"小汇考"出处的索引。在《古今图书集成》中，"职方典"属"方舆汇编"，它按清初各州府分部，详述其历代沿革、山川关隘、户口财赋、风俗节序以及灾变、水利、古迹、地方大事等情况，共有1544卷，是《古今图书集成》汇集资料最多的一典，堪称集地志史传之大成。

---

① 以上引文均见：古今图书集成·凡例

职方典共分223部,每一部中的"汇考"又细分若干种"小汇考"——如"建制沿革考"、"疆域考"、"户口考"、"山川考"、"田赋考"等。各部分所设的"小汇考"不尽相同,总计有105种"小汇考"。该部分索引便以"小汇考"的名称为纲,以部名为目,揭示某一"小汇考"在哪些部中有,以及在原书旧版和新版中的册次、页数。例如:

户役考

兖州府部　80·31b1 职9·9746

东昌府部　82·48b1 职9·10014

户口考

庐州府部　125·28b3 职13·15058

高州府部　167·59b2 职16·20100

(5) 禽虫草木二典释名索引　专门揭示禽虫、草木二典中"释名"(或"名目")出处的索引。在《古今图书集成》中,"禽虫典"与"草木典"属于"博物汇编",前者192卷,后者320卷,"虽一虫一草之微,皆各自为部"。此二典的每一部下,都设有"释名"(或曰"名目")一项,列出该部所载禽虫或草木的异名或种类名。如"草木典·蒜部"的"释名"项:

蒜部汇考

释名

山蒜　尔雅

卵蒜　大戴礼记

小蒜　古今注

宅蒜　衍义

泽蒜　农书

……

二典的"释名"项共列出异名、种类名6400条。该部分索引以二典"释名"项列出的异名、种类名立目,注出其所在的部名及在原书旧版和新版中的册次、页数、所属典名。例如:

主田　详甘遂部

544·26b3 草55·66428

主簿　详木客鸟部
　　　　519・10b1 禽 52・63500
主簿虫　详蝎部
　　　　529・36b1 禽 53・64728

　　在现有的类书索引中，《古今图书集成索引》规模最大，质量较高。它针对原书的特点，设计了一系列互为补充、相辅相成的索引，对原书内容作了全方位的揭示，并对类书中类目概念的古今对应、类目含义的古今转换作了有益的探索。索引的出处项标注新旧两种版本，扩大了适用范围。有了这部索引，《古今图书集成》的资料价值和利用价值大为提高。

　　在清代编成的类书中，还有两部非常便于从今天意义上的"关键词"入手查考古代诗文典故的出处，它们是《佩文韵府》和《骈字类编》。这两部类书与一般类书的不同之处在于，它们是由单字组成尾字或首字相同的立目语词，这些语词就相当于今天意义上的"关键词"；在这类语词下汇集的资料，就是包含了立目语词的诗文典故语句。因此，这种类书就可以通过语词而不是纯粹的分类，查考包含了该语词的诗文典故出处。《四库全书总目》说利用这种类书查考诗文典故出处，"随举一字，应手可检。较他类书门目纷繁，每考一事，往往可彼可此，猝不得其部分者，其披寻之难易，固迥不侔矣。"[①]

　　佩文韵府，清张廷玉等编，全书 106 卷，拾遗 106 卷（收入《四库全书》时，因"篇页繁重，编为四百四十卷"）。清康熙五十年（公元 1711 年）成书。关于该书的编纂体例，《四库全书总目》的概括是："每字皆先标音训。所隶之事，凡阴氏、凌氏书（按：阴氏书指宋阴时夫《韵府群玉》，凌氏书指明凌稚隆《五车韵瑞》）已采录者，谓之'韵藻'，列于前；两家所未采者，别标'增'字，列于后。皆以两字、三字、四字相从，而又各以经史子集为次。其一语而诸书互见者，则先引最初之书，而其余以次注于下。又别以'事对'、'摘句'附于其末。"也就是说，《佩文韵府》首先是按照平水韵的 106 韵部汇集、排列单字。在

―――――――――
① 四库全书总目・骈字类编提要

每一单字下面,一般有 5 项内容:
- 简释该单字的音义。
- 列出由该单字所组成的"韵藻"。所谓韵藻,就是以该单字为词尾的语词。上文所谓"皆以两字、三字、四字相从",即指此而言。
- 罗列古代典籍中包含了韵藻词的诗文典故"用例"。这些"用例",一般按经史子集为次,而且都注明出处。上文所谓"而又各以经史子集为次。其一语而诸书互见者,则先引最初之书,而其余以次注于下",即指此而言。
- 列举"对语"。所谓对语,是指那些对仗的词语。
- 辑录"摘句"。所谓摘句,是指以立目单字为韵脚的诗句。

图 3.4.11 是《佩文韵府》卷 23 下平声"庚"韵里的"诚"字条(局部)。

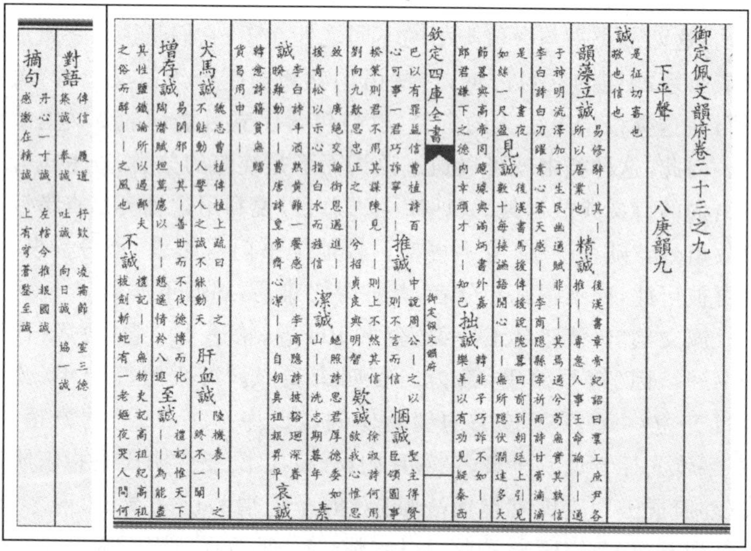

图 3.4.11

分析一下本例可以看到,利用《佩文韵府》查考诗文典故的出处,实际上是通过"韵藻"查考"用例"。因为在原书中,"用例"是通过"韵藻"区分汇集起来的,所以,"韵藻"就可以作为检索"用例"的入口;因为"用例"就是一些包含了韵藻词的诗文典故语句,而且一般都注明出处,所以,查到了"用例",也就查到了诗文典故的出处。

问题是,《佩文韵府》原书中的韵藻词是按尾字的平水韵顺序排列的,今天一般人并不熟悉平水韵,这样,直接查考原书,无异于失去了有序的检索途径。不过,在目前通行的电子版全文检索系统和印刷版索引中,这一问题都得以解决。解决的办法是:将原书中齐韵尾的"韵藻词"转化为脱离韵尾的"关键词"。这样,当需要查考一个诗文典故的出处时,完全可以不再理会"韵"的问题,只需要分析一下其中有哪些词可能成为今天意义上的"关键词",由此入手,便可尝试从《佩文韵府》中去查考。

比如,要查考"甘膏滴滴是精诚"一句诗的出处,首先分析有可能被列为"韵藻"的语词是"甘膏"和"精诚",或者说,在"甘膏"和"精诚"这两个可能的"韵藻词"下,有可能把诗句"甘膏滴滴是精诚"作为"用例"。这样,这两个词就可以作为检索的入口,即今天意义上的"关键词"。

1937年,商务印书馆影印出版了《佩文韵府》,并附编了载于影印本书后的配套索引。1983年,上海古籍出版社重印该本。其中的索引部分,是将《佩文韵府》原书中的"韵藻词"按首字四角号码顺序加以编排,然后注明该语词在原书中的页次位置。

利用文渊阁《四库全书》电子版(《佩文韵府》被收入《四库全书》)查考的过程和结果如图3.4.12。

有可能成为"韵藻词"即今天意义上的"关键词",并不意味着一定就是韵藻词;即便成为"韵藻词",汇集的"用例"也不一定就能和查考的目标完全吻合。道理很简单:"韵藻词"不是一无遗漏的语词,"用例"同样不是一无遗漏的诗文典故语句。惟其如此,查考一定是尝试性的;对查考的结果,有时也需作一些分析判断。比如,古人云"巧诈不如拙诚"。如果利用《佩文韵府》查该文句的原始出处,"巧诈"和"拙诚"是可能的"韵藻词"。通过这两个词检索,结果却有差异:"拙诚"一词的"用例"引自《韩非子》,而"巧诈"一词的"用例"则引自《说苑》,这时就需要对《韩非子》和《说苑》的成书先后作一些查证比较了。

自唐代颜真卿《韵海镜源》以后,"以韵统字,以字隶事"的类书出

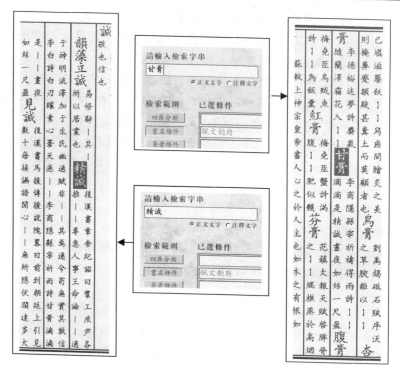

图 3.4.12

现了许多。这种按韵目编排的类书,在形式上突出的特点是"皆齐句尾之一字,而不齐句首之一字"。清代《佩文韵府》问世以后,张廷玉等人又创造性地编纂了一种内容性质和《佩文韵府》近似,形式却迥然有别的类书——**骈字类编**。

所谓"骈字",是指双音节词。《骈字类编》的立目语词,不是像《佩文韵府》"韵藻词"那样的齐韵尾的二字词或多字词,而是首字相同的双音词。所谓"类编",是说所有的双音词都按首字的意义分类归并集中。《骈字类编》全书共分 13 门,即 13 大类,计有:天地门、时令门、山水门、居处门、珍宝门、数目门、方隅门、采邑门、器物门、草木门、鸟兽门、虫鱼门、人事门。"门"下又分小类。小类的名称,既是类目名称,又是小类下辑录的双音词的词头。图 3.4.13 是"天地门"由大类到"骈字"的演进状况:

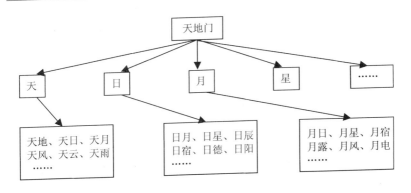

图 3.4.13

"骈字"是《骈字类编》类聚资料的基本单位。全书作为立目语词的骈字共有10万多条。每一骈字下类聚的资料,简单地说就是包含了该骈字的诗文语句。根据该书的《凡例》,"所摘经史事实,点醒标题二字,其前后文可以删削者从简,以避太繁;其语势不可止者,则用整段。""其每条下所引经史子集杂文诗赋,则仍书之前后,而以赋与诗次于杂文之末,以有韵者相从其类。"图3.4.14是"天地门·天类·天禀"条的实例。

与《佩文韵府》相比,《骈字类编》的引征更为确切。《四库全书总目》评价说:"引书必著其篇名,引诗文必著其原题,或一题而数首者,必著其为第几首,体例更为精密。"

今天利用文渊阁《四库全书》电子版对《骈字类编》进行全文检索时,并不需要考虑原书"骈字"所属的类别,只要在需要检索的语句中选定可能成为骈字的双音词,就可以进行检索。

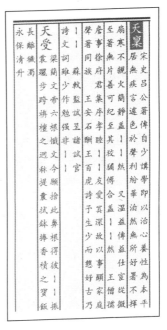

图 3.4.14

1988年，中国书店出版了由何冠义等编纂的《骈字类编索引》，这是与中国书店1984年影印本《骈字类编》配套的索引，同时也适用于该书的石印本和其他版本。该索引将原书中按类别类聚的"骈字"改为按词语首字的四角号码顺序编排，为印刷版《骈字类编》的查考提供了方便。

　　以上是在中国类书发展史上具有代表性且在今天实用价值较大的一些类书。可以看到，由于这些类书多数都被收入了《四库全书》，所以，它们事实上都已经有了电子版，过去由于类书检索体系不完备而造成的查考不便的问题基本上已不复存在。

　　在目前的检索条件下，利用类书查考资料需要注意的问题主要有二：一是注意区别类书类目语义古今的不同，防止以今天的概念去曲解古代类书的类目语义。如"经济"类目，在古代其含义是"经世济民"，涉及治国治民的诸多方面，并非像今天仅指社会物质生产活动。再如"艺术"类目，在古代是指技艺、技能，与今天的含义大不相同。二是注意类书中辑录的资料已经是第二手资料，而且常常有误删遗漏、校勘不精，乃至割裂原文、断章取义之处，有些类书则以对原书内容的撮述代替抄录，至于类书之间的辗转抄袭，更是普遍现象。正因为如此，过去有人把类书比做民间村野教授学童的"兔园册"，《四库全书总目》类书类小序说，"此体一兴，而操觚者易于检寻，注书者利于剽窃，辗转裨贩，实学颇荒。"今天利用古代类书中辑录的资料，必须认真鉴别，尽可能核对，这是利用类书资料的基本学术规范。

第四章 近代以来的图书资源与查考

第一节 近代以来图书的形态变革与内容变化

一、形态变革

唐宋以来,雕版印刷是我国图书印制的主要方法,而图书的装帧形式历经旋风装、经折装、蝴蝶装、包背装,至明代中期以后,沿用线装。以纸作为造书材料、以雕版的方法印制、以线装的形式装帧,这是我们今天见到的中国古代图书最普遍的物质形态。

近代以来,伴随着西方资本主义思想、学术、文化和科学技术涌入中国,我国传统的图书物质形态受到了强烈冲击,中国图书发展史上最为剧烈的图书形态变革在这种背景下发生了。变革带来的最直观的表现,就是图书的物质形态由传统的线装演变为西式装订——"平装",早期亦称"洋装"、"西装"。

导致图书物质形态发生变革的主要原因,是以铅字印刷为代表的西方印刷技术和以外国"新闻纸"为代表的造书材料的大规模传入。15世纪中期,德国人古腾堡发明了铅活字印刷技术。到16世纪末,我国曾出现过铅活字印刷的拉丁文图书,但此后的二百年间,铅印技术一直未被应用于中文图书。19世纪初,外国传教士再次将西方的铅印技术带入中国。19世纪中期,英国人在上海开办的墨海书馆以及美国人先在宁波、后迁上海的美华书馆,对铅字印刷技术在中国的传播起了重要作用。墨海书馆是最早拥有汉文铅活字的印刷机构,美华书馆则发明了电镀制模技术,设计了元宝排字架(又称八字式排字架),进一步改进了汉文活字的规格,制定了七级标准,区分了汉字的繁用、常用和备用,比较成功地解决了铅字印刷应用于汉文的一些技术性问题。至此,铅字印刷技术在我国开始流行。

铅字印刷技术的采用,客观上已经提出了改变造书材料的要求。在雕版印刷的线装书时期,造书用纸讲究"质地如玉"、"墨香纸润"、"软而轻",目的是追求书卷的舒展卷曲自如,体现一种整体的和谐与典雅。采用铅字印刷技术后,线装书的双页单面印刷变为单页双面印刷,"质地如玉"、"软而轻"的纸张无法解决透字问题,显然已经不切实用。因此,适应印刷技术的变化,西方的"新闻纸"开始大量进入中国,成为主要的造书材料。

印刷技术和造书材料的变化,客观上又要求图书装帧形式的变化。铅字的单页双面印刷,使传统的版式结构(如边栏、界行、中缝、页次标注方法等)已不切实用,有的则根本无法实现;新闻纸在光合作用下易泛黄变脆,也不适合像软棉纸那样折为双页,因此,改变图书的装帧形式,变革书本的物质形态,已经是势所必然。

至20世纪初,铅字印刷、西式装订的图书在我国逐渐占据了主导地位,我国图书的物质形态实现了自雕版印刷出现以后一千多年来最为显著的变革。

二、内容变化

近代以来大规模的西学东渐,强烈冲击了中国传统典籍经史子集的内容格局,一些在内容上超越中国传统文化范畴、体现近代工业文明的图书开始较多地出现。其中,最具时代特点,并且对中国近代以来的学术文化乃至社会发展产生深远影响的,是以下三类图书。

1. 译书

译书并不是近代特有的现象。汉唐以来,我国就有过大规模的佛典翻译活动;明末清初,又有过西方天主教耶稣会传教士的教义与科学著作翻译活动。但中国历史上最大规模的"西书中译"活动却是伴随着"西学东渐"自鸦片战争前后开始的。

这一时期的译书,从翻译主体上看,教会出版机构、官方出版机构和民间商办出版机构是三股主要的力量。鸦片战争前后的译书,大都出自教会出版机构;19世纪60年代以后,官方出版机构逐渐占据主导地位;19世纪末以后,民间商办出版机构异军突起,他们出版的大量的私人译书,拓展了译书的范围,丰富了译书的品种,促进了译书的繁荣。①

从译书的数量上看,虽然目前还没有比较精确的统计,但据估计,自鸦片战争至清末,我国出版的反映近代科学(不包括宗教、文学、艺术)的译书总数在2000种以上,民国年间则迅速上升到1万种以上,大约占到了民国年间出版图书总数的十分之一。②

从内容上看,近代以来的译书大体经历了两个发展阶段。以1895年中日甲午战争为界,此前的译书主要集中在与制船造炮等近代工业有关的声光电化等自然科学方面,最为著名的翻译机构是曾国藩奏请于1868年开馆的上海江南制造局翻译馆和洋务派于1862年创办的京师同文馆。中国翻译史上著名的《谈天》、《国际公法》等书,就是这一时期的代表性译作。甲午战争以后,以"变法图强"为内容的维新运动兴起,译书的内容也发生了变化,重点转向了社会科学,特别是西方的政治制度、社会学说、经济法律等方面。梁启超在《大同译书局叙例》中说的一段话很能代表这一阶段译书的特点:"首译各国变法之书及将变未变之际一切情形之书,以备今日取法;译学堂各种功课,以备诵读;译宪法书,以明立国之本;译章程书,以资办事之用;译商务书,以兴中国商学,挽回权利。"世称"严林"的严复和林纾是这时最有代表性的译者。严复针对当时中国的时弊翻译《天演论》,以"物竞天择,适者生存"的进化论观点呼吁国人救国图存;他翻译的《原富》、《群书肄言》、《名学》、《法意》等名著,比较系统地介绍了西方的政治、经济和社会学说;他提出的翻译工作"信、达、

---

① 参:陈志勇.译书与中国近代化.南京政治学院学报,2002(2)
② 参:黎难秋.民国时期中国科学翻译活动概况.中国科技翻译,Vol. 12. No. 4(1999年11月)

雅"标准,直到今天仍然指导着我国的翻译实践。林纾是第一位用古文翻译西方文学作品的人,他一生共翻译作品 180 多部,代表作《巴黎茶花女遗事》曾有过"风行大江南北"的轰动效应。

十月革命以后揭开了马列著作在中国传播的序幕。由李大钊领导、以北京大学学生为主体的"马克思主义学说研究会"和由陈独秀领导的"马克思主义研究会",是我国最早从事马列著作研究、翻译、出版的组织。由陈望道翻译、1920 年 4 月出版的《共产党宣言》,是我国最早的马列著作中文全译本。马列著作在中国的传播,为中国共产党人提供了革命实践的理论武器。

译书的大量出现,开拓了人们的视野,启迪了人们的思想,促进了中国近代自然科学、社会科学的建立,促进了中国社会结构的变化,对近代以来的中国产生了深远影响。

2. 近代工具书

中国有悠久的编纂工具性图书的历史。近代以来,伴随着西学东渐,出现了两个方面的明显变化:一是中国固有的工具书类型开始借鉴西方的编制方法而走向现代化,典型的如字典、词典;二是一些产生于西方的工具书类型被引进,如百科全书、年鉴、索引等。变化的结果,是中国的工具书编纂在整体上由古代阶段演进到现代阶段,较为完整的现代工具书体系逐渐形成。

《中华大字典》、《辞源》、《辞海》的编纂出版,是借鉴西方词典编纂方法改造中国传统字书的成功范例。1915 年,中华书局和商务印书馆分别出版了《中华大字典》和《辞源》,从内容上看,它们都是以旧有的字书、韵书、类书为基础而编纂的,但在编排方法上,采用了"以字带词、分条释义"的体制,标志着中国历史悠久的字书迈进了现代字典、词典的阶段。

在西学东渐的热潮中,原本起源于西方的百科全书、年鉴、索引等类型的工具书被引进中国。20 世纪初,百科全书、年鉴的中文编译本开始出现。20 世纪 20 年代,在"整理国故"的背景下,学术界兴起了"索引运动",现代索引的编制、出版和理论研究取得了一大批重要成果。

工具书具有学术文化阶段性总结的功能,是入门的向导,治学的工具。工具书的大量出现以及工具书体系的形成,对于开启民智、普及科学文化知识,对于建立和普及科学研究方法、提高研究效率,具有重要意义。

3. 近代教科书

在传统的经史子集格局中,虽不乏幼学启蒙读物,但与近代教育制度下的学校教科书相去甚远。四部分类体系中"小学类"所容纳的图书,从起源上说,不过是一些教授学童识字的字书,但最终却演变为服务于研经读史的文字、音韵、训诂类专书,真正具有幼学启蒙意义的读物,则"以论幼学者别入儒家,以论书法者别入杂艺,以《蒙求》之属隶故事,以便记诵者别入类书"。①这种现象说明,在中国古代,"教科书"并没有形成一类独立的、有广泛社会影响的图书类型。

近代教科书是近代教育制度的产物。1902年,清政府颁布学堂章程,通令全国遍设学堂,新式学校在中国迅速发展。在这种背景下,以传播近代自然科学、社会科学为主要内容的新式教科书及学堂辅助读物开始大量出现。中国出版界最负盛名的两家出版机构——商务印书馆和中华书局,在近代教科书的编辑出版上作出了杰出贡献。商务印书馆在创办伊始,就邀请留学生翻译东西各国教科书。清政府颁布学堂章程的当年,商务印书馆推出了《最新国文教科书》。此后,每当制度变化或学制变迁,商务印书馆都对教科书及时修订或重编。中华书局与中华民国同时诞生,它从一开始就把"开启民智"作为宗旨,以编辑出版教科书、传播科学文化知识为主要业务。创办者陆费逵曾经发表过大量宣传"教育救国"、"教育革新"思想的论文,他信奉的"教育得道,则民智开,民德进,民体强,而国势盛"的观念,成为中华书局创办的原始动因。《中华书局宣言》说道:"国之根本,在于教育;教育根本,实在教科书。教育不革命,教育目的终不能达到也。"②在创办的当年,中华书局就推出了著名的中华教科书系列,

---

① 四库全书总目·经部·小学类·小序
② 中华书局九十周年纪念.中华书局,2002:28

包括初等小学、高等小学、中学师范教科书共计近 200 册，这是清王朝覆灭后第一套适合共和体制的新式教科书。1913 年到 1937 年，中华版教科书不断修订重编。1932 年开始，陆续编辑出版了 4 套专供东南亚国家华侨学校使用的教科书。从 1914 年开始，又陆续创办了《中华童子界》、《中华儿童画报》、《小朋友》、《小朋友画报》、《中华学生界》、《少年周报》等中小学生课外读物。

在中国近代出版事业中，适应新式教育制度的教科书始终是出版机构的主要业务之一，成为出版机构生存与发展的重要支撑，由此使近代教科书成为近代出版事业的亮点和特点之一；同时，新式教科书的大量出现，又在开启民智、促进近代教育制度普及方面发挥了重要作用。而民智的开启和近代教育制度的普及，对近代以来中国社会的发展产生了深远的影响。

第二节　书目检索工具

一般人在学习工作中需要利用的图书资源，主要是近代以来，特别是当代出版的图书。查考这一时期图书资源的书目检索工具，目前最主要的有两大类：一是图书馆的联机书目检索系统，一是阶段性的总结性书目及书目数据库。

一、图书馆联机书目检索系统

20 世纪 90 年代中期以后，依托于计算机和网络环境的图书馆书目检索系统在我国发展迅速。到目前为止，国内有一定规模的各种类型的图书馆大都开辟了独立的站点，其馆藏文献信息资源线索通过联机书目检索系统可以在线获得。

联机书目检索系统的检索功能大大优于图书馆传统的卡片目录。一般来说，多字段或多条件组配检索、模糊检索、检索范围或条件的限定、再次检索等功能，在联机书目检索系统中都可以实现。图 4.2.1 是国家图书馆的"联机公共目录查询系统"。

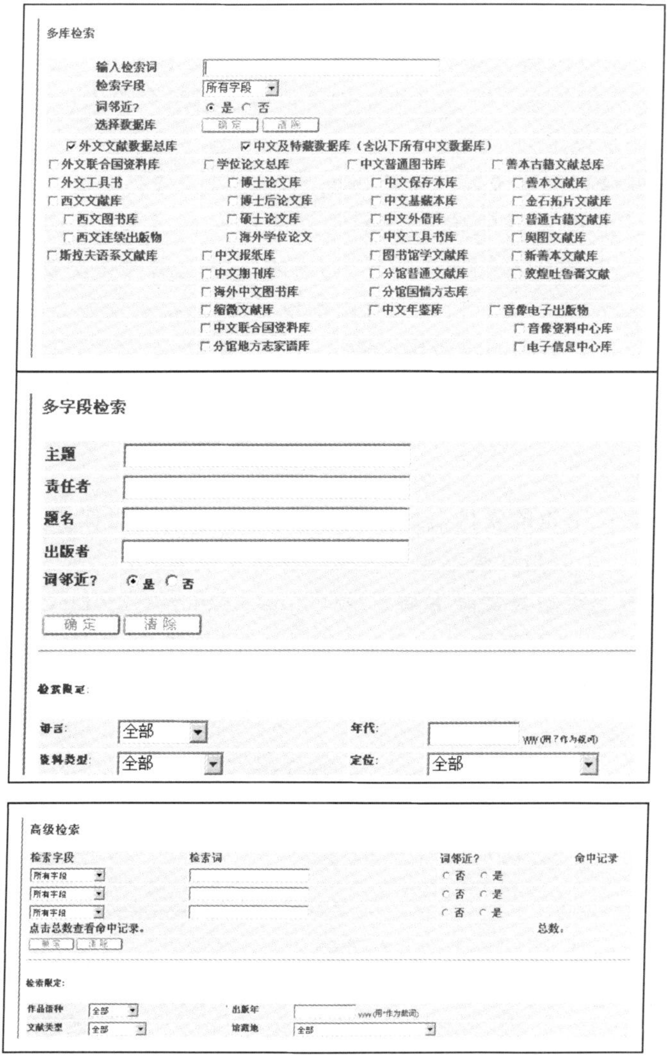

图 4.2.1

它设计的检索功能主要包括：
(1) 简单检索　单一或所有字段检索。
(2) 多字段检索　限定的 4 个不同字段(主题、责任者、题名、出版者)的逻辑组配检索。字段之间的逻辑关系设定为"与"。

(3) 多库检索　多个书目数据库的跨库检索。

(4) 高级检索　任意3个不同字段的逻辑组配检索。字段之间的逻辑关系设定为"与"。

该书目查询系统设计了检索词的"词邻近"选择功能。所谓"词邻近",是指检索词的单元与单元之间的相邻关系。词邻近选择"是",表示检索词不能作单元拆分,必须完整地出现在检索字段中;词邻近选择"否",表示检索词可以作单元拆分,检索词的不同单元可以分开出现在不同的字段中。图 4.2.2 就是以"东方文化研究"作为题名检索词并且词邻近选择"否"的检索结果。

此外,该系统允许不同的检索词进行逻辑组配,组配关系设定为逻辑"与"。

国家图书馆的联机书目检索系统较有代表性,可以满足人们从不同途径、不同角度查考馆藏文献资源线索的需要。

中国高等教育文献保障系统(China Academic Library & Information System, 简称 CALIS)是我国高等教育"211 工程"的子项目

第四章 近代以来的图书资源与查考 151

图 4.2.2

之一,目标是建设以中国高等教育数字图书馆为核心的教育文献联合保障体系,实现文献信息资源的共建、共知、共享。"九五"期间,已经建设了文理、工程、农学、医学4个全国文献信息中心,发展了150多个高校成员馆,建立了一系列国内文献数据库,引进了一批国外数据库,形成了一个大规模的、较为完整的文献信息服务网络平台。

　　CALIS的联机公共书目查询系统是一个联合书目数据库,目前可以集中查考全国100多所重要大学图书馆的馆藏文献资源。突出特点是检索结果给出了所查文献的收藏地点,并反映该文献的流通状态。如图4.2.3是通过该系统检索"厉以宁所著题名中包含'经济'的图书"的示例。按照CALIS面向读者的服务规程,对于本馆没有的文献,可以根据CALIS统一的制度、协议和办法,向其他馆借入,或请求传送电子版文献。

　　CALIS是一个文献资源保障系统,它所容纳的子系统除了联机公共书目检索系统外,重要者还包括:

　　(1)中文现刊目次库　收录高校图书馆收藏的国内重要中文学术期刊的篇目。提供篇目摘要、馆藏地点、服务方式等基本信息。

　　(2)高校学位论文库　收录全国60多所重点高校的博士、硕士

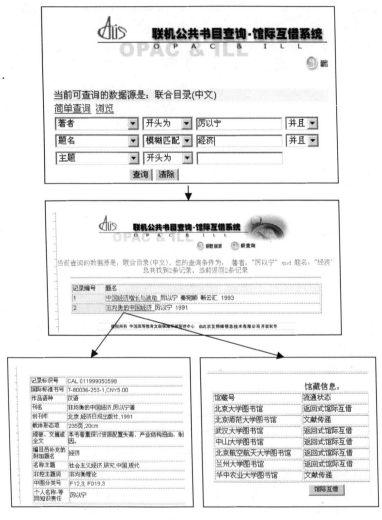

图 4.2.3

学位论文。数据库只提供题录和文摘查询,全文服务通过 CALIS 馆际互借系统提供。

(3)学术会议论文库 收录全国 60 多所重点高校主持召开的国际学术会议论文。

(4) 重点学科专题数据库 以某一大学图书馆的馆藏资源为基础开发建设的特色资源数据库。这类数据库比较集中、更深层次地揭示了各高校收集的富有学科特色的文献,以多媒体、全文和文摘等多样化的形式加以表现,揭示的内容比普通二次文献库更为深入,是专业学习和专门研究的重要文献源。图4.2.4是到2004年初已经投入使用的中文特色资源数据库的列表。

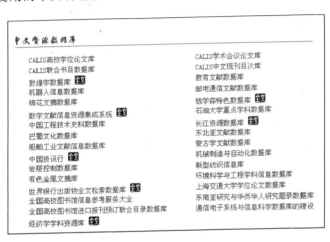

图 4.2.4

二、总结性书目与书目数据库

查考近代以来图书具有阶段性总结意义的书目,目前最重要的有两种。

民国时期总书目(北京图书馆编,书目文献出版社,1986—1997)是查考1911—1949年间国内出版图书的总结性书目。该书目收录图书的总数量为12.4万种,以北京图书馆(现国家图书馆)、上海图书馆、重庆图书馆收藏的中文图书为主,占民国时期国内出版物总数的90%左右。反映了民国时期国内出版的中文图书的概貌。

《民国时期总书目》的出版形式是按学科分类、分册编辑出版。全书共分20大类,分别是:

① 哲学·心理学(3450 种)　　② 宗教(4617 种)
③ 社会科学总类(3526 种)　　④ 政治(14697 种)
⑤ 法律(4368 种)　　　　　　⑥ 军事(5563 种)
⑦ 经济(16034 种)　　　　　　⑧ 文化科学(1585 种)
⑨ 艺术(2825 种)　　　　　　⑩ 教育·体育(10269 种)
⑪ 中小学教材(4055 种)　　　⑫ 语言文学(3861 种)
⑬ 中国文学(16619 种)　　　　⑭ 世界文学(4404 种)
⑮ 历史地理(11029 种)　　　　⑯ 自然科学(3865 种)
⑰ 医药卫生(3863 种)　　　　⑱ 农业科学(2455 种)
⑲ 工业技术·交通运输(3480 种)　⑳ 综合性图书(3479 种)

各分册的正文,均采用分类编排法。对每一图书的著录项目,包括书名、著者、出版、形态、提要附注、馆藏标记等。

《民国时期总书目》在收录的广泛性、著录的准确性、揭示的深入性及整体学术质量等方面,远远超越了以前的同类工具书。它具有回溯性国家书目的性质,是查考民国时期出版图书的首选工具书。

国家图书馆近年来开发出了**民国时期中文图书书目数据库**,收录 1911—1949 年 9 月出版的中文图书书目数据 14 万余条。基本内容与《民国时期总书目》相同,书目数据总数则略多,原因是在国家图书馆、上海图书馆、重庆图书馆收藏的民国时期中文图书之外,补充了一些国内其他图书馆的藏书书目。该数据库的数据采用 CNMARC 格式。

中国国家书目是查考当代出版物的总结性书目。

国家书目是一种独立的书目类型。其主要特点是:收录对象强调涵盖一个国家的所有文献,而不仅仅局限于图书;收录范围一般贯彻"领土—语言"原则;对文献的揭示和著录方法,强调标准化与规范化。国家书目反映的是民族科学文化成果,包括民族的科学文化创造与吸收。通过国家书目在国际范围内进行书目情报沟通,目的在于实现民族科学文化成果的全球共享。目前,以国家书目的形式来揭示和报道一个国家在一定时期内的出版物状况,是世界各国普遍采用的方法,全世界已有近百个国家和地区编纂出版了国家书目。

中国现代意义上的国家书目的编纂始于 20 世纪 80 年代中期,

编纂工作由国家图书馆承担。1987年，我国第一部现代国家书目——《中国国家书目》(1985)印刷版出版。现行的《中国国家书目》的收录对象，包括汉语文图书、少数民族文字图书、盲文读物、中国出版的外国语文献。著录项目实现了标准化。

从90年代初开始，我国的国家书目编纂重点转向了累积性光盘数据库的建设。目前，印刷版出版缓慢，光盘载体的**中国国家书目数据库**（又名"中文图书书目数据库"）已经完成了1949年以来全部书目数据的回溯建设，成为国家图书馆最重要的书目数据库之一。到2004年初，该数据库已经收录自1949年以来的中文图书书目数据约100万条，数据采用CNMARC格式。书目记录包括书名、著者、出版者、出版年、页数、中图法分类号和主题词等项。光盘产品已经形成系列，包括：

- 1949—1999年光盘，共收录图书约90万种。
- 1949—1974年光盘，共收录书目数据约24万条。
- 1975—1987年光盘，共收录书目数据约15万条。
- 1988—1999年光盘，共收录书目数据约50万条。
- 2000年光盘，共收录书目数据约6.5万条。
- 2001年光盘，共收录书目数据约10万条。

第三节　电子图书系统

一、电子图书与电子图书系统

电子图书(e-book)是指利用计算机阅读平台或手持阅读设备阅读的数字化图书。单纯的电子图书与传统的纸质图书相比，区别仅仅在于载体介质的不同。

电子图书系统是指依托于计算机和网络的数字化图书传播系统。这一系统的基本特点是：系统容纳了海量的数字化图书产品；数字化图书的传播依托于网络，数字化图书的阅读依托于计算机阅读平台；系统集书目信息检索、数字化图书阅读、数字文本编辑加工等功能于一身。可见，一个电子图书系统实际上就是一个数字图书馆系统,它提供的是一个数字化图书的检索、获得、阅读平台。

从图书查考的角度说,电子图书系统的出现具有革命性意义。传统的图书查考过程给人们带来的最大不便,就是书目一类线索型检索工具与图书本身的分离。人们通过检索工具获得了文献线索,但要真正获得文献本身,必须亲临图书馆等文献收藏单位才能借阅。电子图书系统则实现了图书的检索、获得、阅读的合一。在计算机和网络环境下,从系统中检索到的图书可以即时获得,即时利用,传统上处在分离状态下的文献线索检索和原始文献利用在电子图书系统中实现了零距离,一次文献和二次文献实现了零距离,这无疑给人们利用文献信息资源带来了极大的方便。从理论上说,文献线索检索与原始文献利用合一、一次文献和二次文献零距离,这是计算机化的检索系统相对于传统的手工检索工具的最大优势之一,电子图书系统典型地体现了这一优势。因此,伴随着电子图书系统的不断成熟,伴随着电子图书系统收载数字化图书数量的不断增加,电子图书系统逐渐取代纯粹线索型书目检索工具而在图书资源查考方面发挥主要作用,将是必然的趋势。

二、代表性中文电子图书系统

20世纪90年代中期以后,中文电子图书系统成为我国电子资源开发建设的热点之一,发展势头迅猛。从1998年7月超星数字图书馆问世以后,短短几年,国内较有代表性的中文电子图书系统已经出现了4家——方正Apabi数字图书馆、超星数字图书馆、书生之家中华图书网、中国数字图书馆。

方正Apabi数字图书馆(http://www.Apabi.com)。北大方正电子有限公司2000年12月创办。Apabi是作者(author)、出版商(publisher)、渠道(artery)、消费者(buyer)和互联网(internet)的首字母组合。这一称谓,体现了方正公司从网络出版的角度对电子图书产业的理解:电子图书是一个凝聚作者、出版商、销售渠道、消费者并高度依赖网络和计算机技术的元素,电子图书要形成产业,必须实现产业链条上的所有环节的紧密衔接、利益分享。因此,从开发商的角度说,方正Apabi包括了电子图书的制作出版软件、发行销售软件、图书管理软件、浏览阅读软件。从文献信息资源检索利用的角度说,我们关注的主要是它的检索、阅读功能。

方正 Apabi 在技术上的突出特点是,具有完全模拟在图书馆检索、借阅图书流程与方法的功能。个人或图书馆购买 Apabi 电子图书有"数量"或"复本"的概念,不能超越购买数量无限制地拷贝复制;个人向数字图书馆借阅 Apabi 电子图书,有"借期"的概念,到期后即不能继续阅读。这一功能的实现,依赖于方正公司独有的数字版权保护技术(Digital Rights Management,简称 DRM 技术)。这一技术可以保证电子图书不能被复制,不能被篡改,可以有效地控制电子图书的二次传播,可以确保电子图书进入流通渠道后的准确记数。数字版权保护技术的运用,基本上解决了计算机和网络环境下数字文件可以轻而易举地被复制、传播的问题,从而有效地保障了作者、出版者的合法权益,从长远看,有利于知识的创造和生产。

方正 Apabi 数字图书馆系统所容纳的资源,采用与出版社合作的方式,提供获得著作者直接授权的电子新书。到 2004 年初为止,拥有电子图书 4 万余册,其中热销图书和计算机类图书所占比重较大。在现有的电子图书系统中,方正 Apabi 拥有的电子图书数量并不算多,但其所有的电子图书都是彻底解决了版权问题的图书,由于运用了数字版权保护技术,Apabi 电子图书在利用过程中也不会产生新的侵权问题。

超星数字图书馆(http://www.ssreader.com)。北京超星电子技术有限公司于 1997 年起开始研发基于互联网的数字图书馆技术,是国内开发较早、目前拥有电子图书资源数量最多的数字图书馆系统。截至 2004 年初,资源提供的合作单位近 50 家,号称拥有总量达 100 万册的 PDG 格式电子图书。

超星数字图书馆系统的最大优势在资源的规模上。首先,与方正 Apabi 只提供获得作者直接授权的电子新书的模式不同,超星的目标是将现存所有有价值的图书数字化。它依托国内大中型图书馆提供纸质图书进行数字化加工制作,同时征集作者授权。按照超星的数字资源建设规划,2002 年完成对 1949 年以后出版的所有有价值的出版物的数字化,到 2003 年底,资源总量达到 100 万册。其次,超星已经形成了一系列特色资源。如国家档案文献库容纳了中央档案馆等单位收藏的档案文献150多万页；文史资料图书馆汇集了全国从中央到地方出版的文史资料专集、选集、刊物等1万多种；院士图书馆集中收藏了两院院士的授权图书；等等。另外，超星数字图书馆系统不仅容纳了电子图书，还有一个规模较大的论文资源数据库。数字资源的规模大、数量多，作为一个检索、阅读系统，便具有了不可替代的优势。

书生之家数字图书馆(http://www.21dmedia.com)。北京书生科技有限公司于2000年4月创办。该数字图书馆本质上是一个出版物网上交易平台，下设中华图书网、中华期刊网、中华报纸网、中华CD网等子网，网络平台主要由"博览区"和"交易区"构成。在博览区，提供出版物的书目信息和内容全文，形成出版物的电子载体，数字图书馆的功能即由此完成。交易区提供出版物的网上交易功能，如稿件拍卖、选题招标、版权贸易、出版物的网上交易等。

"书生之家"的电子图书在其中华图书网之下。截至2004年初，中文电子图书拥有量近13万册。据称，每年的新书制作能力约为2万～4万册。该数字图书馆以提供1999年以后出版的数字化中文新书为主要特色。目前每年的电子图书制作量，已经达到了当年全国所出新书的近二分之一。电子新书所涉及的学科范围比较广泛，但在内容上，目前以人文社会科学图书为多。如截至2002年中，在全部电子图书中，人文社科类图书约占80%。

中国数字图书馆(http://www.d-library.com.cn)。中国数字图书馆有限公司于2000年9月创办的网上图书馆。该数字图书馆的资源特点，首先，是主要依托国家图书馆的文献资源进行数字转化，内容齐全，覆盖经济、文学、计算机技术、历史、医药卫生、工业、农业、军事、法律等22个学科门类。据称已拥有20万册电子图书，是目前我国规模较大的中文电子图书系统之一。其次，是基于国家图书馆丰富的馆藏资源，经过整合，形成了一系列有特色的专题资源库，如WTO专题、法律法规、百年敦煌、古代建筑等。它已经超越了电子图书的范畴，是资源数据库。

三、电子图书系统的使用方法

不同的电子图书系统界面形式、内容构成不完全一样，但基本的使用方法大同小异。一般来说，使用电子图书系统的的基本步骤是：

● 下载专用阅读器，并在本地计算机上安装。专用阅读器是电子图书系统的阅读软件，必须安装后才能正常阅读。专用阅读器都可以在电子图书系统的主网站免费下载。电子图书系统的阅读器一般都在不断升级，以优化功能，因此，本地计算机安装的专用阅读器也要注意随之不断升级更新。

● 登陆注册。目前国内几个规模较大、有影响的电子图书系统，都需要支付一定的费用后才能完整地使用。通行的做法，一是利用者个人购买专用读书卡，获得使用密码；一是团体购买使用权，在局域网内通过 IP 控制使用范围。登陆注册，即是对使用者使用权限的认证。一般来说，电子图书系统都会有少量的示范性资源供免费使用。

● 在线阅读或下载电子图书。登陆注册成功后，即可根据需要检索书目信息，阅读或下载选定的电子图书。有的电子图书系统可以在线阅读，也可以下载到本地计算机阅读，如超星、中国数图；有的只能下载阅读，不能在线阅读，如方正 Apabi；有的只能在线阅读，不能下载阅读，如书生之家。

对于电子图书系统的使用者来说，熟悉系统的主网站和专用阅读器的结构、功能是重要的。主网站展现了系统容纳的全部资源，同时配置了电子图书的检索系统；专用阅读器是浏览阅读、编辑加工电子图书文本的平台。在电子图书系统中，主网站和专用阅读器具有关联功能。有的是双向联通，有的是单向联通。所谓双向联通，是说如果首先进入主网站检索选定了电子图书，当需要阅读时，系统会自动切换到专用阅读器；反之，如果首先进入专用阅读器，也可以切换到主网站。凡是可以在线阅读的电子图书系统，都具有双向联通功能，如超星、书生之家、中国数图。所谓单向联通，是说只能从主网站切换到专用阅读器，而不能相反。单向联通意味着必须从主网站把选定的电子图书下载到本地计算机阅读,阅读过程是脱离网络的,所以,它不需要具有由专用阅读器联通主网站的功能。方正 Apabi 就是一个具有单向联通功能的电子图书系统。

四、中文电子图书系统的主要检索功能

电子图书系统的检索功能较之于传统的线索型书目检索工具,大为强化。目前,在中文电子图书系统中常见常用的检索功能主要有如下几种类型。

(1) 分类检索 分类浏览、选择系统中包含的电子图书。目前,中文电子图书系统的分类表有的是采用"中国图书馆图书分类法",有的是系统本身根据所容纳的图书的具体情况自行编制的分类表。典型的如超星数字图书馆,其全部资源首先被分类整合成一系列专题图书馆,每个专题图书馆又通过递进式分类,最终显示电子图书的基本信息,并可以直接链接到图书进行阅读。图 4.3.1 是超星数字图书馆分类检索界面。

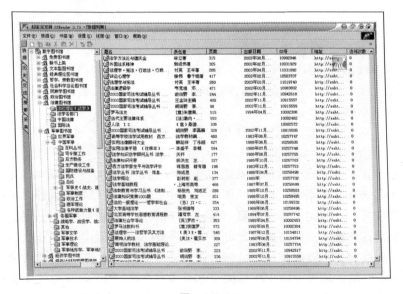

图 4.3.1

(2) 字段词检索 以基本书目信息作为字段词进行检索,如书名、作者、出版社等。字段检索功能是电子图书系统必备的检索功能,一般都固化在电子图书系统主网站首页。检索时,只要按照提示输入相应的字段词,就可以查到系统中包含的符合要求的电子图书。如图 4.3.2 是书生之家的字段检索所包括的字段项目,图 4.3.3 是方正 Apabi 的字段检索所包括的字段项目。

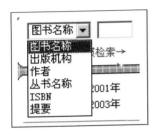
图 4.3.2

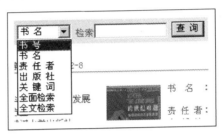
图 4.3.3

(3) 高级检索 目前中文电子图书系统中的高级检索,都是多个书目字段的逻辑组配检索,有的还可以附加出版时间的条件限制。不同系统的高级检索界面不完全一样,但基本原理是相同的。图 4.3.4 是中国数字图书馆系统的高级检索界面,图 4.3.5 是方正 Apabi 的高级检索界面。

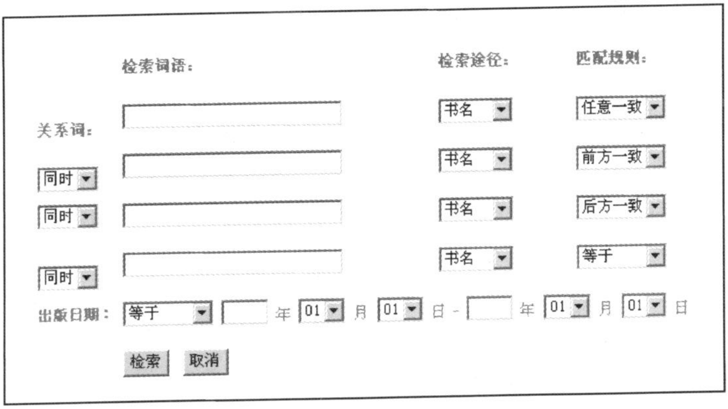

图 4.3.4

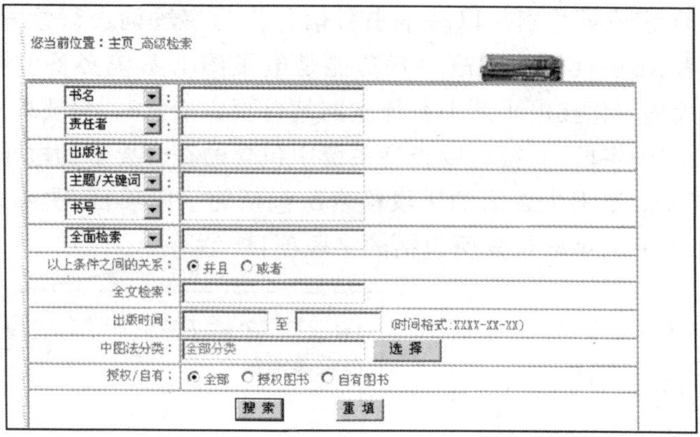

图 4.3.5

（4）目次检索　指在系统中检索图书时，给定检索词以后，命中对象不仅仅在书名层次，而且深入到目次层次。利用目次检索功能，可以把在书名层次没有明确反映而隐含在目次层面的相关内容揭示出来。目前，超星数字图书馆和书生之家都具有这一功能。如图4.3.6 就是超星数字图书馆的一个目次检索实例。在目次检索功能下输入检索词"百科全书"，检索结果不仅包括书名中含有"百科全书"的图书，还包括在目录中含有"百科全书"的图书。

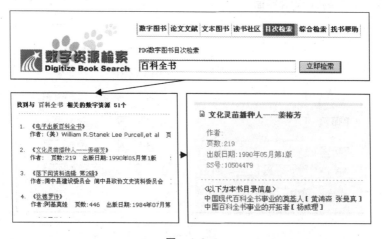

图 4.3.6

(5) 全文检索 中文电子图书系统在书目检索层面上真正具有全文检索功能的不多，有代表性的是书生之家。全文检索可以把系统中容纳的所有在内容中包含了检索词的图书聚集起来，但由于它匹配的是所有图书全文中的自然词，势必造成检索结果数量的庞大。如图4.3.7就是利用"北京大学"作检索词在书生之家系统中做全文

图 4.3.7

检索的结果,真正的查准率并不高。正因为如此,书生之家也在全文检索中组合了分类,目的就在于使检索范围有所限制。可以说,在书目检索层面上,全文检索的实际意义并不大。

五、电子图书系统的专用阅读器

专用阅读器是电子图书系统中浏览、阅读、利用电子图书的平台。不同的系统,其专用阅读器的界面形式不同,功能也会有些差别,但主要的功能、原理和基本的使用方法大同小异。在现有的主要中文电子图书系统中,方正 Apabi 的专用阅读器在质量、功能等方面具有优势。以下即以方正 Apabi 的专用阅读器为例,概略介绍其基本功能和使用方法。

1. 藏书阁

用于保存从电子图书系统成功下载的图书。由于方正 Apabi 的专用阅读器和主网站是单向联通,即只能从主网站联通到阅读器,而不能相反,因此,所有的电子图书必须首先下载,保存在藏书阁中,以供随时浏览阅读。

图 4.3.8 是方正 Apabi 藏书阁的界面。藏书阁具有对已下载图书的分类功能、检索功能、基本信息显示功能和阅读状态切换功能。

分类功能可以将下载的图书按设定的类别分门别类地归并集中。分类体系可以进行个性化定制。

尚未进行分类处理的图书,集中保存在藏书阁的"未分类"显示框中。这些图书可以按书名、图书类型、加入顺序、生成日期任何一种形式排序。当保存在"未分类"中的图书数量较多时,利用藏书阁具有的检索功能,可以通过不同字段的关键词直接定位查找。

选定保存在藏书阁中的某一图书,单击鼠标右键,即显示有关该图书的基本信息。基本信息包括三类:一是打开信息,用于选择打开方式。所谓"最近打开",是指从上次阅读的终结处打开该书。二是图书信息,包括该书的基本书目信息、分类信息。在"图书分类"对话框中,可以进行该书的分类定制。三是借阅信息,提供该书的出借时间、到期时间,并可进行该书的续借。

电子图书由藏书阁的保存状态切换到阅读状态有多种方法,可以选定图书,点击"阅读"按钮;也可以双击图书图标;还可以选定图书,利用打开信息菜单选择打开方式。

图　4.3.8

所有的电子图书系统都具有类似于方正 Apabi 称为"藏书阁"的功能。区别在于名称可能不同,如超星称为"我的图书馆",中国数图称为"我的书架"等。另外,界面的表现形式不完全一样,具体的操作方法也会有差异,但基本的原理和功能是一致的。

2. 浏览阅读

在浏览阅读界面,基本的操作通过点击图标按钮就可以实现。方正 Apabi 专用阅读器较为有特点的几项服务于浏览阅读的功能是:

(1) 全页翻和半页翻切换　在半页显示状态下,页面文字被放大一倍,更便于阅读。

(2) 章节目录弹出和收缩　弹出章节目录,首先是便于了解图书的整体构成,其次是通过点击章节目录,可以直接切换到相应的章节。图 4.3.9 是弹出章节目录的状态。

图 4.3.9

(3)页数跳转 鼠标移至阅读器底端,页数跳转显示条自动浮出,进行拖动、选择、确定操作,即可以实现全书内的任意跳转。图4.3.10是页数跳转显示条。

图 4.3.10

(4)页面位置移动 按住鼠标右键拖动页面,即可以实现页面位置在屏幕上的移动。

(5)工具条的显示、隐藏和移动 工具条左上角的图钉按钮,是工具条的显示和隐藏切换按钮。工具条在隐藏/弹出状态下,可以左右移位。这一功能,为人们根据自己的阅读习惯来设置阅读界面提供了方便。

3. 阅读工具

阅读工具是指在专用阅读器平台上添加的一些供浏览阅读过程中随时使用的具有实用工具性质的功能。这些功能在传统的阅读状态下已被习惯使用,电子图书系统不过是在依托于计算机环境的阅读器中模拟了这些做法。方正 Apabi 专用阅读器具有的阅读工具功能主要包括:

(1)标注工具　用于阅读过程中对有关内容的圈点勾画。包括画线、加亮、圈注、批注。图 4.3.11 就是利用标注工具对正文内容所做的标注。

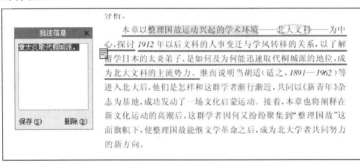

图　4.3.11

(2)查找工具　对图书正文内容的全文检索工具。可以点开工具条中的"菜单"按钮,通过选择"查找"命令调用;也可以选定需要查找的语词,通过其自动带出的菜单选择调用。图 4.3.12 是利用查找工具进行全文检索的实例。前面说过,在书目检索层面上的全文检索意义不大,但在图书正文内容层面上的全文检索,却有重要意义。

(3)书签工具　对传统阅读状态下书签使用方法的模拟。可以点击工具条中的"书签"按钮添加或撤销;也可以选定正文中的文字,通过其自动带出的菜单选择添加或撤销。添加书签以后,在阅读过程中点击书签显示框中的页数,可以直接跳转到该页。图 4.3.13 是添加书签以后的显示状态。

(4)拷贝打印　由于方正 Apabi 采用了"DRM"技术,可以有效

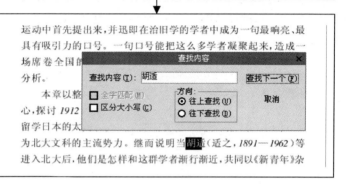

图 4.3.12

图 4.3.13

地限制电子图书的二次传播。在其专用阅读器中,对原书内容的拷贝限定每次不能超过 200 个汉字。该系统中未加密的图书可以打印,已加密的图书则不能打印。

所有的电子图书系统的专用阅读器的浏览阅读和阅读工具功能都大同小异。所以,只要熟悉了一个典型的专用阅读器的基本功能与使用方法,这方面的问题就可以说基本解决了。

电子图书系统的主要功能是提供电子图书的检索和阅读,但一般来说，它往往还是一个图书信息发布平台、读书心得交流平台、图书评论研究平台。如超星数字图书馆就开辟了"读书社区"，包括"读书笔记"、"图书评论"等栏目。中国数字图书馆设有"书海导航"、"读书论坛"等栏目，发布书讯、书评、书摘，提供研讨评论阵地。书生之家设有"出版专区"、"作者社区"，其中都有一个"研究与交流"小栏目。方正Apabi的专用阅读器中也有书店和出版社网站的链接。这些又体现了电子图书系统开放、互动的特点。

第四节　现代百科全书

一、百科全书的起源与发展

百科全书是概述一切门类知识或某一门类知识的工具书，是历史上科学文化成就的总结性著述。由于它的内容全面、知识系统、概述权威、体例完备，又被称为"知识总汇之书"、"没有围墙的大学"。在现代工具书体系中，百科全书有"工具书之王"的美誉。

百科全书起源于古希腊。Encyclopaedia（又拼为Encyclopedia）一词即源自希腊文，意为"全面教育"。百科全书的发展历程，一般认为主要经历了三个阶段。

公元5世纪前的百科全书被称为古代百科全书。这一阶段的百科全书，编者主要是个人，内容主要是汇编通过讲学阐述的全面知识，具有明显的"教科书"色彩。百科全书的词源语义为"全面教育"，准确地反映了早期百科全书的特点。柏拉图和他的学生亚里士多德被认为是百科全书的始祖，原因就在于他们通过讲学记述了当时已有的全面知识。古代百科全书阶段最具代表性的成果是老普林尼的《博物志》。这部完成于公元77年、作为分类的知识选集的著述，被认为对后世百科全书的编撰有长达1500多年的影响。

公元5世纪以后至18世纪初期的百科全书被称为中世纪百科全书。中世纪百科全书宗教色彩明显，编者往往是修道院神职人员，内容上的显著特点，是知识分类成果被广泛运用于百科全书编纂，百科全书对已有知识的概述由"教科书式"逐步走向全面、体系化的科学分类。17世纪末到18世纪初,受当时新兴的词典编纂方法的影响,百科全书的编排由知识分类向条目字顺演变,开始了中世纪后期百科全书向现代百科全书的过渡。中世纪最重要的百科全书是法国学者文岑编著的《大宝鉴》。该书80卷,近万章,内容涉及自然、学理、历史、道德,辑录了许多散佚的文献资料,是18世纪前规模最大的百科全书。1559年,德国学者萨克雷德出版《百科全书》,"百科全书"一词第一次成为书名。英国著名思想家培根未完成的名著《伟大的复兴》对17—18世纪的百科全书编纂产生了极大影响。培根在《伟大的复兴》中详尽、系统地表达了人类对各个知识领域相互关系的认识和理解,创造了科学分类方法,为百科全书的编纂提供了一种新的、科学合理的知识分类体系。18世纪初,英国哈里斯编的《技术词典》(1704年)、钱伯斯编的《百科全书,或艺术与科学大词典》(1728年),不论在内容上还是在编纂技术上,都已经明显具有了现代百科全书的因素。

18世纪中期以后,百科全书发展到了现代阶段。现代百科全书的基本功能定位于以现代科学观念系统概述知识为主,兼及教育作用的工具书。由于强调内容的全面、系统、权威,个人力量已无法完成,故编者一般是多学科合作,尤其强调跨国合作。编纂方法与技术全面吸收了现代工具书方便检索的特点,一般按字顺编排条目,强调要建立完整的参见体系,拥有完备的检索系统。

现代百科全书的奠基之作是法国学者狄德罗主编的《百科全书》(全称《百科全书,或科学、艺术与手工艺分类大词典》)。这部百科全书最重要的历史意义,在于其内容体现了宽容和自由主义的态度,体现了对工业革命中兴起的手工业和机械科学认识的新观点。它通过百科全书进行知识启蒙、思想启迪,以怀疑论、科学决定论阐述知识的起源和发展,以当时所能允许的各种巧妙方式对宗教神学、等级制度和社会司法进行了批判,大力宣扬无神论和唯物主义,"在法国第一个把理性、良知、睿智、悟性等等还原其唯物主义面目"[①]适应了

---

① 〔法〕安德列·比利著,张本译.狄德罗传·中译本前言.商务印书馆,1993

法国当时日益高涨的革命精神，点燃了人们的思想火花，成为法国大革命的思想前奏，为法国乃至整个欧洲的资产阶级革命提供了思想理论武器。狄德罗以百科全书编纂为阵地凝聚起来的一批启蒙运动哲学家、献身于促进科学与非宗教思想的先驱，形成了法国历史上著名的"百科全书派"，狄德罗则是百科全书派的主帅。

18世纪中期以后，随着西方工业革命的广泛开展，知识的创造、更新超越以往，知识的获得需求迅速增加，不同国度、不同规模、不同特点的现代百科全书迅速、大量地出现。具有典型意义和代表意义的，像1768—1771年在苏格兰爱丁堡初版的《不列颠百科全书》，1796—1811年德国布洛克豪斯编纂的名为《社交词典》的百科全书，19世纪问世的法国《拉鲁斯百科全书》、美国的《美国百科全书》，它们被称为"西方四大经典百科全书"，直到今天仍在连续修订出版。目前，世界上主要的国家和地区，大都已经编纂出版了本国的综合性百科全书。现代百科全书的编纂出版，被认为是一个国家科学文化建设的基础工程，正因为如此，一个国家代表性的综合百科全书的质量，被认为是该国科学文化发展水平的标志之一。

对中国来说，百科全书是"舶来品"。19世纪末20世纪初，在"西学东渐"的热潮中，起源于西方的百科全书传入中国。国内早期出现的百科全书，主要是一些国外小型实用性百科全书的编译之作。如20世纪初商务印书馆出版的《日用百科全书》、《少年百科全书》（据美国"*The Book of Knowledge*"编译）等。与严格意义上的现代百科全书相比，这些编译之作尚有一定距离。总的来看，自20世纪初至80年代，百科全书虽然已经进入中国，但并没有真正发展起来。

中国百科全书编纂出版事业的真正发展，是在20世纪80年代以后。1978年，国务院决定编辑出版《中国大百科全书》，开始了中国现代百科全书编纂出版的历程。二十多年来，中国的现代百科全书编纂出版事业和其他许多事业一样，超常规、跨越式发展。不仅用十多年时间完整出齐了《中国大百科全书》的第1版，而且开始了第2版的修订工作，并有望在近年内问世。专业性、地方性百科全书和编译百科全书大量出现，百科全书的载体形式也由单一的印刷版变为印刷版、光盘版、网络版多种形式共存。到目前，我国的百科全书检索工具体系已经基本形成。主要标志是：以综合性百科全书为主体、以专业性和地方性百科全书为两翼的百科全书体系初具规模；代表国家水平的综合性百科全书与国际惯例接轨的连续修订制度已经建立起来；百科全书的品种、类型、载体形式已经呈现多元发展的格局，基本可以满足不同的利用需求。

二、百科全书的分类

国际上通常把百科全书划分为4大种类。

（1）综合性百科全书 其内容覆盖历史上已经出现的各门类知识。作为一个国家科学文化发展水平标志的百科全书，一般都是综合性的。在百科全书发展进程中，综合性百科全书形成了"大条目主义"和"小条目主义"两种格局。前者注重百科全书的教育功能，强调向使用者提供全面、系统的知识，代表作是《不列颠百科全书》；后者注重百科全书的检索功能，强调知识整体必须分解为细小的条目单元才能适应使用者的检索需求，代表作是德国的《布洛克豪斯百科全书》。

（2）专业性百科全书 即所谓概述某一门类知识的百科全书。大约在18世纪开始出现，晚于综合性百科全书。专题性百科全书通常也归入此类。在百科全书体系中，专业性百科全书数量最多。

（3）国家与地区性百科全书 即具有地域范围界限的综合性百科全书，如《加拿大百科全书》、《北京百科全书》等。书名中是否使用了国家或地区称谓，并不是判定是否是国家或地区性百科全书的要件。这类百科全书出现于19世纪末。

（4）少年儿童百科全书 在内容上突出强调"寓知识于故事和图画之中"，知识体系、表现形式、检索方法强调适应少年儿童的特点。在国外，专门面向少年儿童的百科全书在19世纪中期以后开始出现，著名的如拉鲁斯的《儿童小百科全书》(1853年初版)，1957年改编为《拉鲁斯儿童百科全书》，英国作家阿瑟·密主编的《儿童百科全书》，1963年出版的《不列颠少年百科全书》，采用分类编排的《牛津少年百科全书》等。百科全书在发展中形成面向少年儿童的专门种类，体现了以概述知识为主要内容的百科全书在知识启蒙上的重要作用,彰显了百科全书内容、功能上的特点。

我国学术界对百科全书的种类划分与国际上的通行做法大同小异,区别主要是一般不把少年儿童百科全书纳入与前三类百科全书并列的体系。

三、百科全书的特点

百科全书的特点,简单地概括,就是概述知识条目化,条目编排词典化。

所谓概述知识条目化,包含如下含义:

——百科全书的内容是对知识体系中的知识点进行总结性概述。概述的方面,包括知识点的历史、现状和未来;对概述的基本要求,是全面、客观、具有科学精神与时代特色。

——概述知识的基本单元是条目。百科全书的条目是对知识体系进行主题切分的结果。切分需要依据知识体系进行,但切分的结果,是形成了一个个相对独立的知识点,体现在百科全书中,就是一个个相对独立的条目。所以,条目是百科全书最基本的知识单元,是百科全书输入和输出知识信息的基本单位。

百科全书的条目一般由条头、释文和参考书目构成。条头是条目的标题,它既是知识主题的概括,又是基本的检索标志。释文是对知识主题的概述。其规范的表述程序为:① 定性叙述。以定义为核心对知识主题作简要说明。② 条头词的词源知识介绍。③ 知识主题的历史演变、渊源沿革。④ 知识主题的基本内容、基本事实、基本状况。⑤ 参阅性资料。主要包括有关的学术争论、权威性评述、展望等。篇幅较长的条目,一般还需设置文内层次标题。参考书目是向读者推荐的深入钻研该条目内容的重要参考著作,并不是作者撰写条目时的参考文献。百科全书的重要条目,一般均需列举参考书目。

——条目应是独立的概念或完整的知识主题。依据知识体系对知识点进行切分时,知识主题的层次高低、内涵大小、包容关系都可以不同,但作为切分结果的条目,则要求必须是独立的概念或完整的知识主题,而不能是概念或主题的一个局部、一个方面或一个层次。因为概念的独立或主题的完整是确保知识全面、系统与完整的前提条件,而全面、系统地概述知识是百科全书的基本特点。

——条目必须具有检索意义。独立的概念或完整的知识主题是形成百科全书条目的必要条件,但不是充分条件。作为条目,另一个条件也必须考虑：是否具有检索意义。某些人所共知的知识,某些没有查考意义的概念主题,即便是独立或完整的,也没有必要列为百科全书的条目。就像词典不是自然语言的自然记录一样,百科全书也不是知识体系的全盘复制。

所谓条目编排词典化,包括如下含义：

——条目按标题的字母顺序排列。这是对条目进行有序化处理的方法,体现的是百科全书作为工具书的"易检性"。在百科全书发展史上,中世纪晚期以前往往采用按条目的重要程度或分类编排的方法。不论是依条目的重要程度编排还是依条目的类别属性编排,广义上说,都是一种有序化方法,但它们都是不彻底的有序化方法。因为不同的人对条目的重要程度的认识可能会不同,科学分类方法并不是人皆熟悉,也并不是所有的百科全书都能谨守科学分类方法,这样就给人们准确判断条目的位置所在、类别属性带来了困难,从而给人们准确、迅速地查考特定内容带来了困难。18世纪初,当时新兴的词典创造了以字母顺序编排词条的方法,在百科全书的工具性和检索功能日益突出的背景下,这种方法被引入了百科全书,百科全书的条目编排由分类走向了字顺,实现了条目编排的词典化。百科全书发展到现代阶段以后,按字母顺序编排条目已经成为一种编纂惯例,成为现代百科全书在编排方法上的基本特征之一。

——有完备的参见系统。按字母顺序编排条目,强化了百科全书的检索功能,却弱化了知识之间的内在联系,难以反映知识派生演化、逻辑递进的系统性。为了弥补这一局限,18世纪初百科全书的编纂创立了参见系统,对那些在内容上互有联系的条目作出明确的指引互见。这一方法的运用,把那些在字顺状态下分散在不同位置的相关主题条目联系了起来,有助于读者获得完整、系统的知识,从而使字顺编排法走向完善。

——有完备的检索系统。现代百科全书的检索系统强调适应多途径、多渠道、多层次检索的需要,实现对内容的全方位揭示,检索查询"路路通"。一般来说,大型百科全书都要附编多种索引,形成专门的"索引卷"。在百科全书的索引中,最为重要的是内容分析索引。它的标引对象不仅包括条目的条头词,而且包括释文和图表中隐含的一切有独立意义和检索意义的概念或主题,标引深度可以达到条目总数的3~10倍。是否建立起完备的检索系统,是衡量百科全书质量的重要指标之一。

四、百科全书与相近工具书的区别

百科全书与百科词典有区别。从发展流变上看,百科词典是一般词典和百科全书相互影响和渗透的产物。百科全书在由古代、中世纪阶段向现代阶段发展的过程中,受当时新兴词典的影响,在编排方法上实现了"词典化";一般词典受百科全书的影响,则在内容上突破了单纯语言工具的性质而兼顾各学科的固有体系。相互影响和渗透的结果,是西方在17世纪末18世纪初兴起了介于百科全书和一般词典之间的百科词典,并在此后获得了迅速发展。

虽然百科词典在内容上向"百科"扩展,但其基本性质和编纂方法却仍然坚持了词典的形式。如百科词典的词目是语言系统中的语词,尽管这些语词可能是学科名词术语,但终归是进入一般语言系统中的。百科词典以词立目,分条释义,不设文内标题,不列参考文献,这些都是词典的惯常做法。百科词典的内容主要是提供语言知识和定义描述,即便涉及一些事实、数据、原始资料,一般也比较简略。百科全书的内容则是对概念或知识主题历史、现状、未来的全面概述,强调基本事实、数据、资料的翔实准确,追求完备性与系统性。百科全书不仅回答"是什么",还要回答"何时"、"何地"、"如何"、"怎样"、"为什么"等广泛的问题。

百科全书和中国传统的类书有区别。类书是对已有文献资料的抄录与编辑,"分类"和"陈列"是中国古代类书的明显特征,因此,类书是知识和文献的积累与总结,是体现"述而不作"观念的资料长编。百科全书则是对已有知识的时代性理解和概述,反映的是编者所处的时代的认识水平和思维成果。百科全书注重工具性,方便一般人的检索查考是其编纂工艺关注的重要方面。类书注重体系化,把零散的资料容纳进一个既定的分类模式中是其追求的目标,其检索功能却十分薄弱。百科全书和类书是分别生长于东西方不同文化土壤、体现东西方不同文化背景的两种具有不同特点、不同功能的工具书,简单地将类书视为中国古代的百科全书并不准确。

五、代表性百科全书

在我国现有的百科全书中,较有代表性且适用面较广的是以下几种。

中国大百科全书是我国第一部大型综合性百科全书。其内容涉及哲学、社会科学、文学艺术、文化教育、自然科学、工程技术等各个学科和领域,选收、概述古今中外一切重要知识。全书的总体规模为:总卷数74卷,总条目近8万条,总字数1.2亿多,总插图近5万幅。1978年开始编纂,1980年开始出版,至1993年第1版全部出齐。

《中国大百科全书》在内容上的特点,一是对有关中国的内容作了比较充分、权威的反映,二是自然科学与技术方面的内容所占比重较大。

《中国大百科全书》第1版采用了分类与字顺相结合的编排方法,即全书按学科和知识门类分卷,同一卷别内的条目按条头汉语拼音字母顺序排列。

印刷版有较完备的检索系统。整个检索系统包括5条主要检索渠道和6条辅助检索渠道。主要检索渠道是:音序检索、笔画检索、分类检索、外文检索和主题检索。辅助检索渠道是:时序检索、图片检索、参见检索、书目检索、标题检索、专名检索。

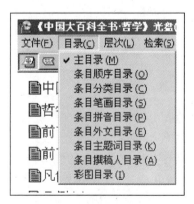

图 4.4.1

《中国大百科全书》1.0版光盘是目前国内有代表性的光盘化中文百科全书产品。该光盘的内容与印刷版一致,主要的特点表现在两个方面:

(1)检索功能进一步强化具体表现是增加了印刷版中无法

实现的基于目录的模糊检索功能。图 4.4.1 是《中国大百科全书》所建立的目录体系。在任何一种目录中,都可以以输入检索词的方式对整卷内容进行检索。如图 4.4.2 是在"哲学卷"的分类目录中检索"孔子"的实例。这一功能,为在目录层面快速查找对象目标提供了方便。

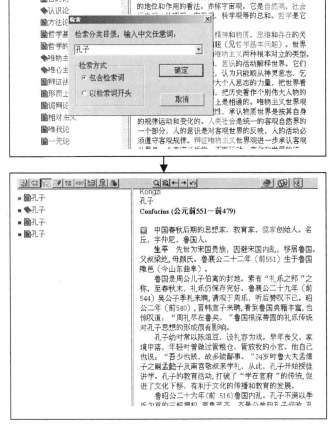

图 4.4.2

（2）参见系统进一步完善　具体表现是利用文本链接使参见系统更为详细、全面、深入，并且快速切换。在电子版中，所有相关条目及图片都实现了链接，跳转到相关内容十分方便。如图4.4.3是在"孔子"条目中跳转到相关图片和相关条目的实例。

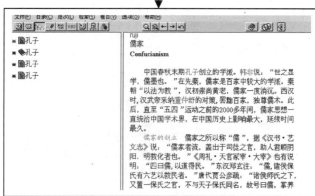

图　4.4.3

和印刷版一样,光盘版的检索也只能分卷进行。

简明不列颠百科全书和不列颠百科全书国际中文版是目前国内出版的最具代表性的编译百科全书。二者都是根据驰名世界的《不列颠百科全书》(又称《大英百科全书》)编译而成。

《不列颠百科全书》自1768—1771年在苏格兰初版到1974年,已经经过15次修订。1974年出版的第15版为30卷,十年后该版作小幅修订,扩充至32卷,于1985年出版。《不列颠百科全书》第15版全书由4部分内容组成:《索引》2卷,是全书的检索系统;《百科类目》1卷,是全书的知识分类目录;《百科简编》12卷,包括小条目8万多个,是对百科知识的概略介绍,又可以作为单独使用的简明百科全书;《百科详编》17卷,包括大条目670多个,全面系统地介绍各学科的知识、重要人物、历史、地理等。

《简明不列颠百科全书》(中国大百科全书出版社、美国不列颠百科全书公司合作编译,中国大百科全书1985—1986年出版)主要依据《不列颠百科全书》第15版的《百科简编》部分编译而成。中文本全书10卷,第1～9卷为正文和附录,第10卷为索引。共收录条目71000多条,图片5000多幅,总字数约2400万。与原书的《百科简编》部分相比,中文本基本上坚持了"只译不改"的原则。所作的调整和变通主要是:① 限于篇幅,科技类条目平均删节约20%,社会科学条目平均删节约30%;② 纯粹有关中国的条目,由中方专家重新撰写并配图。

1991年,《简明不列颠百科全书》又出版"增补卷"1卷,对前10卷的内容作了部分增补或更新。

1999年,中国大百科全书出版社又推出了与美方合作编译的《不列颠百科全书国际中文版》。该版本是《简明不列颠百科全书》的改造和深化。具体表现主要是:① 全书条目仍以《简明不列颠百科全书》为基础,但根据英文版原书的最新版本逐条修订,包括更新资料、增补内容、纠正偏差,条目篇幅平均增加了20%。② 重要人物、地区和体现最新发展的知识和事件,移译了原书中《百科详编》的大条目,强化了知识的系统性、新颖性。③ 有关中国的条目,沿袭《百科简编》确定的原则,仍由中国学者撰写或修订。但新增了大量的有关中国的条目，使全书有关中国的条目由原来的 2400 多条增加至约 4000 条，大大方便了中国读者的使用。

《不列颠百科全书国际中文版》全书 20 卷，包括索引 2 卷，收录条目 81600 多条，图片 15300 多幅，地图 250 幅，总字数扩展到 4300 多万。是目前国内规模最大的编译百科全书。

《简明不列颠百科全书》和《不列颠百科全书国际中文版》在内容上详略有别，但体现的整体特点是一致的，这就是：侧重西方文化、科技成就和当代知识。

简明中华百科全书（中国大百科全书出版社，1994）是目前有代表性的小型综合性百科全书。全书 3 卷，收录 8000 多个条目，概述文章约 15 万字，随文插图 1700 余幅，总字数约 500 万。

该书的内容，以全面、系统、简明地介绍中国古今文化为主。侧重人文社会科学。科学技术方面，只介绍了中国古代较大的科技发明、科学理论，以及现代科技领域的突出成就。知识点选定与知识概述，贯彻详今略古的原则。在全书涉及的知识体系中，1840 年以后的近现代中国是介绍的重点，特别是对 1949 年以后中国各方面基本状况作了较为全面的介绍，对 1978 年以后中国在改革开放进程中出现的新事物、新知识，作了突出介绍。所以，从整体上看，以中华文化、人文社科成果、近现代中国为主，是该书在内容上的特点。

第五章 报刊资源与论文资料的查考

第一节 数字化报刊资源及其检索系统

20世纪90年代中期以来,中国报刊资源及其检索工具数字化、网络化的进展迅速。具体表现为,一方面是一些传统的、影响大的印刷版报刊资源检索工具大都实现了数字化、网络化,形成了电子版与印刷版并存的局面;另一方面,出现了一批脱离印刷形态而基于计算机和网络环境的报刊资源检索系统。到目前为止,查考20世纪80年代以后的中国报刊资源,完全或主要依靠电子版检索工具已经基本上可以满足需要。

一、中国期刊全文数据库(CJFD)

清华大学开发研制的"**中国期刊全文数据库**"是目前国内有代表性的报刊资源检索系统之一。该系统1996年开始投入使用,目前有光盘版(简称"CAJ-CD")和网络版(简称"中国期刊网")两种形式。

全文数据库收录国内6000多种核心与专业特色中英文期刊的全文。到2004年初,已经积累了1994年至今的全文文献800多万篇,题录1500万余条,分9大专辑,126个专题文献数据库,被称为是"目前世界上最大的连续动态更新的中国期刊全文数据库"。

全文数据库的网络版通过CNKI知识网络服务平台系统建立了中国期刊网镜像站点,经过授权后,为通过互联网的使用者提供网上检索服务。网络版数据每日更新。

全文数据库的光盘版每月每专辑出版一期(文史哲双月出版),与印刷版期刊基本同步发行,被称为是"当今世界上最大的集成化全文电子期刊"。

中国期刊全文数据库划分的 9 个专辑是:

- 理工 A 辑(数理科学)
- 理工 B 辑(化学化工能源与材料)
- 理工 C 辑(一般工业技术)
- 农业辑
- 医药卫生辑
- 文史哲辑
- 经济政治与法律辑
- 教育与社会科学辑
- 电子技术及信息科学辑

中国期刊全文数据库网络版的基本使用方法是:论文资料检索→论文资料下载→使用专用阅读器阅览。

数据库的主要功能包括:

(1) 基本检索 以字段词作为检索词进行检索。该数据库系统目前为文献确立的字段包括:

- 篇名
- 机构
- 基金
- ISSN
- 主题词
- 作者
- 中文摘要
- 全文
- 年
- 关键词
- 引文
- 中文刊名
- 期

在进行基本检索时,可以作三方面的限定:一是检索时限限定(1994 年到目前),二是检索结果的排序方式限定。排序方式有 3 种:不限定排序方式、限定按相关度排序、限定按文献的发表时间排序。三是每页记录条数的限定,即对显示界面容纳内容的限定。

检索结果可以直接显示的,首先是命中文献的题名列表;点击题名,可以直接显示文献的内容提要。若要阅读全文,需要点击文献提要栏内的"下载"标记,将文献下载保存到计算机磁盘,在计算机已安装专用阅读器"Cajviewer"的情况下(专用阅读器可以随时下载安装),便可即时阅读。

例如,查考张岱年先生发表的有关"国学研究方法"的论文,基本过程如图 5.1.1。

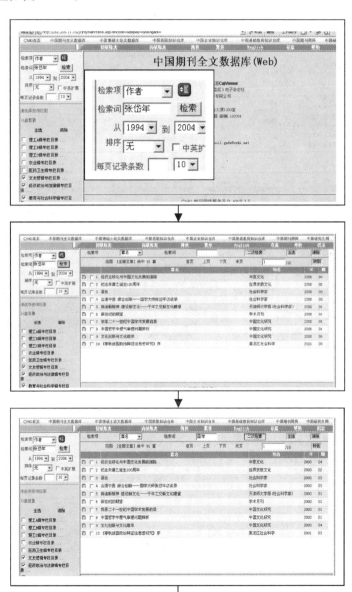

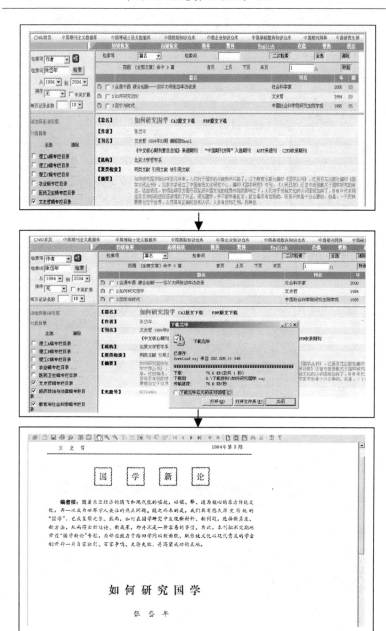

图 5.1.1

(2) 类聚检索 数据库中与命中文献有相关关系论文的链接检索。包括：
- 同类文献。数据库中与命中文献性质相同的论文。
- 引用文献。命中文献引用过的数据库中的文献。
- 被引用文献。命中文献被数据库中的文献引用的情况。

图 5.1.2 是《经济全球化与中国文化发展的道路》一文的同类文献检索结果。类聚检索功能的设立，为相关文献源的拓展和文献的定量分析提供了方便。

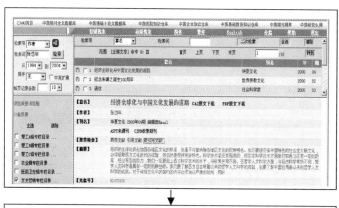

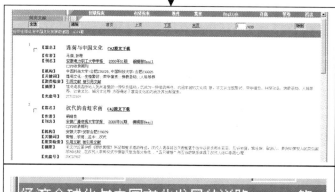

图 5.1.2

(3) 二次检索 以字段词在检索结果中进行再次检索。在前面的图 5.1.1 中,以作者"张岱年"、时间"1994—2004"为检索条件,命中结果有 91 篇文献。在这一结果中,以"国学"为篇名字段词进行二次检索,命中的结果缩小为 3 篇。查准率大为提高。

(4) 高级检索 该系统的"高级检索"即布尔逻辑检索,可以进行不同字段检索词的逻辑"与"、逻辑"或"、逻辑"非"的组配检索。图 5.1.3 以相同的字段检索词进行了不同的逻辑组配,检索结果不一样。

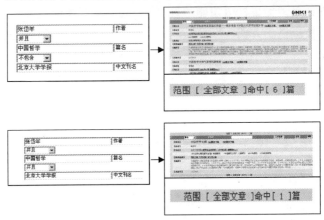

图 5.1.3

(5) 全文检索 以任意词为检索词对数据库中所有文献全文的检索。全文检索可以在基本检索界面内进行,也可以将检索条件组配起来在"高级检索"界面内进行。图 5.1.4 是将全文任意词"天人

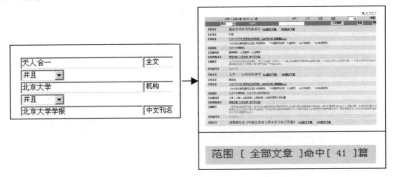

图 5.1.4

合一"、"机构"字段词"北京大学"和"中文刊名"字段词"北京大学学报"以逻辑"与"组配以后进行检索。

（6）检索词字典 在高级检索界面提供作者、关键词、机构、基金、中文刊名、主题词6个检索词字典。检索词字典是具有检索功能的检索词列表。它将数据库收录的文献的相关字段按一定顺序加以排列,并具有快速检索和自动添加到检索界面的功能。使用检索词字典,便于浏览数据库包含的相关检索词,也便于准确选择、快速添加需要的检索词。如图5.1.5是在"关键词"检索词字典中检索与"信息检索"相关的关键词。如果确定用于检索的关键词是"社科信息检索",只要点击该词,则自动切换到高级检索界面,并且检索词被自动添加到相应的文本框内。

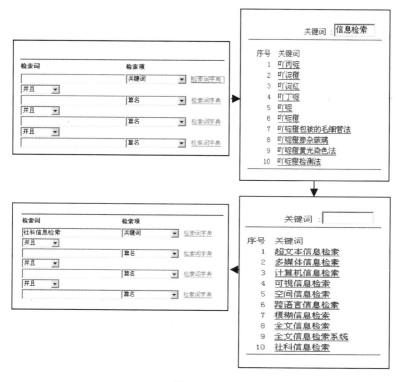

图 5.1.5

二、中文科技期刊全文数据库

这是国内另一个有代表性的大规模数字化期刊全文检索系统。由重庆维普资讯公司开发,习惯上简称为"重庆维普"。

重庆维普资讯有限公司是科技部西南信息中心下属的一家大型的专业化数据公司,是我国较早开展中文资源数据库研制开发的单位之一。早在1989年,重庆维普就开发出了软盘版的"中文科技期刊数据库",20世纪90年代初,实现了产品的光盘化,90年代末又推出了网络版产品。目前,数据库产品有全文版、文摘版和引文版3种。

中文科技期刊全文数据库入库期刊达8000多种,涉及的时限从1989年开始至今,积累的数字化期刊文献近800万篇。数据库覆盖的学科范围,分为自然科学、工程技术、农业科学、医药卫生、经济管理、教育科学和图书情报7个专辑,27个专题。专题细目如下:

数理科学	化学	天文和地球科学	生物科学	金属学与金属工艺
机械和仪表工业	经济管理	一般工业技术	矿业工程	石油和天然气工业
冶金工业	能源与动力工程	原子能技术	教育科学	电器和电工技术
电子学和电信技术	自动化和计算机	化学工业	轻工业和手工业	建筑科学与工程
图书情报	航空航天	环境和安全科学	水利工程	交通运输
农业科学	医药卫生			

该数据库的主要特点是,入库期刊数量多,时间跨度长;覆盖的学科范围以自然科学、工程技术、管理学科为主;不能提供全文数据的资源较同类数据库相对较少。

数据库的使用方法和"中国期刊网"基本相同,也是需要安装专用阅读器才能进行全文阅读。数据库的主要功能和使用方法如下:

(1) 分类检索 该数据库有比较强大的分类检索功能。分类表镶嵌于数据库首页。点击类目名称,分类体系逐层展开,直至相应的篇目列表。

(2) 高级检索 即不同检索字段的逻辑组配检索。可选字段共有9个,分别是:关键词、刊名、作者、第一作者、机构、题名、文摘、分类号和任意字段。同时可以进行检索限定,包括学科范围限定、期刊范围限定("全部期刊"、"重要期刊"或"核心期刊")、查找时限限定。高级检索是该数据库的主要检索途径。

(3) 传统检索 在中文科技期刊全文数据库中,所谓"传统检索"实际上是一个具有综合检索功能的界面,如图5.1.6。

图 5.1.6

在这个界面中,单个检索词的简单检索、多个检索词的逻辑组配检索、二次检索等都可以进行,也可以进行期刊范围、检索时限的限定。值得注意的是以下3种检索方法。

● 整刊检索。即以刊物为单位,查考该刊物每一期所发表的文章。通过点击"中刊库分类导航"和"中刊库刊名导航"列表,都可以实现这一功能。这一功能,为了解某一刊物的整体面貌提供了方便。

● 关键词字段的同义词扩展。在"检索入口"选择"关键词"字段的前提下,选中"同义词"选项,如果数据库的同义词表中有该检索词的同义词,就会自动显示,供选择添加。如图5.1.7,输入的关键词是"电脑",显示的同义词是"电子计算机"、"微电脑",选择添加"电子计算机",查考结果就是数据库中所有关键词包含了"电脑"和"电子计算机"的文献。关键词的同义词扩展,是实现智能化检索的重要手段,对确保查全率有重要意义。

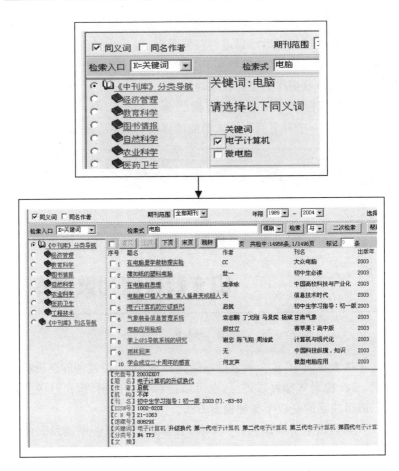

图 5.1.7

● 作者字段的同姓名区分。这一功能的原理与同义词扩展类似,是用来对数据库中涉及的同姓名作者加以区分的。在"检索入口"选择"作者"或"第一作者"的前提下,选中"同名作者"选项,如果输入的作者有同名,系统自动显示同名作者列表,以供选择。如图 5.1.8,是名为"张红"的同姓名作者列表。通过列表提供的作者单位信息,就可以准确地选择目标作者。这一功能对缩小检索范围、提高查准率有重要意义。

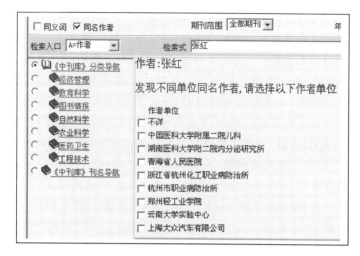

图 5.1.8

三、CGRS 全文检索系统

天宇资讯开发的"**CGRS 全文检索系统**"是以中国人民大学书报资料中心编辑的《复印报刊资料》和《报刊资料索引》为主要内容的网络版报刊资源检索系统,习惯上简称为"人大报刊检索系统"。

复印报刊资料是一种在国内人文社科领域影响较大的报刊资源检索工具。目前选收范围为全国 3000 多种公开出版发行的报刊,划分为 100 多个专题。印刷版按专题主要以月刊和双月刊的周期出版。

《复印报刊资料》的内容是分专题选录报刊论文的原文和篇目出处。"原文"部分,全文影印各专题范围内的重要论文和重要动态,提供经过选择的原始文献。选择的基本标准是:含有新观点、新材料、新方法,或具有一定的代表性;反映学术研究或实际工作部门的现状、成就及其发展。"篇目"部分,全面汇集专题范围内报刊资料的篇目出处,提供的是经过编辑的二次文献。

与同类印刷版检索工具相比,《复印报刊资料》具有鲜明的特点。在内容上,偏重选收学术性、理论性的资料信息;在编辑形式上,一次文献和二次文献相结合,对研究需求的满足程度较高;专题划分精细,具有较强的针对性。目前,被《复印报刊资料》全文选收,已经成了国内学术界评价论文质量的基本指标之一。

报刊资料索引是一种以年度为单位分类揭示报刊论文资料出处的线索型检索工具。它和《复印报刊资料》关系密切——包括了《复印报刊资料》全年各期全文复印及仅列论文篇目出处的全部篇目；但又不完全相同——《报刊资料索引》还收录了《复印报刊资料》限于篇幅而未能反映的篇目。所以，《报刊资料索引》所揭示的篇目总数大于《复印报刊资料》年度各期篇目之和。印刷版的《报刊资料索引》按学科、专题分7册编辑出版，另有著者索引1册。

网络版"CGRS全文检索系统"中的"人大全文数据库"是《复印报刊资料》的数字化形式，截至2004年初，收录1995—2003年间的全文文献20多万篇；"人大索引类"数据库是《报刊资料索引》的数字化形式，截至2004年初，收录1978—2002年间的论文题录280多万条。

除上述两部分主体内容外，该系统平台还包括了如下几种数据库：

- 中国法律法规数据库，收录法律、法规、规范性文件5万多件；
- 诉讼法索引及全文数据库，收录文献2万多篇；
- 民事诉讼法学数据库，收录文献600多篇；
- 中国法律年鉴1987—2002年全文数据库；
- 《文史哲》杂志1951—2002年全文数据库。

CGRS全文检索系统的基本查询是以任意词作检索词进行全文检索，检索的对象数据库可以根据需要选定。图5.1.9是基本查询的一个过程。

由于基本查询是以任意词为检索词进行全文检索，所以，检索结果的数量一般来说都很庞大，因此，在当前检索结果中恰当地进行二次检索就显得尤为重要。只有经过多次的二次查询，才能逐渐缩小查询范围，逼近检索目标。

CGRS全文检索系统有特点的检索功能主要包括：

（1）任意检索词的逻辑组配检索和模糊检索　在任意词查询界面中进行。

逻辑组配检索用符号"*"表示逻辑"与"，符号"＋"表示逻辑

第五章 报刊资源与论文资料的查考

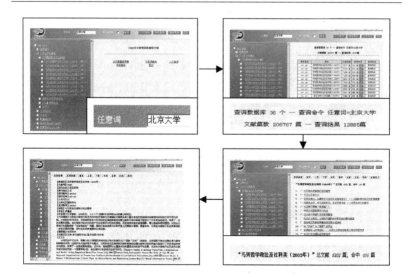

图 5.1.9

"或","符号"－"表示逻辑"非"(符号为半角)。如图 5.1.10 是以"北京大学*京师大学堂"为检索条件进行检索。

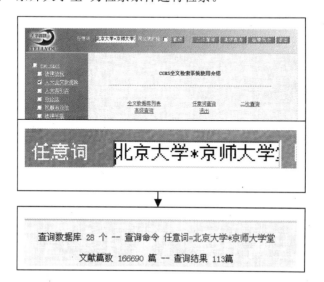

图 5.1.10

模糊检索通过对检索词的截断实现。两个词或字之间允许以通配符"?"或"!"(半角)截断。一个"?"代表一个汉字,最多允许出现 9 个"?";一个"!"代表 0～1 个汉字,最多允许出现 9 个"!",表示两个词或字之间可以出现 0～9 个汉字。如图 5.1.11 的检索条件是"信息????建设",图 5.1.12 的检索条件是"信息!!!!建设"。

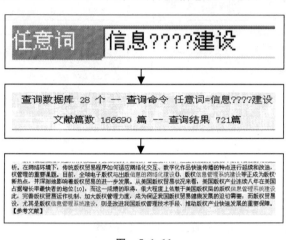

图 5.1.11

图 5.1.12

(2) 检索词的优先处理 该系统默认的逻辑运算优先次序为：逻辑"非"优先级最高,逻辑"与"次之,逻辑"或"最低。当多个检索词以逻辑关系组配起来作为检索条件而又需要改变默认的检索词优先次序时,就需要对检索词作优先处理。需要优先处理的检索词放入符号"( )"(半角)中。

如检索式"(北京大学＋北大)*五四"——"(北京大学＋北大)"为优先处理部分。本来,按照默认的优先顺序,"北大*五四"的优先级高于"北京大学＋北大",在这种情况下,"北京大学"无法和"五四"直接组配。现在,对"北京大学＋北大"作了优先处理,意味着"北京大学"或"北大"都要和"五四"进行逻辑"与"组配,因此,整个检索式表达的意思就变为：命中对象是"北京大学与五四"或"北大与五四"。简单地理解,检索式"(北京大学＋北大)*五四"＝"北京大学*五四＋北大*五四"。

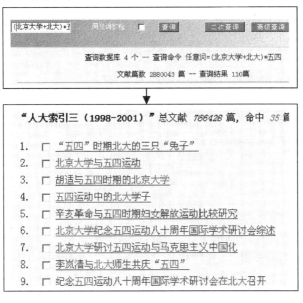

图 5.1.13

相反,如果不对"北京大学＋北大"作优先处理,则检索式变为："北京大学＋北大*五四"。这时,首先运算的是"北大*五四",然后才是"北京大学"。命中对象变为"北大与五四"、"北京大学"。简单地理解,"北京大学+北大*五四"="北大*五四+北京大学"。检索式没有对"北京大学+北大"作优先处理,体现在检索结果上,就是不能实现"北京大学"和"五四"的组配。由于没有对"北京大学"必须和"五四"进行逻辑"与"组配的限定,只要出现"北京大学"就是命中对象之一,所以,"北京大学+北大*五四"的命中结果数量一定多于"(北京大学+北大)*五四"。

图 5.1.13 是作了优先处理的检索结果,图 5.1.14 是未作优先处理的检索结果。

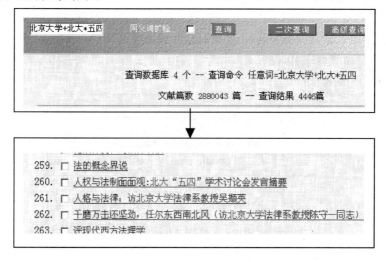

图 5.1.14

(3) 多个检索条件的组合检索　在高级查询界面中进行。高级查询界面是多个查询条件的列表框,不同列表框之间是逻辑"与"关系。逻辑表达符号、通配符以及优先处理符号在列表框中同样可以使用。图 5.1.15 是将"原文出处"、"作者"、"关键词"3 个条件组合起来进行检索,查考的是厉以宁所写的发表在《北京大学学报》上的有关"效率的双重基础"的论文。多条件的组合检索,可以大大提高检索结果的准确性。

(4) 关联检索　检索结果中任意词的链接检索。如果在浏览全

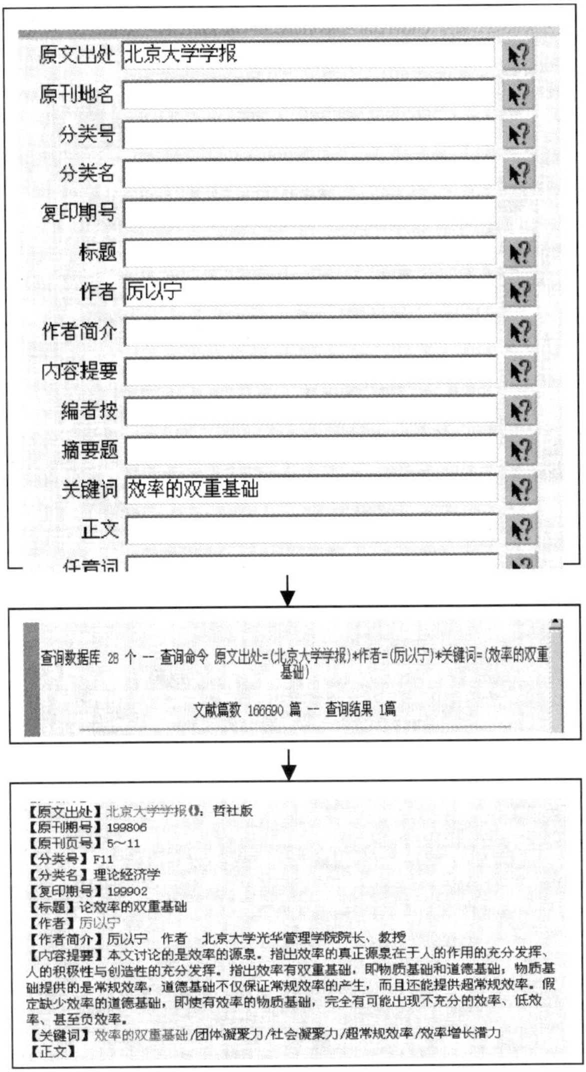

图 5.1.15

文的过程中遇到了需要进一步检索的内容,这项功能可以方便地实现随文链接检索。方法是:首先选定作为检索词的词语,点击"关联"按钮,此后的操作和基本检索相同。图 5.1.16 是关联检索的一个过程。

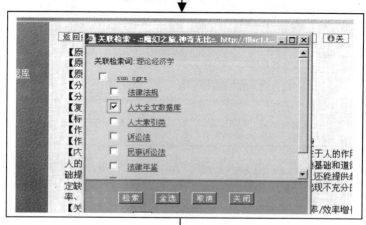

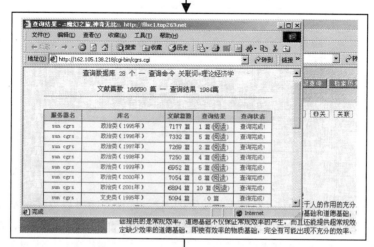

第五章 报刊资源与论文资料的查考

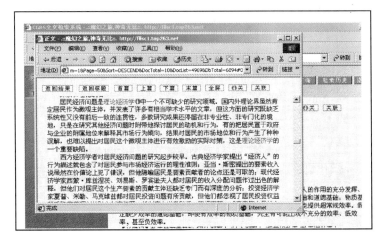

图 5.1.16

（5）检索结果排序　CGRS 全文检索系统还具有对检索结果的排序功能。排序在题录列表界面中通过点击"排序"按钮进行。系统确定的字段都可以作为排序的依据,同时可以区分第一排序字段和第二排序字段。排序之后还可以还原。图 5.1.17 是对检索结果的排序过程。

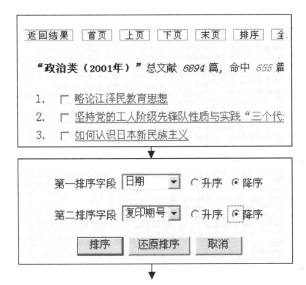

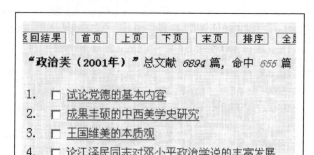

图 5.1.17

此外,该系统的显示方式可以切换为全屏显示和多篇显示。已经进行过的检索,可以作为"检索历史"加以保存,以方便随时调阅。

四、万方数据资源系统

万方数据资源系统是中国科技信息研究所、万方数据集团公司开发的网络数据库检索系统。该系统目前容纳了数字化期刊、学术会议论文全文、科技信息、商务信息4大子系统,前二者与查考论文资料相关。

数字化期刊子系统容纳了5大学科(基础科学、农业科学、人文科学、医药卫生、工程技术)70多个专业的2500多种中文期刊的原文。大学学报数量较多、理工类文献丰富是其突出特点。

数据库的检索系统有4大功能:一是分类查询,二是刊物查询,三是论文查询,四是引文查询。

(1)**分类查询** 该系统类聚刊物的方式包括按学科专业分类、按刊物性质分类、按刊物出版地分类,见图5.1.18。

查询方法是:刊物分类方式与刊名列表链接,刊名列表与刊物的入库卷期链接,入库卷期与摘要和原文链接,只要依次点击即可查询。阅读原文,需要下载专用阅读器。

(2)**论文查询** 按照数据库确定的文献字段,通过输入字段词检索论文原文。系统的该项功能支持多条件逻辑组配检索(逻辑"与"和逻辑"或")和二次检索,并可以限定检索时限。图5.1.19是

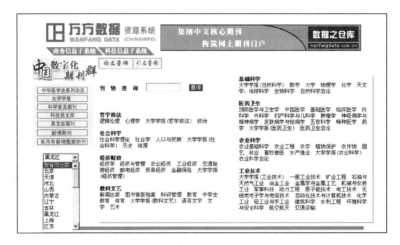

图 5.1.18

一个论文查询实例,要求检索 2002 年以来属于北京大学的作者在国内大学学报上发表的题名中含有"法律"的论文。

图 5.1.19

中国学术会议论文全文数据库(PACC)是万方数据资源系统中另一个与查考论文资料相关的子数据库,也是目前国内规模较大的数字化会议论文数据库。截至 2004 年初,数据库共收录 1998 年以来在国内召开的全国性学术会议近 2000 个,会议论文近 13 万篇。

对一般利用者来说,查考会议论文主要是解决两方面的问题。首先,了解某一学科领域召开过哪些学术会议;其次,了解某一主题的论文在哪些学术会议上发布过。适应这些需求,该数据库有针对性地设计了以下 3 种检索方法:

(1)"浏览"检索 分学科给出召开过的学术会议列表。由此列表,可以直接链接到学术会议的论文目录及原文。如图 5.1.20 是"经济 管理"学科领域学术会议的列表。

(2)"会议名录"检索 以会议的名称、地点、时间、主办单位等要素作为检索词进行检索,可以将两个检索条件进行逻辑组配。如

图 5.1.20

图 5.1.21 是查找在北京召开的以"计算机"为主题的学术会议。会议列表同样和会议论文的目录和原文建立了链接。

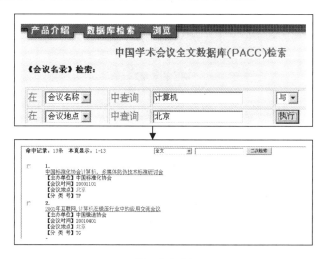

图 5.1.21

(3)"会议论文"检索 通过字段词的逻辑组配,直接查考会议论文。数据库确定的揭示会议论文的字段包括:论文题目、作者、会议名称、会议时间、文摘、关键词、全文。在数据库的论文检索界面上,任意两个字段词都可以组配起来进行检索。如图5.1.22检索的是在与"信息"有关的学术会议上发布的内容主题涉及"信息资源管理"的论文。

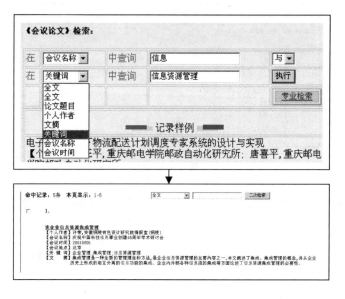

图 5.1.22

万方数据资源系统的专用阅读器具有"缩略图"和"保存副本"功能。缩略图是对命中文献所占页面的整体显示,点击缩略图,具有移动页面或翻页功能。保存副本是在本地计算机上保存检索到的文献。在万方数据资源系统中,只要下载并安装了专用阅读器,检索到的文献可以直接在线阅读,不需要在阅读前先下载保存。有了保存副本功能,就可以把需要事后反复利用的文献保存在本地计算机中。

五、全国报刊索引数据库

全国报刊索引数据库是由上海图书馆在印刷版《全国报刊索引》

基础上开发的中文报刊题录数据库,是目前国内大型文献题录数据库之一。

印刷版《全国报刊索引》的前身,最早是1955年3月上海图书馆编辑的《全国主要期刊资料索引》,至1956年收录范围扩大到报纸,名称亦随之改为《全国主要报刊资料索引》。自1959年起,索引将"哲学社会科学"和"自然技术科学"分册编辑出版。1966年10月至1973年9月,索引的编辑和出版因"文革"而停顿。1973年10月复刊,名称变更为《全国报刊索引》。自1980年起,索引又分"哲社版"和"科技版"分别编辑,每月各出版一册,一直延续至今。印刷版《全国报刊索引》是1949年以后我国持续编辑出版时间最长的报刊论文资料检索工具。

1993年开始,印刷版《全国报刊索引》的计算机化工程启动。此后,该索引"哲社版"的电子版"中文社科报刊篇名数据库"问世。2000年,数据库开始以"哲社版"和"科技版"两个单库发行,数据库的名称亦改为"全国报刊索引数据库"。目前,该数据库有网络版和光盘版。

《全国报刊索引》的突出特点是在选材范围上贯彻注重学术性、专业性、参考性,兼顾地区与民族特点的原则,收录的报刊范围广泛,数量齐全。例如,它所收录的报刊,就包括了国内邮发的和非邮发的。目前,哲社版收录的期刊有6000多种,报纸200多种,每年揭示的报刊信息线索在20万条以上。电子版《全国报刊索引》数据库所包含的人文社科方面的报刊题录信息,追溯时间最早的子数据库已经延伸至1857—1911年,是截至目前国内涉及时间最长的报刊资源数据库。

图5.1.23是网络版《全国报刊索引》(社科版)数据库的首页。该数据库的基本检索方法是题录字段词检索。可检索字段共有8个,代号和字段名分别是:

A=分类　B=题名
C=著者　D=单位
E=刊名　F=年份

G＝主题　H＝文摘
I＝全字段

其中,题名和文摘字段支持全文检索,其余字段为整词索引字段检索,但支持不完整词形后缀通配符"?",检索结果为前方一致;同时支持同一字段不同检索词的逻辑组配检索。所谓"全字段",是对上述 8 个不同字段的逻辑组配检索。

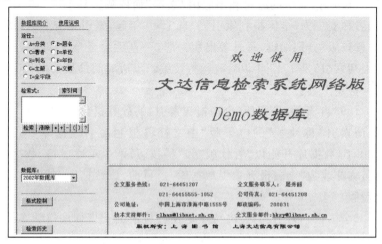

图　5.1.23

在检索操作过程中需要注意以下技术细节:
● 进行逻辑组配检索时,包含的检索词最多为 15 个。
● 检索式中的字符除汉字外必须是半角西文字符。
● 在检索式中,逻辑算符左右需各空 1 格。
● 逻辑运算的优先次序为:"－"(逻辑非)优先级最高,"＊"(逻辑与)次之,"＋"(逻辑或)最低。如果需要改变优先级别,对欲改变部分加括号。
● 进行不同字段的逻辑组配检索时,检索表达式需在各检索词前添加其字段代码和等号。当前字段的检索词代码和等号可以省略。

图 5.1.24 和图 5.1.25 是两个检索实例。前者要求在 2002 年

子数据库中查考题名中包含了"北京大学"(或"北大")与"五四"的文献;后者要求在 2002 年子数据库中查考题名中包含了"北京大学"、作者单位不包括"北京大学"、出处不包括"北京大学学报:哲社版"的文献。

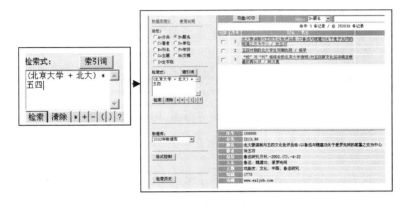

图 5.1.24

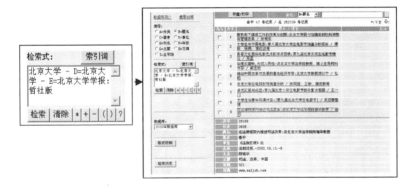

图 5.1.25

在使用《全国报刊索引》数据库时,以下问题需要注意。

由于该数据库在形成检索式时要求除汉字外必须是半角西文字符,而且要求逻辑算符左右需各空 1 格,可能会给直接输入带来不便,所以,简单的办法是直接使用检索式输入框下的符号按钮。

由于该数据库要求进行不同字段的逻辑组配检索时,除当前字段外,检索表达式必须在各检索词前添加其字段代码和等号,也会给直接输入带来不便,所以,要注意充分利用数据库系统提供的字段索引词列表式字典。具体操作方法是:点击"索引词"按钮,即弹出"索引词"对话框。"途径"用于选择字段。"定位"用于快速选定需要的检索词。确定检索词后,点击相应的"检索词"按钮,该检索词就会自动添加到检索式输入框。如果在非当前字段状态下,字段代码和等号一并自动添加。

该数据库系统中的"格式控制"功能,用于指定检索结果的显示字段。可以根据需要作不同的设置。

该数据库系统中的"检索历史"功能,用于保留最近20次检索结果。如有需要,只要点击每一条检索历史列表后的"浏览"链接点,就会显示该次检索的结果。

检索结果的输出包括存盘和打印。在检索结果中选定需要存盘或打印的记录,点击"存盘/打印"按钮,即切换到"存盘/打印"界面。这时,只要在浏览器中进行保存或打印操作即可。

第二节 报刊引文检索系统

一、引文索引及其功能

报刊引文检索系统在印刷版检索工具阶段称为引文索引。引文索引(citation index)是一种通过文献的引证关系检索相关文献的索引。所谓"引证关系"包括两种形式:一是引用文献,即一篇文献引用了哪些文献;一是被引文献,即一篇文献被哪些文献所引用。

引文索引揭示了具有相关关系的文献的基本特征,其主要作用在于获得有关文献生产、传播、学术影响的定量化信息。通过对一系列揭示文献基本特征的量化数据进行统计分析,是分析、研究、评价文献的基本和有效的方法。

通过分析研究文献的引证关系,可以揭示不同文献之间的内在联系。从形式上看,文献的正文和参考文献之间是一种简单的逻辑关系：参考和被参考，或引用和被引用。现代文献分析研究的基本原理告诉我们，在相关文献中，文献偶（一篇文献被两篇文献引用构成一个文献偶）愈多，两篇文献在内容上的关系愈密切；同被引（两篇文献共同被一篇或多篇文献引用）频次愈高，两篇（或多篇）文献的相关性愈强。文献所列的参考文献，展现的就是文献生产过程中涉及的相关文献的信息。通过对相关文献信息的统计分析，就可以发现那些超越学科、主题、分类、时空等范围的文献的内在联系。文献的内在联系，从本质上说体现的是文献所负载着的学科之间的内在联系。在学科的交叉与渗透日益明显和突出的今天，这种分析对于新兴学科、相关学科、交叉学科的发现以及这些学科文献信息的检索有重要意义。

通过分析研究文献的引证关系，可以为文献的生产力、影响力评价提供量化数据，进而为评价文献的社会影响、学术价值提供重要依据。20 世纪 60 年代以来，以文献计量为主要方法的全方位、多角度文献研究，成为国际上评价学术成果的学术水平、学术影响的重要方法。文献计量，就是用统计和数学的方法定量化地分析作为知识载体的文献，其本质的特征在于结果表达的量化。引文索引就是实现文献计量的主要检索工具。利用引文索引，可以系统地获得有关文献的多方面的量化指标。例如：

1. **关于文献**

文献的参考、引用文献的数量和质量，反映了在文献生产过程中占有已有成果的状况，检索已有成果的能力，利用已有成果的质量，以及学术创新的程度。

文献的被引率，是反映文献学术水平与学术影响的重要指标。

文献的自引率，是反映文献的传播范围、文献参与交流程度的重要指标。

文献的学科归属，是反映文献的学科分布的重要指标。

文献的地区、机构分布，是反映地区、机构文献生产能力的重要指标。

文献的语种比率，反映不同民族语言、文化的国际影响。

2. 关于作者

作者创作文献的数量,是反映作者科学研究能力的重要指标。

作者的国际合作程度,反映学科发展、学术合作与交流的国际化程度及其特点。

第一责任者和其他责任者,一般来说,反映作者在文献创作过程中所作贡献的区别。按照国际上文献计量的通行惯例,文献的地区、机构归属,就是按文献第一作者所在的地区和机构确定。

作者的国别分布、地区分布、机构分布等,是研究作者的群体特点以及由作者群体所形成的集团性的文献生产能力的重要参考。

3. 关于文献源

引文索引所选用的索引对象,就是引文索引的文献源,也称来源文献。

按照文献计量的基本原则,引文索引的文献源从总体上说应该是学术水平较高、学术影响较大、能够反映学术发展的最新成果、编辑出版较为规范的文献载体。国内外重要的引文检索工具,在来源文献的选定上一般都有较为严格的标准、程序和方法。所以,引文索引的来源文献,从一定程度上说是反映学术、学科发展概貌的文献集合。

引文索引多方面、多角度提供的文献的量化信息,又是评价来源文献学术水平的重要依据。通常评价来源文献的主要量化指标包括:

总被引次数:某种期刊历年发表的论文在评价当年被其他期刊和期刊本身引用的总次数。该指标反映期刊在学术交流中被使用的程度,从一个侧面反映了期刊的学术影响。

影响因子:期刊近两年发表文献的平均被引率。即某种期刊前两年发表的论文在评价当年每篇论文被引用的平均次数。一般来说,影响因子越大,期刊的学术影响越大,学术水平越高。

即年指标:某种期刊在被评价当年发表论文的数量,以及每篇论文被引用的平均次数。即年指标体现期刊的即时反映速率。

被引用半衰期：某种期刊的论文在某年被引用的全部次数中，较新的一半论文发表的时间跨度。这是一个衡量期刊老化速度的指标，体现期刊在学术领域的经典程度。一般来说，被引半衰期长的期刊，表明其学术影响也相对较长。

自引/总引比：某种期刊全部被引次数中该期刊本身自我引用次数所占的比例。该指标反映期刊在学术交流中的传播范围和程度。

国际引用/总引比：某种期刊全部被引次数中被国外期刊引用次数所占的比例。该指标反映期刊的国际化程度。

出版时滞：从期刊编辑部收到论文稿件到论文出版之间的时间差。该指标反映期刊信息交流的速度。

此外，像期刊刊载论文的地区分布、作者分布、研究方向分布、项目成果论文刊发率等，也都是评价文献源时常用的指标。

4. 关于投入产出效益分析

获得经费资助的项目所产生的文献的数量和质量评价。

一般来说，研究项目所形成的论文论著有相对较高的学术质量，所以，项目成果刊发率，成为评价文献源的指标之一。与自发性研究相比，项目研究的成本投入是明确的，追踪项目所形成的研究文献，就可以从数量上评价科研活动的投入产出效益；对项目成果的水平、影响进行量化分析，又可以从质量上评价科研活动的投入产出效益。

总之，利用引文索引对相关文献进行检索，可以多角度、多侧面地获得有关文献的量化指标，这是对文献进行定量分析的基础。当然，也不能把有关文献的量化指标作为分析评价文献的惟一依据。引文检索系统来源文献的选定是否科学、合理，直接影响着检索的量化指标；引用文献的真实性和规范性，如是否存在"伪引"、恶意"自引"或不实署名现象，直接影响着文献被引率的数量和质量。这些都需要在文献资源的定量化分析研究中加以注意。

二、代表性报刊引文检索系统

一般认为，最早的引文索引可以追溯到1873年美国出版的《谢泼德引文》，这是一部供律师查阅法律判例的检索工具书。20世纪50年代以后，计算机运用于文献检索以及文献计量学的兴起，推动引文索引迅速发展。60年代初以来，美国费城科学信息研究所（ISI）相继研制开发了计算机辅助编制的《科学引文索引》（SCI）、《社会科学引文索引》（SSCI）、《艺术与人文科学引文索引》（A&HCI），并建立了引文索引数据库，开创了以文献计量为主的全方位、多角度文献定量研究与评价方向。目前，SCI、SSCI、A&HCI、美国《工程索引》（EI）、《科技会议录索引》（ISTP）、《社会与人文科学会议录索引》（ISSHP）等国际上著名的检索系统，已经成为评价学术成果水平和影响的权威性检索工具。在我国，20世纪90年代中期，中国科学院文献情报中心研制出版了《中国科学引文索引》（CSCD），90年代末，南京大学研制开发了《中文社会科学引文索引》（CSSCI），我国的引文检索系统在逐渐走向丰富与完善。

目前，国内人文社会科学领域最有代表性的引文检索系统是南京大学研制开发的**中文社会科学引文索引**（Chinese Social Sciences Citation Index，简称 CSSCI）。该系统是教育部重大人文社科项目的成果，1998年开始研制。到2004年初，可检索年份包括1998—2002年。载体形式为网络版和光盘版。

《中文社会科学引文索引》的主要功能是来源文献检索和被引文献检索。

所谓来源文献，即《中文社会科学引文索引》所选用、作为检索对象的刊物。它从全国3500种左右中文人文科学、社会科学学术期刊中精选学术水平较高、参考文献等引文比较规范的学术期刊，已经积累的来源文献约7万篇。其遴选来源文献的主要原则是：

● 刊物应能反映当前我国社会科学界各个学科中最新研究成果，且学术水平较高、影响较大、编辑出版较为规范的学术刊物；

● 刊物必须是正式公开出版发行，且具有 ISSN 或 CN 号；

● 刊物所刊载的学术文章应多数列有参考文献；

● 凡属索引、文摘等二次文献类的刊物不予收入；

● 译丛和以发表译文为主的刊物，暂不收入；

● 通俗刊物，以发表文艺作品为主的各体文艺刊物，暂不收入。

目前,《中文社会科学引文索引》确定来源文献的遴选程序与方法是:
● 来源期刊总数在500种左右;
● 各学科的刊物原则上按各学科正式出版发行刊物的15%～18%选取;
● 刊物的选取主要依据影响因子(权重95%),其次照顾到了一级学科的完整性、学科的规模、地区因素、人力资源(权重共约5%)等因素。

重要数据计算方法:

A学科的期刊学科系数＝A学科选刊范围数÷各学科选刊范围总数

A学科的人力资源系数＝A学科的人员数÷各学科的人员总数

A学科应选期刊数＝CSSCI应选期刊总数×(A学科的期刊学科系数×95%＋A学科的人力资源系数×5%)

所谓来源文献检索,就是对《中文社会科学引文索引》所选用的来源刊物刊载的文章的基本信息(如作者、篇名、发表年份等)以及文章的引用文献信息的检索。来源文献检索主要反映作者的文献生产能力,文献的主题、学科、体裁、地区、年份、发表刊物分布,文献生产过程中对相关文献的利用状况。

来源文献检索的检索途径有:论文作者、篇名词、作者机构、作者地区、期刊名称、机构名称、年代、关键词、文献分类号、学科类别、学位类别、文献类型、基金项目等10余项。图5.2.1是来源文献检索界面。可以看到,不同的检索条件之间可以进行逻辑组配,有的项目可以通过选择菜单列表限定检索范围,检索年份也可以进行限定。

来源文献检索的结果,首先显示满足检索条件的论文列表,提供作者、篇名、出处等基本信息。如果需要了解某一具体论文的详细信息和参考文献的引用情况,可通过"选定"或链接等操作实现。图5.2.2是一个检索"北京大学的苏力在2000年发表的属于法学范畴的论文"的示例。

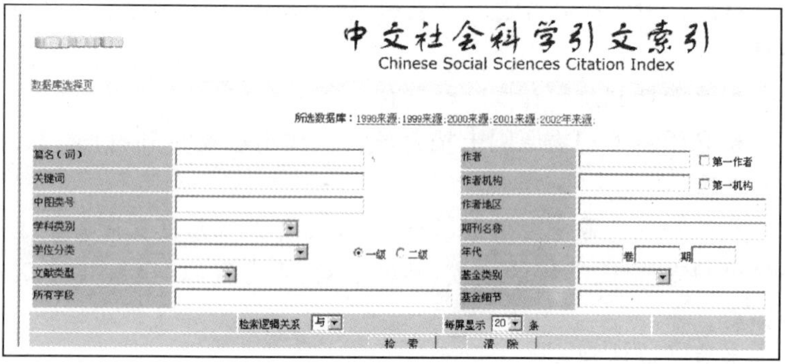
中文社会科学引文索引
Chinese Social Sciences Citation Index
数据库选择页
所选数据库：1998来源;1999来源;2000来源;2001来源;2002年来源;
篇名（词）
关键词
中图类号
学科类别
学位分类
一级 二级
文献类型
所有字段
作者
第一作者
作者机构
第一机构
作者地区
期刊名称
年代
卷
期
基金类别
基金细节
检索逻辑关系 与
每屏显示 20 条
检索
清除

图 5.2.1

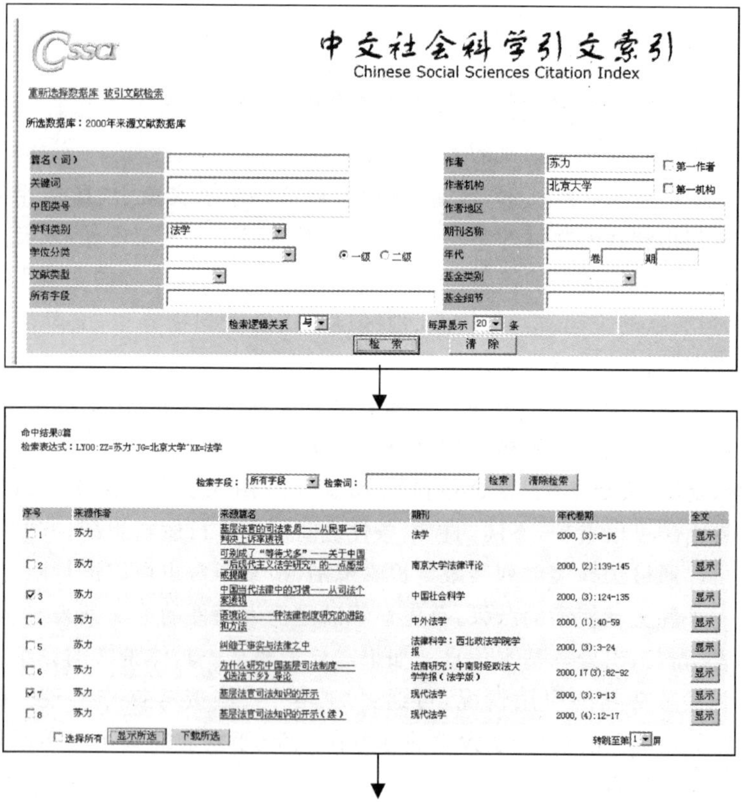
CSSCI
中文社会科学引文索引
Chinese Social Sciences Citation Index
重新选择数据库 被引文献检索
所选数据库：2000年来源文献数据库
篇名（词）
关键词
中图类号
学科类别 法学
学位分类
一级 二级
文献类型
所有字段
作者 苏力
第一作者
作者机构 北京大学
第一机构
作者地区
期刊名称
年代
卷
期
基金类别
基金细节
检索逻辑关系 与
每屏显示 20 条
检索
清除
命中结果8篇
检索表达式：LY00:ZZ=苏力*JG=北京大学*XK=法学
检索字段：所有字段 检索词：
检索
清除检索
序号 来源作者 来源篇名 期刊 年代卷期 全文
1 苏力 基层法官的司法素质——从民事一审判决上诉率透视 法学 2000,(3):8-16 显示
2 苏力 可别成了"等待戈多"——关于中国"后现代主义法学研究"的一点感想或提醒 南京大学法律评论 2000,(2):139-145 显示
3 苏力 中国当代法律中的习惯——从司法个案透视 中国社会科学 2000,(3):124-135 显示
4 苏力 语境论——一种法律制度研究的进路和方法 中外法学 2000,(1):40-59 显示
5 苏力 纠缠于事实与法律之中 法律科学：西北政法学院学报 2000,(3):3-24 显示
6 苏力 为什么研究中国基层司法制度——《送法下乡》导论 法商研究：中南财经政法大学学报（法学版） 2000,17(3):82-92 显示
7 苏力 基层法官司法知识的开示 现代法学 2000,(3):9-13 显示
8 苏力 基层法官司法知识的开示（续） 现代法学 2000,(4):12-17 显示
选择所有
显示所选
下载所选
转跳至第 1 屏

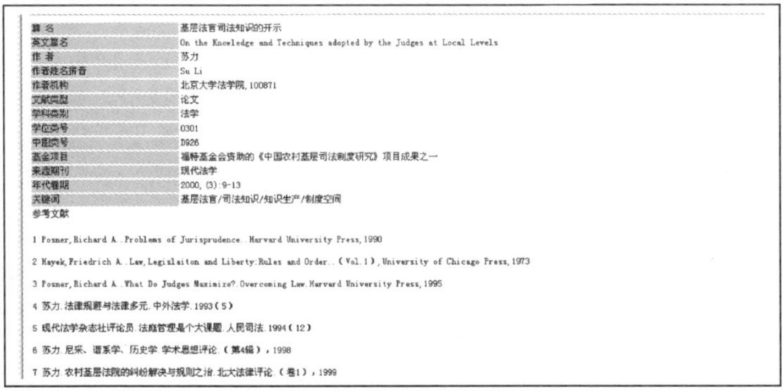

篇名	基层法官司法知识的开示
英文篇名	On the Knowledge and Techniques adopted by the Judges at Local Levels
作者	苏力
作者姓名拼音	Su Li
作者机构	北京大学法学院, 100871
文献类型	论文
学科类别	法学
学科类号	0301
中图类号	D926
基金项目	福特基金会资助的《中国农村基层司法制度研究》项目成果之一
来源期刊	现代法学
年代卷期	2000, (3):9-13
关键词	基层法官/司法知识/知识生产/制度空间

参考文献

1 Posner, Richard A..Problems of Jurisprudence..Harvard University Press, 1990

2 Hayek, Friedrich A..Law, Legislaiton and Liberty:Rules and Order..(Vol.1), University of Chicago Press, 1973

3 Posner, Richard A..What Do Judges Maximize?.Overcoming Law.Harvard University Press, 1995

4 苏力.法律规避与法律多元.中外法学.1993(5)

5 现代法学杂志社评论员.法庭管理是个大课题.人民司法.1994(12)

6 苏力.尼采、谱系学、历史学.学术思想评论.(第4辑)，1998

7 苏力.农村基层法院的纠纷解决与规则之治.北大法律评论.(卷1)，1999

图　5.2.2

平时常见的个人、机构、刊物发表论文数量排序，以及论文的学科、地区、时间分布描述等，就是通过来源文献检索获得数据而形成的。

所谓被引文献检索，是对某一文献被该索引选用的来源刊物刊载的论文所引用情况的检索。被引文献检索主要反映文献的影响力和渗透力，因此，按规范，检索某一文献的被引情况，原则上要排除自引。

该系统的被引文献检索的检索途径包括：被引文献作者、被引文献篇名、被引文献期刊、被引文献年代、被引文献类型等。和来源文献检索一样，被引文献检索也可以进行不同检索条件的逻辑组配，可以对检索年代进行限定。图 5.2.3 是检索“苏力所著的《法治及其本土资源》一书的被引情况”的示例。

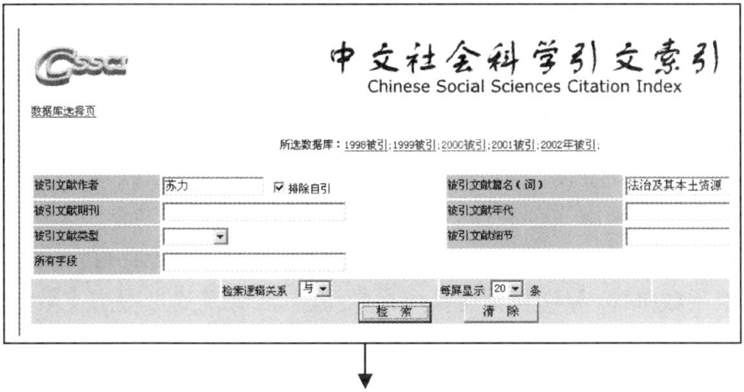

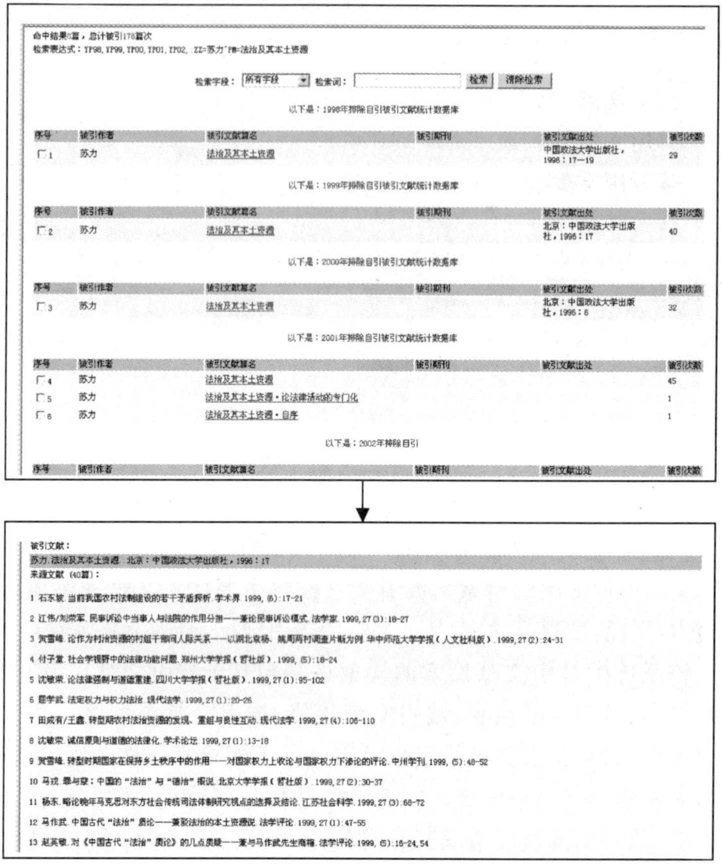

图 5.2.3

检索结果首先显示的是满足检索条件的被引文献列表,提供被引文献的作者、篇名、出版信息、被引总次数等基本信息。通过"选定"或链接等操作,可以进一步查看文献被引用的详细信息,包括引用该文献的来源文献的作者、篇名、刊载期刊、卷期和页次。

平时常见的各种各样的作者论文被引次数排序、期刊发表论文被引次数排序、分学科论文被引次数排序等,就是通过被引文献检索获得数据而形成的。

从上面的例子可以看到,引文索引的来源文献检索,主要反映的是来源文献引用其他文献的情况;被引文献检索,主要反映的是其他文献被来源文献引用的情况。由此获得的数据,是对文献进行量化分析的基础数据。

中国科学引文数据库(Chinese Science Citation Database,简称 CSCD)是目前国内最具代表性的自然科学方面的引文检索数据库。该数据库由中国科学院文献情报中心研制开发。数据库涉及的学科范围覆盖了自然科学和工程技术各学科领域,包括数学、物理、化学、天文学、地学、生物学、农林科学、医药卫生、工程技术、环境科学和管理科学等,遴选的入库中英文科技期刊总数达 1000 多种(英文期刊 40 种),已经积累了从 1989 年到目前的论文记录近 100 万条,引文记录近 400 万条。

数据库的结构体系分为"核心库"和"扩展库"两部分。核心库收录的是经过严格评选、在各学科领域中具有权威性和代表性的核心期刊,总数 670 种;扩展库收录的是经过较大范围遴选、在我国各学科领域较为优秀的期刊,总数 378 种。这一结构体系参照了美国的《科学引文索引》(SCI),因此,中国科学引文数据库有"中国的 SCI"之称。

目前,中国科学引文数据库的网络版与中国科学学科文献库、中国科学文献目次库集成为"中国科学文献数据库服务系统"提供统一服务,因此,进入统一的检索平台后,首先需要选择数据库,进而再选择是"来源文献检索",还是"引文检索"。不论是来源文献检索还是被引文献检索,都有基本检索和高级检索之分。

所谓基本检索,是以单一字段词检索或以 3 个以内的字段词进行逻辑组配检索。图 5.2.4 是在基本检索界面中检索属于北京大学

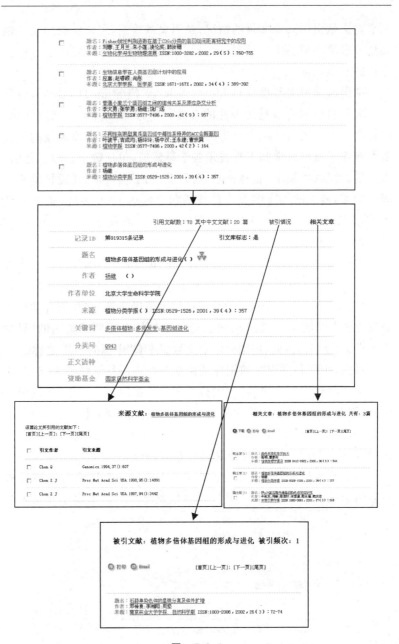

图 5.2.4

的作者 1985—2004 年间发表在核心刊物上的题名中包含"基因组"一词的论文。检索结果反映的是这些论文引用文献的情况、被引情况和数据库中收录的相关文献的情况。

所谓高级检索,是数据库系统提供的 10 个检索字段的任意组配检索。高级检索的检索表达式可以直接输入,更方便的是利用组合输入框添加。如图 5.2.5,检索的是题名中包含"信息"、关键词包含"信息管理"、作者不属于"北京大学"、来源文献不是"北京大学学报"、发表时间在 1989—2003 年间的文献的被引用情况。先在界面下部的组合输入框中设置好检索条件,然后添加到检索式输入框进行检索。

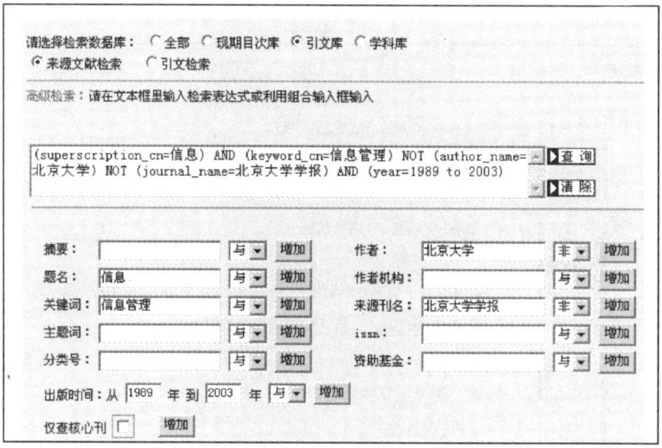

图 5.2.5

中国科学引文数据库有多样化的链接功能。如来源刊物链接、作者姓名链接、关键词链接、引证文献链接、与其他数据库的链接等等,大大拓展了了解相关文献的渠道。这是该数据库在功能上的一大特点。

中国科技信息研究所万方数据公司研制开发的**万方数据资源系统·数字化期刊子系统**包括了目前国内另外一种较有代表性的引文检索系统。

万方数据资源系统·数字化期刊子系统的引文检索界面是一个多条件逻辑组配检索界面。在检索条件的菜单列表中,论文题名、论文作者、论文刊名、论文年份 4 项属于来源文献字段;"被引论文"是对被引文献记录的全文检索;"全文"则是来源文献和被引文献记录的综合性全文检索。如图 5.2.6,就是"被引文献"检索词"信息资源管理"和"全文"检索词"图书馆"二者以逻辑"与"进行组配检索的结果。

图 5.2.6

对检索结果的表达,该系统是以来源文献为单位的"逐条分列式",即一个引用信息显示为一个条目,但由任意一条显示信息都可以链接到该论文的全部基本信息和引用文献列表。简单地说,就是"先分列,后总列"。如图 5.2.7 是检索 2003 年以来发表在《北京大学学报》上、题名中包含"非典"一词的论文。以《"非典"检验〈传染病防治法〉》一文为例,因为该文有 3 个引证,故分 3 条分列,但点击任何一条,都可以链接到该文的全部记录信息和引用文献列表。

第五章 报刊资源与论文资料的查考 221

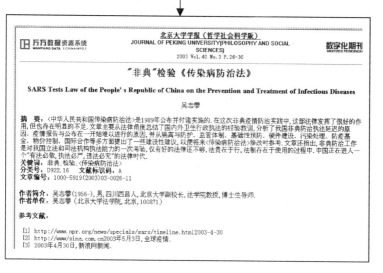

图 5.2.7

第三节 个人资源管理数据库的创建

一、个人资源管理的必要性

文献信息资源检索查考的目的在于利用。有效利用的前提,在于对文献信息资源的有效管理。各种各样的大型文献信息资源数据库和检索系统,实际上就是对海量资源的控制和管理,它为我们准确迅速地检索文献信息带来了方便。就个人来说,情况也类似。在平常的学习工作过程中,经过一段时间的积累,总会形成一定数量的资源储存,而且随着时间的推移,积淀的资源储存会越来越多。虽说个人积累的资源在数量上不能和社会性的庞大资源规模相提并论,但如果没有有效的管理,日积月累,同样会遇到头绪越来越繁杂、准确定位越来越困难等问题,最终的结果是给已经检索获得的文献信息真正实现其利用价值带来障碍。因此,从文献信息资源检索查考的目的在于利用的角度说,检索和查考能力并不是问题的全部,对积累的资源的管理能力和水平,同样是制约利用的重要因素之一。

有效地管理个人积累的文献信息资源的方法多种多样。比如,电子图书系统中配置的"我的图书馆"、"我的书架"等功能,就是一种个性化的资源管理方法。再比如,人们常常通过在计算机上建立个性化的目录来分门别类地保存积累的文献资料,也是一种较为有效的资源管理方法。这里介绍另外一种方法——利用常见易得的 Microsoft Access 创建个人小型书目索引数据库,以此实现对个人积累的文献信息资源的有效管理。

创建小型书目索引数据库来管理个人积累的文献信息资源有什么好处? 首先,可以个性化地揭示自己积累的文献信息资源。比如,在规划数据库时,可以根据自己积累的资源的规模、特点和需要来确定数据库的性质、功能;在建立数据库表时,可以根据自己的特点、习惯、需要确定字段及字段值;等等。其次,可以对自己积累的文献信息资源进行多角度地检索和查询。我们平时在计算机环境下习惯上采用的"目录保存"的方法,实际上只是单一的分类归并集中的方法。

当个人积累的资源具有一定的数量以后,分类归并集中有序化程度不高的弊病就显现得较为突出。而通过数据库对积累的资源进行管理,所有的字段都可以成为检索查考的入口,回溯已有资源的途径自然就实现了多样化。第三,利用数据库中的超级链接、对象嵌入等功能,可以将文献信息资源的出处链接到数据库记录中,也可以将积累的文献资源以对象包的形式嵌入数据库,使有针对性的资源利用更为方便。

二、基于 Access 的个人资源管理数据库

以下是一个利用 Microsoft Access 创建个人小型资源管理数据库的示例。这类数据库一定是个性化的,所以,数据库的具体形式、结构完全可以因人而异,重要的是通过这个示例体会利用数据库来管理个人积累的文献信息资源的思路和方法。

示例设定这样的背景和要求:某人的研究方向是"知识产权保护"和"出版体制改革"。其以往检索获得并积累下来的文献信息资源,从内容上说,主要是以上两个方面;从载体形式上说,包括图书、报刊论文和电子资源。现在希望通过数据库管理,能够从多种途径查考这些积累下来的文献信息资源是什么、资源的基本情况如何、资源是从什么地方获得、目前又保存在什么地方等问题。

建立数据库的方法如下:

1. 新建数据库

打开 Access,新建一个数据库,并确定数据库的名称与保存位置。

2. 建立数据库表

在建立数据库表时,首先需要确定数据库表的字段和字段数据类型。图 5.3.1 是在数据库表"设计视图"界面中设计的字段、确定的字段数据类型。之所以设定了这样一些字段,主要是考虑了个人积累的资源的特点和个人管理资源的实际需求。比如,设计了"来源"字段,用以记录是从什么地方获得该文献;设计了"原文出处链接"和"原文嵌入"字段,以便于从数据库记录直接切换到资源或资源线索本身。

图 5.3.1

在数据库表中,将"序号"字段定义为"主关键字"。主关键字是关系数据库表中的必备字段,其作用在于确保数据库表中的每一条记录都是惟一的,加快数据库查询、检索、排序的速度,同时当一个数据库拥有多个表时,主关键字还用于表与表之间的联系。

作为主关键字的字段必须同时满足两个条件:一是主关键字字段不能为空,必须有内容;二是主关键字字段的内容在表中必须是惟一的,不同的记录在这个字段上的内容不能相同。分析表中设定的字段,"序号"字段可以完全满足主关键字的条件。

数据库表中的"数据类型"可以根据字段的特点进行选择、设定。图 5.3.2 是数据类型选择列表。

图 5.3.2

在图 5.3.1 所显示的字段

中,"文献类型"和"文献分类"两个字段的"数据类型"选择了文本式的"查阅向导"。所谓"查阅向导"类型,是指在该字段中事先存储规定好的内容,数据库会自动使存储的内容在数据库表该字段的文本输入框内形成下拉列表,在输入数据时,这类数据只需从下拉列表中选择,而不需要逐一输入。这种数据类型,适合那些内容相对固定、描述文字不多,而且经常需要重复的字段。如"文献类型"字段,根据个人积累的全部资源的特点,分为"图书"、"报刊论文"、"电子资源"三类。即便是资源的总量再多,类型也超不出这三类,描述这类字段的数据,就适合采用"查阅向导"。"文献分类"也是同样的道理。由于是对个人积累的文献资源进行管理,资源的分类就有可能非常个性化,类别的数量也有限。比如,示例设定的资源分类只限于个人的研究方向——"知识产权保护"和"出版体制改革"两类,因此,数据类型适宜于采用"查阅向导"。

"原文出处链接"字段,数据类型选用了"超级链接"。这种数据类型实际上是数据库记录和文献资源的出处(如网址)建立了链接,在数据库查到该文献后,点击链接,可以直接进入提供文献线索的地址。

"原文嵌入"字段,数据类型选用了"OLE 对象"。所谓 OLE,是 Object Linking and Embedding 的缩写,意思是"对象链接与嵌入"。这种数据类型,实际上是把保存在本地计算机其他目录下的文献信息资源作为对象嵌入到数据库中,这样,只要在数据库中查到该文献,点击相应的"对象包"记录,就可以直接阅读原文。

确定了数据类型之后,还可以对数据的大小进行设定。"常规"选项卡中罗列的项目,就是用于对数据大小的设定。每一个用于描述字段的数据需要多大?同样可以根据自己积累的资源特点和管理需求来决定。比如,"作者"字段一般来说有 8 个字节就可以,"关键词"字段由于考虑了一篇文献往往有多个关键词,故设定了 30 字节。而"备注"字段,则需要预留较多的字节空间,在表中采用了默认值。字段的大小,涉及数据库占用的空间,影响数据库运行的速度。字段数据越大,占用空间越大,运行速度越慢。Access 数据库文本型字段的取值范围在 0~255 字节,默认值是 50 字节。

3. 输入数据

在“设计视图”界面中确定了数据库表的字段、数据类型和大小以后，保存设定，数据库就会自动生成数据库管理表。这张表格用于输入需要管理的描述资源的字段数据。图 5.3.3 就是在该表中输入数据后的实例。

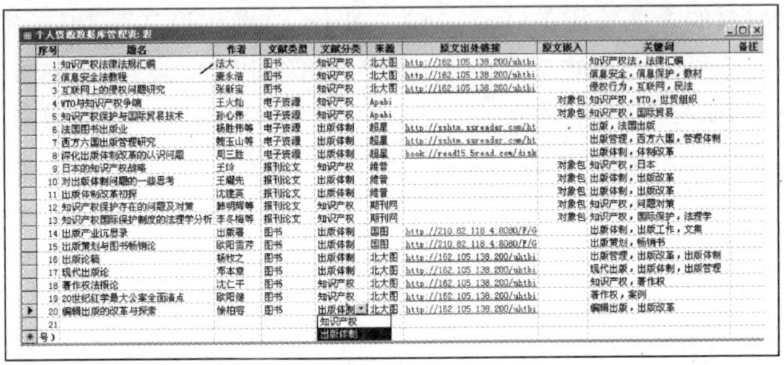

个人资源数据库管理表：表

序号	题名	作者	文献类型	文献分类	来源	原文出处链接	原文嵌入	关键词	备注
1	知识产权法律法规汇编	法大	图书	知识产权	北大图	http://162.105.138.200/uhtbi		知识产权法，法律汇编	
2	信息安全法教程	麦永浩	图书	知识产权	北大图	http://162.105.138.200/uhtbi		信息安全，信息保护，教材	
3	互联网上的侵权问题研究	张新宝	图书	知识产权	北大图	http://162.105.138.200/uhtbi		侵权行为，互联网，民法	
4	WTO与知识产权争端	王火灿	电子资源	知识产权	Apabi		对象包	知识产权，WTO，世贸组织	
5	知识产权保护与国际贸易技术	孙心伟	电子资源	知识产权	Apabi		对象包	知识产权，国际贸易	
6	法国图书出版业	杨胜伟等	电子资源	出版体制	超星	http://sshtm.ssreader.com/ht		出版，法国出版	
7	西方六国出版管理研究	魏玉山等	电子资源	出版体制	超星	http://sshtm.ssreader.com/ht		出版管理，西方六国，管理体制	
8	深化出版体制改革的认识问题	周三胜	电子资源	出版体制	超星	book://read15.5read.com/disk		出版体制，体制改革	
9	日本的知识产权战略	王玲	报刊论文	知识产权	维普		对象包	知识产权，日本	
10	对出版体制问题的一些思考	王耀先	报刊论文	出版体制	维普		对象包	出版体制，出版改革	
11	出版体制改革初探	沈建英	报刊论文	出版体制	维普		对象包	出版体制，出版改革	
12	知识产权保护存在的问题及对策	鲑明辉等	报刊论文	知识产权	期刊网		对象包	知识产权，问题对策	
13	知识产权国际保护制度的法理学分析	李冬梅等	报刊论文	知识产权	期刊网		对象包	知识产权，国际保护，法理学	
14	出版产业沉思录	出版署	图书	出版体制	国图	http://210.82.118.4:8080/F/G		出版体制，出版工作，文集	
15	出版策划与图书畅销论	欧阳雪芹	图书	出版体制	国图	http://210.82.118.4:8080/F/G		出版策划，畅销书	
16	出版论稿	杨牧之	图书	出版体制	北大图	http://162.105.138.200/uhtbi		出版管理，出版改革，出版体制	
17	现代出版论	邓本章	图书	出版体制	北大图	http://162.105.138.200/uhtbi		现代出版，出版体制，出版管理	
18	著作权法概论	沈仁干	图书	知识产权	北大图	http://162.105.138.200/uhtbi		知识产权，著作权	
19	20世纪红学最大公案全面清点	欧阳健	图书	知识产权	北大图	http://162.105.138.200/uhtbi		著作权，案例	
20	编辑出版的改革与探索	俞柏容	图书	出版体制	北大图	http://162.105.138.200/uhtbi		编辑出版，出版改革	
21									

图 5.3.3

在输入数据的过程中，“原文出处链接”字段的数据就是原文出处的网址，输入操作需要点击“插入”菜单的“超级链接”命令，在“插入超级链接对话框”中按照提示从网址列表中选择，或是直接输入文件名称、Web 页名称。确定之后，超级链接自动建立。

“原文嵌入”字段的数据就是需要嵌入的文件路径。输入操作是点击“插入”菜单中的“对象”命令，在“插入对象”对话框中，通过文件浏览选定文件的路径。确定之后，文件作为对象包直接嵌入数据库。

通过图 5.3.3 可以看到，输入数据以后的这张数据库管理表，其描述资源的信息仍然是无序的。下面需要做的，就是把这些无序的资源信息有序化地管理起来。

4. 建立查询

在 Access 数据库中将操作对象由“表”切换到“查询”，新建一个查询。在查询设计视图中选定查询对象表，确定查询结果的显示字段。为了便于从某些角度集中查考积累的资源并且方便利用，在查询方法上可以采用“参数查询”，即指定查询的处理模式，但不指定查询条件的具体内容,实际上就是创建一个模糊查询。所谓"参数",就是符合所设定的查询条件的任意检索词。参数查询的实现,需要在设计视图"准则"一行与相应字段对应的空格内填写表达式。如图5.3.4,表示在设计的参数查询中,查询参数是"题名",查询结果显示全部字段,命中对象是题名中任意位置包含了检索词的全部文献。图5.3.5就是利用建立的题名查询查考的结果。

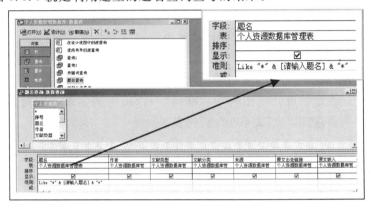

图　5.3.4

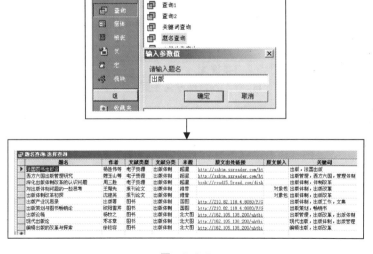

图　5.3.5

在本示例中，根据实际情况，参数查询可以考虑建立题名查询、作者查询、关键词查询、文献分类查询、文献类型查询。建立了这些查询以后，原来在数据库表中处于无序状态的文献记录，就可以按规定的字段属性有序地归并集中了。

在 Access 数据库中，也可以在同一字段中将不同的检索词组配起来进行检索，或是在不同字段之间将不同的检索条件组配起来进行检索，实际上就是多个检索词或多个检索条件的逻辑组配检索。这类检索需要逐一在查询设计视图中设定检索条件，逐一查询。如图 5.3.6 是查询题名中包含"出版"和文献类型为"电子资源"的条件设定，图 5.3.7 是查询关键词中包括"知识产权"或"著作权"的条件设定。在查询设计视图表中，"准则"一行的不同字段之间是逻辑"与"关系，逻辑"或"关系在"或"列表达。

字段：	题名	作者	文献类型
表：	个人资源数据库管	个人资源数据库管	个人资源数据库管
排序：			
显示：	☑	☑	☑
准则：	Like "*出版*"		"电子资源"
或：			

图 5.3.6

	关键词	备
管	个人资源数据库管	个
	☑	
	Like "*知识产权*"	
	like "*著作权*"	

图 5.3.7

第六章 时事信息资源与事实、数据、法规的查考

第一节 网站资源及其检索利用

一、政府网站、统计网站与经济网站

这里所说的"时事信息资源",主要是指那些能够及时反映事业发展变化的事实、数据、法律法规等文献信息资源。在检索工具处于印刷版的时代,这类文献信息往往以手册、年鉴、统计集、资料汇编、法规汇编等为载体,由于编辑出版的时滞,其时效性往往不强。计算机和网络环境的普及,从根本上改变了这种状况。网络环境下信息资源的瞬时发布、动态更新,大大提高了时事信息的时效,使掌握和利用最新的时事信息成为可能。目前,查考时事性文献信息资源的基本途径已经转移到了主要依靠计算机和网络环境下的文献信息源。

各类网站是重要的时事性事实、数据、法律法规等文献信息资源的源泉。据统计,到2003年末,我国拥有的互联网网站数量已达近60万个,联网计算机3000多万台,在线数据库近17万个,网页总数已达3亿多个。[①] 在各级各类形形色色的网站中,以下几类网站提供的事实、数据、法律法规等时事信息可靠程度较高,参考价值较大。

---

① 2003年中国互联网信息资源数量调查报告

(1) 政府网站　我国自1999年初正式启动"政府上网"工程。到2004年初,全国已有近2万个政府网站,占全部网站总数的3.2%。[1] 中央和国务院机构、全国性社会团体网站已有100多个。[2] 政府上网的目标是实现"电子政府"或"电子政务",具体说,是实现政府可公开信息资源的社会共享和动态更新,提供政府网上便民服务和其他应用项目。一般来说,政府网站大都是综合性的,提供的信息资源主要包括:①政府动态信息;②反映事业发展的基本事实、基本统计;③法律规章;④累积性专题资源;⑤便民应用项目;⑥相关部门链接。

(2) 统计网站　主要指各级政府统计行政部门主办的综合性或专门性统计信息网站。到2004年初,我国已经有100多家这类网站。统计信息网站的内容,一般来说主要包括最新统计信息和动态、统计公报,累积性统计数据,专题统计数据,统计分析研究,统计标准、制度与法规等。在查考最新统计信息、统计数据方面,统计网站有其他信息源和检索工具不可比拟的优势。

(3) 经济网站　主要指由经济研究机构、信息咨询公司等主办的以提供经济信息为主要内容的网站。这类网站一般也提供较为系统的统计数据,但其重点在于对经济形势的分析、行业发展的预测,汇集了大量的具有深度研究色彩的研究报告、咨询报告,实际上是搭建了一个经济决策、经济咨询、经济研究的信息平台。目前国内有影响的这类经济网站主要有:

国务院发展研究中心信息网(简称"国研网")

网址:http://www.drcnet.com.cn

国务院发展研究中心主办。2004年初,该网站由国研报告、宏观经济、区域经济、货币金融、行业经济等板块组成,汇集了中国经济和社会诸多方面的研究文献和统计数据。特别是其系统提供的"国研报告",对把握我国经济形势和未来走向,获得可靠的行业经济情

---

[1] 2003年中国互联网络信息资源数量调查报告
[2] 政府上网工程(http://www.govonline.cn/frontmanager/centralGov.jsp) 2004.4.30

况及国家政策动向具有较高的参考价值。

中国宏观经济信息网（简称"中宏网"）

网址：http://www.macrochina.com.cn

由国家计委所属的中国宏观经济学会、中宏基金等主办，是一个具有政府背景的宏观经济网站。2004年初，中宏网由两大部分构成。一是宏观经济信息，包括中宏速递、专题集粹、数据中国、形势分析、发展战略、中宏特稿、中宏视点等栏目，提供有关中国宏观经济的动态信息、数据和分析研究。一是中国宏观经济数据库（简称"中宏数据库"）。由19个大库、74类中库、500类细分库组成，数据量超过100万条，文字量超过20亿字，每日更新量超过1000条，内容涵盖了20世纪90年代以来我国宏观经济、区域经济、产业经济、金融保险、投资消费、世界经济、政策法规、统计数据、研究报告等方面。数据库包含的信息量大大超过了"中宏网"。

中宏数据库提供"一对一、专业化"的定制服务。如目前在北京大学校园网上运行的就是"中宏高教版·北京大学专版"。

中国经济信息网（简称"中经网"）

网址：http://www.cei.gov.cn

由国家信息中心组建、中经网数据有限公司开发维护，是以提供经济信息为主的专业网站。中经网在技术上的优势是实现了与中央各部委、全国150多个城市的互联互通，基本形成了覆盖全国的经济信息网络。在内容上，中经网的中经商讯、中经数据、地区经济、中经专题、行业报告、世经评论、牛津分析（英国牛津分析公司《牛津分析——每日亚太简报》的中文版）、中经研究、综合经济、环境发展、发展规划、法律法规等栏目都汇集了大量有参考价值的相关信息和研究咨询报告。"中经指数"是中经网提供的有特色的反映我国经济运行实际状况的景气监测指标体系。目前包括反映宏观经济运行轨迹与宏观调控影响力的指数、反映社会需求与产业供给波动的指数、反映国民经济主要活动的月度经济指标短期预测。

中国经济信息网的专业化定制服务是"中经专网"。它是经过对海量信息的筛选、加工、整合而成的专业信息数据库，如"中经专网·政府版"、"中经专网·银行版"、"中经专网·教育版"等。

数据中华

网址：http://www.allchinadata.com

北京康凯信息咨询有限公司主办。这是一个依托全国统计系统和各行业的信息数据，通过对数据和信息的采集、整理、分析形成的动态报告研究系统，为各类行业性研究、政策研究、企业战略研究和市场营销提供信息咨询和信息保障。2004年初，网站系统由数据中心、研究报告、情报分析、热点专题、企业商务数据库等部分组成。"数据中心"提供的数据，包括全国月度、年度宏观经济数据，覆盖全国的区域经济数据，全国600多个行业月度、年度的工业经济数据，全国500多种产品的产量及销量，全国300个城市5000种产品的月度价格。"研究报告"主要提供由康凯信息咨询公司编写的动态研究报告、数据深度报告、行业研究报告。系统还具有基于数据中华网的数据资源开发的数据多维分析产品——企业在线分析，可以依据数据对企业竞争力、企业赢利能力等作出快速分析。"情报分析"栏目主要是对其他媒体中的行业信息按类别或主题加以整合集中，并具有综合检索功能。

二、网站资源检索的策略与方法

网站资源的突出特点之一是信息的海量。要想在海量的信息资源中准确、迅速地获得所需要的资料，从检索的策略和方法上说，以下几点需要加以注意。

1. 要从整体上了解不同类型的网站容纳的信息资源的不同特点

网站的性质不同，提供的资源必然有不同的侧重。比如，一般来说，政府网站有较为丰富的政务信息和电子政务应用项目、便民服务应用项目。图6.1.1是北京市的政府网站"首都之窗"的一些有政府网站特色的栏目。像"生活提示"、"政府公示"、"民意征集"、"服务导航"、"网上查询"、"在线办理"、"投诉举报"等栏目，都是可以在网上实现的政务应用项目。"数字地图"则是一个典型的便民服务应用项目。在数字地图中，可以查找全市范围内的公交换乘线路、周边环境、行车路线，乃至立交桥走法等多方面的信息。对查询到的线路，还可以进行电子测距。查询的结果可以下载、打印、发到邮箱、发送到手机。

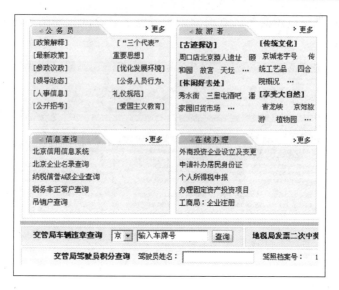

图 6.1.1

统计网站的整体优势在于提供的统计数据及时、系统、可靠性高。比如,北京市的政府网站"首都之窗"和统计网站"北京统计信息网"中都有统计数据,但提供的数据资源的深度和广度却大不相同,如图 6.1.2。一般来说,专门的统计网站提供的系统统计数据,在及时性上可以到"月度"层次,同时有许多累积性的专题统计数据库,有较强的统计数据检索功能。为了便于对统计数据的运算和由数据生成图表,有些统计网站还加载了 Excel 电子表格。

经济网站从整体上看是一个经济决策、经济咨询、经济研究的信息支撑平台,因此,它容纳的资源的特点,在于汇集了较多的分析性、预测性、研究性、评价性文献信息。如"国研网"的"国研报告"、"宏观经济研究报告"、"金融中国研究报告"、"世界经济与金融评论","中经网"的"牛津评论"、"中经评论"、"行业报告","数据中华网"的"研究报告"等。适应经济类网站作为信息支撑平台的性质,近年来有些网站还依托自身的数据资源,开发出了一些辅助决策的在线分析系统。如"数据中华"的"企业竞争力分析"和"外企收益能力分析"。利用这一系统,只要将系统要求的企业基本指标贴写后提交,网站后台

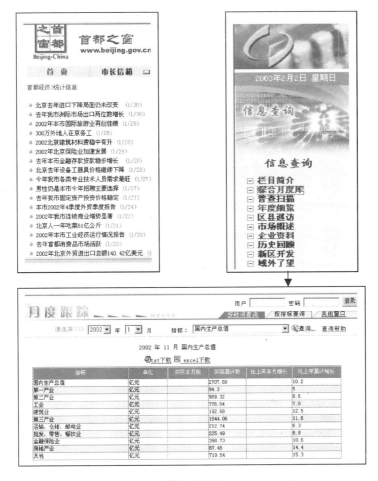

图 6.1.2

软件会自动将贴写的企业基本指标值换算成进行比较的指标值,形成从企业的收益能力、生产效率、资产流动性、企业安全性和成长性5个方面评价企业实际水平的指标值。这类功能的开发,使网站具有了智能化的特点。

从整体上了解不同类型的网站资源的不同特点,是有针对性地获得文献信息资源、提高检索效率的基本保证。

2. 需要了解网站中文献信息资源的组织结构和方法

从原理上说,任何网站都是采用梯级层次的方法,按文献信息资源的类别或主题属性归并集中信息资源的。最终形成的,就是网站中不同的栏目板块。不同的网站有不同的特点。一个网站包括了哪些栏目?一个栏目包括了哪些细目?不同的细目容纳了什么内容?表现内容采用了什么手段?这些都需要通过对网站的概略浏览加以了解。比如,国研网、中宏网、中经网和数据中华网中都有大量的统计数据资源,但国研网中的"财经数据"栏目(图6.1.3)、中宏网中的"数据中国"栏目(图6.1.4)、中经网中的"中经数据"栏目(图6.1.5)和数字中华网中的"数据中心"栏目(图6.1.6),就有不同的组织归并数据以及表现数据的方法。

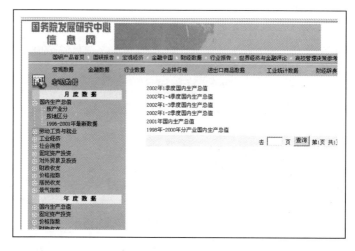

图 6.1.3

熟悉网站组织文献信息资源的结构和方法,并据此大体确定所需文献信息在网站资源组织体系中的位置所在,这是检索利用网站资源必不可少的前提条件。

第六章 时事信息资源与事实、数据、法规的查考

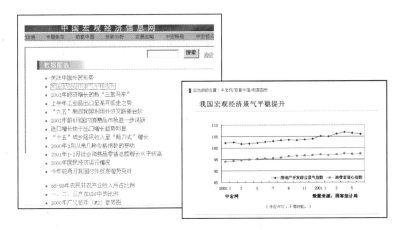

图 6.1.4

图 6.1.5

3. 充分利用网站提供的检索功能

在海量的文献信息资源面前,网站页面显示的按梯级层次分类结构组织资源的方法,并不能有效地解决准确迅速地检索特定目标的信息资源问题。因此,当需要的文献信息比较明确时,应该充分利用网

图 6.1.6

站自身提供的检索功能,这是准确迅速地检索特定目标的文献信息资源的捷径。比如,截至 2002 年底,国研网中收载的"国研报告"仅是罗列目录和提要就已达到近 400 个显示页面,如果需要与"北京市的文化产业"这一主题有关的国研报告,直接利用国研网的"文章搜索"功能,就可以省却浏览大量的目录和提要的时间,如图 6.1.7。

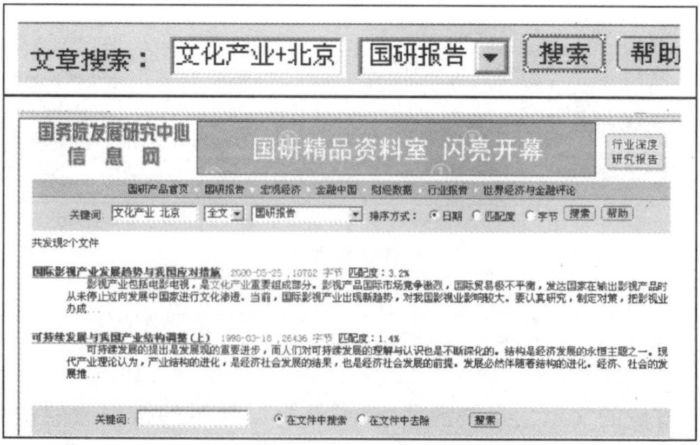

图 6.1.7

再比如,利用数据中华的一般检索功能查找与"教育产业"有关的文献信息,结果命中 22 篇文献,如图 6.1.8。再利用其高级检索功能作出一些限定,命中对象就只有 1 篇文献了,如图 6.1.9。

图 6.1.8

图 6.1.9

第二节 年鉴资源及其检索利用

一、年鉴及其特点

年鉴是一种全面记述事业的年度发展,系统汇集年度重要时事文献信息,逐年编辑、连续出版的资料工具书。

年鉴起源于西方。西方年鉴史的研究结论认为,年鉴是由历书演化而来的。西方早期的历书主要按年度记载日时更迭、节候变化、天文现象,附有星占术、基督教节日等内容,是服务于农业生产的便览性图书。后来,伴随着欧洲航海业的发展,西方历书的内容又向反映天体运行、航海指南等方面拓展。大约在 16 世纪中期,西方的历书开始由主要记载天文、气象、星占术等内容向兼容宗教、医学、法律、实用知识和诗歌等其他资料发展,具有了现代年鉴的雏形。18 世纪以后,西方工业革命的兴起、科学技术的进步、印刷和传播水平的提高,共同推动着年鉴生产走向成熟。到 20 世纪初,美、英、法、德、意等国家编纂出版的年鉴至少已经达到了 2000 种左右。[1] 目前,美、英、法等国家是西方的年鉴生产大国。

对于中国来说,年鉴是"舶来品"。19 世纪末 20 世纪初,伴随着"西学东渐"的热潮,外国年鉴传入中国。最早是一些来华外国人在中国编辑出版类似于年鉴的年刊,如 1864 年上海海关总务司署统计科出版的《海关中外贸易年鉴》。从 20 世纪初开始,国外年鉴的编译之作和国人自行编辑出版的年鉴陆续问世。如 1909 年奉天图书馆编译的《新译世界统计年鉴》,1913 年上海大东书局摘译的《世界年鉴》,1924 年阮湘主编、商务印书馆出版的第一部反映中国国情资料的《中国年鉴》(第一回),1929 年北平社会调查部编辑出版的《中国劳动年鉴》等。20 世纪三四十年代,我国的年鉴编辑出版事业有过一段短暂的辉煌,大约编辑出版了 80 多种年鉴,但多数持续时间都

---

[1] 参:李国新等著. 外国年鉴编纂出版概观. 中国旅游出版社,1998:106—121

很短。在现代出版史上较为有名的《申报年鉴》(1931—1936,1942)、《世界知识年鉴》(1936—1937)、《中国经济年鉴》(1934—1936)等,就是当时年鉴的代表作。①

1949—1979年,我国的年鉴编辑出版事业发展缓慢。据统计,三十年间,编辑出版的年鉴只有6种。现代年鉴在中国的真正发展,是20世纪80年代以后的事情。经过二十多年的持续发展,到目前,我国的年鉴生产和研究已经接近或赶上了发达国家的水平。标志是:年鉴的生产能力大幅度提高;年鉴的品种类型基本齐全;年鉴编纂的规范和工艺,已经基本与国际通行做法接轨;年鉴的数字化、网络化建设已经起步;年鉴的理论研究,已经走在了世界前列。

在现代检索工具体系当中,年鉴是重要的类型之一。年鉴的主要特点是:

● 整体构成容纳了多种类型的工具书要素,内容体系多元互补,集知识、信息、数据、资料于一身。年鉴的整体构成一般包括特载、专文、纪事、法律规章、统计数据、文献汇编、二次文献、大事记、便览性或指南性资料、检索系统等部分。这些构成部分从形式上看,涉及了辞书、目录、索引、文摘、综述、名录、手册、统计集、资料汇编、史事年表等多种工具书形态,所以,从整体构成上说,年鉴是多种类型工具书的集合。这种构成形式,使得年鉴可以以最有效的形式表现最适宜的内容,围绕着年度进展这一主题,多形式、多角度、多侧面地加以反映,形成了一个多元互补的内容体系。年鉴的这种构成形式和内容体系,与网络环境下的网站最为接近。

● 逐年编辑,连续出版。在所有类型的印刷版检索工具中,年鉴的这一特点是独一无二的。年鉴以年度为单位编辑出版,按惯例,每一年度的版本反映上一年度的情况,但它是一种连续出版物。因此,在印刷版工具书中,它是反映情况最及时、提供资料最新颖的工具书。逐年编辑出版的年鉴所形成的年鉴系列,又提供了连续不断、逐年可比的事实和数据,从中可以看到事业发展的历程、时代前进的步伐、历史演进的趋势,具有"史册"、"镜鉴"的作用。

---

① 参:肖东发等著.年鉴学概论.中国书籍出版社,1991:55—64

● 以栏目作为容纳内容的基本单元，以条目作为表现内容的主要手段。这是年鉴的主体部分——"纪事"在表现形式和表现手段上的主要特点。

年鉴的框架结构一般都采用分类编排的方法。习惯上把年鉴的梯级层次分类体系依次称为"篇目"（或"部类"）、"类目"、"分目"等。所谓栏目，就是分类体系中区分最为深入的类目层次。这一类目层次依附于它的上位类目而存在，但它直接容纳内容。如图6.2.1是《中国年鉴》（现改称《中华人民共和国年鉴》）的分类体系。"科学技术"、"教育"、"文化事业"等是最为宏观的分类层次，"科学技术"下的"自然科学"、"社会科学"、"法规条例"是第二级分类层次，而"自然科学"类目下的"总类"、"科技工作及成果"、"科学考察"、"科学奖励"这一级类目下直接容纳条目，它们就是年鉴中的栏目。不同的年鉴有不同的框架结构以及体现框架结构的分类体系，同一种年鉴的框架结构在保持相对稳定的基础上也可以发生变化，但任何一种年鉴中记述的事实、汇集的资料，主要都是通过栏目类聚起来的。

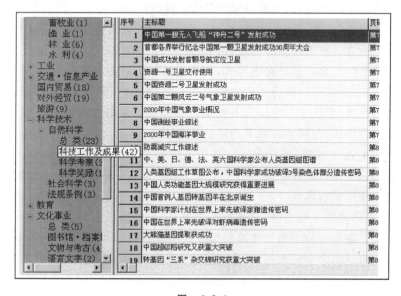

图 6.2.1

由于栏目实际上是分类体系中的一个分类层次,而绝大多数年鉴又是分类编排的,所以,在使用年鉴的时候,首先熟悉年鉴的分类体系就是一个重要的方法性问题了,它关系到查考对象在年鉴中准确的归属和定位。

栏目只是年鉴中容纳内容的单元。作为年鉴内容的事实、数据、资料等通过什么形式表现出来?最主要的表现手段是采用条目化的形式。条目是工具书表现内容常用的形式,如年鉴以外的辞书、百科全书、某些手册等,也都采用条目化的表现方法。这是因为切分相对精细又具有相对独立性的条目,最便于输入和输出内容,最符合工具书供人临事查检而不是系统阅读的需要。但工具书的性质功能不同,条目的性质、特点与规范也有区别。

年鉴的条目必须是事实主题或资料主题,这是它的基本特征。这一基本特征可以把年鉴的条目和其他类型工具书中的条目区分开来:辞书的条目是语词主题,百科全书的条目则是知识(或概念)主题。

作为年鉴条目的事实主题或资料主题,必须能够反映发展变化,这是年鉴条目的本质属性。年鉴不可能将年度事件、资料罗列无遗,选择是必须的。选择的标准是什么?就是事实或资料是否能够反映事业的发展变化。换言之,如果不能从本质上反映发展变化,即便是可以形成事实主题或资料主题,也不能成为年鉴的条目。

年鉴条目所具有的基本特征和本质属性,必然会导致如下两个结果:一是年鉴条目对事实或资料的"含量"要求较高。从形式上看,年鉴条目要求具有一定的"线性长度",排斥过分简短的记述。因为只有十几字、几十字的条目一般是不会有较高的事实含量的。二是年鉴条目对"稳定性"的要求不高。这是因为年鉴重在反映发展变化,并不特别考虑事实本身生命力的长短。年鉴的分类体系和栏目设置具有相对稳定性,而条目一定是逐年变化的。

年鉴条目的标题(或称"条头")在形式上的规定性相对较弱。它不像辞书,必须是规范的语词,也不像百科全书,必须是固定的概念或完整的知识主题,它可以是语词,也可以是概念,更多的则是词组、短语、短句。在标题制作的技术方法上,一般遵循"中心词前置"的原则,其意义首先在于突出标题中最为重要的关键词,同时也便于标题中的关键词直接进入索引。

条目的标题是检索和了解条目内容的入口。由于年鉴条目标题在形式上的规定性相对较弱,在利用年鉴时就需要注意对同一内容的概括或表述的差异问题,以防标题非但没能揭示内容反而掩盖内容的现象出现。特别是对那些索引系统不很完备的印刷版年鉴,这一点更应注意。

二、年鉴资源现状

1. 数量

到2003年底,我国编辑出版的年鉴的总数量一般估计在1300种以上。这一数量表明,在世界范围内,我国已是年鉴生产量较多的国家之一;在亚洲,我国已是年鉴生产数量最多的国家。

2. 类型品种

经过二十多年的发展,目前我国的年鉴类型多样,品种齐全,一个较为完备的年鉴体系已经基本形成。

在年鉴生产领域,目前我国通行的做法是按照年鉴编纂主体的行政隶属关系来对年鉴加以区分,如分为中央级年鉴、地方年鉴、企业年鉴、大学年鉴等。

从学理上对年鉴的类型加以区分,是一个尚在研讨中的问题。比较有影响类型划分方法主要有二:其一,分为综合年鉴、专业年鉴、地域年鉴3类;[1]其二,分为综合年鉴、专科(学术)年鉴、专业(行业)年鉴、地方年鉴、统计年鉴5类。[2]

从使用的角度说,以下几类年鉴值得特别关注。

(1) 政府年鉴 各级政府主办的年鉴。目前我国的地方年鉴基本上都属于政府年鉴。这类年鉴的内容是综合性的,反映国民经济和社会发展的各个方面,具有政府"年度公报"的性质。它的优势是,

---

[1] 金常政著. 百科全书·辞书年鉴研究与编纂方法. 奥林匹克出版社,1994
[2] 肖东发、邵荣霞著. 实用年鉴学. 中央文献出版社,2000:279

事实准确,数据权威,可靠性高。在我国现有的年鉴中,由各级地方政府主办的年鉴数量最多。近年来,伴随着政府上网工程的实施,地方年鉴往往被加载到政府网站中,成为一个电子政务的应用项目。

(2) 行业年鉴　这类年鉴一般是由政府行政部门或行业学会、协会主办,反映某一行业、某一系统或某一产业的年度发展状况。从数量上看,目前我国的行业年鉴仅次于地方年鉴。年鉴界通常所说的"中央级年鉴",绝大多数都是行业年鉴。近年来,行业年鉴往往也是政府行政部门或行业学(协)会网站的应用项目。

(3) 学科年鉴　即通常所说的学术性年鉴,一般由学术性学会、协会主办,反映某一学科领域的年度学术活动、研究动态、研究成果、研究资料等,在学术研究中有较高的参考价值。目前我国的学科年鉴发展不平衡,还没有形成能够覆盖主要学科领域的学科年鉴体系。相对来说,有两个学科门类的年鉴编纂出版发展较快,基本上形成了"学科年鉴群":一是文学艺术,一是医药卫生。

(4) 统计年鉴　20世纪80年代以后,以《中国统计年鉴》为龙头的统计年鉴在我国发展迅速,目前,总数量已达250种以上。统计年鉴的表现形式和其他年鉴有所区别,一般是以图表的形式提供系统的统计数据。我国的统计年鉴大多是由政府统计行政部门或政府行政部门的相关单位编纂的。这一编纂体制,保证了统计数据的权威和可靠,在工作决策、学术研究中有重要参考价值。近年来,依托网络环境的统计信息网大量出现,统计年鉴往往成为其中的年度统计数据库。

(5) 百科全书年鉴　百科全书年鉴是由百科全书的编纂、修订派生出来的一个年鉴品种,或者说,百科全书年鉴是依附于"母体"百科全书而存在的年鉴。一个国家具有代表性的综合性百科全书,往往是一个国家科学文化发展水平的标志性产品。现代百科全书在发展过程中,逐步形成了以"再版制"、"补卷制"、"连续修订制"为主的修订制度。百科全书年鉴就是服务于百科全书修订制度的年鉴。它的主要任务有二:一是及时反映年度进展、变化、成就,以补充百科全书之未及,保证百科全书内容的新颖与准确;二是连续、系统地积累资料,为百科全书的全面修订提供事实与资料保障。

百科全书年鉴的性质与功能，决定了它的内容、形式都需要与作为"母体"的百科全书相协调、相统一。百科全书年鉴的内容，与作为"母体"的百科全书的内容相一致；百科全书年鉴的框架体系，往往是百科全书知识体系的缩影；百科全书年鉴的栏目，强调是对知识体系中同一主题的事实和资料的归并集中，强调栏目脱离分类体系而独立存在，与百科全书的条目主题相呼应；百科全书年鉴的栏目编排方法，与百科全书的条目编排方法相协调，不实行依附于分类体系的分类编排，而是实行按栏目题头字母顺序编排的彻底的"字母化"方式；百科全书年鉴的装帧与版式，一般也保持与百科全书相一致的风格。

百科全书"工具书之王"的地位，直接影响着百科全书年鉴在年鉴家族中的地位。在国外，百科全书年鉴是所有年鉴品种中影响力和辐射力最强的年鉴，被称为是具有"国家性格"、"国家特色"的年鉴，如《不列颠百科年鉴》、《美国百科年鉴》、《世界大百科年鉴》（日本）等。在我国，百科全书年鉴的编纂出版比较薄弱，普及、利用程度较低。1980年开始编辑出版的《中国百科年鉴》是《中国大百科全书》的配套年鉴，也是国内惟一的一部百科全书年鉴。该年鉴曾以上乘的编纂质量、规范的编纂工艺赢得了世界范围的好评。1996年，该年鉴停刊。目前，我国的百科全书年鉴处于空白状态。

3. 载体形式

到目前为止，我国年鉴的载体形式依然以印刷版为主。20世纪90年代后期，年鉴的数字化工程开始起步。到2002年底，数字化年鉴主要有两种形式：一是以CD-ROM、DVD-ROM为载体的光盘版年鉴，大约有二三十家；二是依托网络环境的网络版年鉴，代表性产品是方正集团和中国年鉴研究会合作开发的"中国年鉴资源数据库"。此外还有一些加载在政府或单位网站上、作为网站应用项目的单种网络版年鉴，有60多家。

不论是电子版年鉴还是网络版年鉴，其内容都与印刷版年鉴一致，区别在于电子版年鉴都对检索作出了具有计算机检索特点的深度开发，年鉴数据库则可以对入库年鉴进行跨年鉴、跨年度检索。

4. 我国的主要年鉴

资料来源：中国年鉴信息网 http://www.chinayearbook.org

世界年鉴

世界知识年鉴　世界军事年鉴　世界经济年鉴　世界经济文化年鉴　世界华商经济年鉴　国际形势年鉴

全国年鉴（按笔画排列）

中央电视台年鉴　中华人民共和国年鉴　中国人口年鉴　中国人民政治协商会议年鉴　中国人权年鉴　中国人物年鉴　中国三峡建设年鉴　中国工会年鉴　中国工商行政管理年鉴　中国工程机械年鉴　中国大众实用年鉴　中国口腔医学年鉴　中国广告年鉴　中国广播电视年鉴　中国卫生年鉴　中国乡镇企业年鉴　中国历史学年鉴　中国中西部地区开发年鉴　中国中医药年鉴　中国内科年鉴　中国气象年鉴　中国化学工业年鉴　中国文学年鉴　中国计划生育年鉴　中国水力发电年鉴　中国水利年鉴　中国石油天然气集团公司年鉴　中国石油化工集团公司年鉴　中国电力年鉴　中国电子工业年鉴　中国电影年鉴　中国电器工业年鉴　中国生活用纸年鉴　中国印刷年鉴　中国外汇市场年鉴　中国外交年鉴　中国外科年鉴　中国包装年鉴　中国司法行政年鉴　中国民族年鉴　中国民族研究年鉴　中国出版年鉴　中国对外经济贸易年鉴　中国考古学年鉴　中国机电产品市场年鉴　中国机械工业年鉴　中国地震年鉴　中国有色金属工业年鉴　中国会计年鉴　中国企业管理年鉴　中国交通年鉴　中国农业年鉴　中国农业机械年鉴　中国戏剧年鉴　中国劳动和社会保障年鉴　中国围棋年鉴　中国财政年鉴　中国体育年鉴　中国饮食服务年鉴　中国汽车工业年鉴　中国汽车市场年鉴　中国社会学年鉴　中国社会科学院年鉴　中国证券业年鉴　中国纺织工业年鉴　中国环境年鉴　中国林业年鉴　中国国土资源年鉴　中国国内贸易年鉴　中国图书年鉴　中国图书馆年鉴　中国物价年鉴　中国质量认证年鉴　中国质量技术监督年鉴　中国金融年鉴　中国

饲料工业年鉴　中国审计年鉴　中国法律年鉴　中国房地产市场年鉴　中国建筑业年鉴　中国建筑材料工业年鉴　中国经济年鉴　中国经济体制改革年鉴　中国经济贸易年鉴　中国经济特区开发区年鉴　中国药学年鉴　中国药品监督管理年鉴　中国城市年鉴　中国轻工业年鉴　中国钢铁工业年鉴　中国科学院年鉴　中国保险年鉴　中国食品工业年鉴　中国音乐年鉴　中国档案年鉴　中国哲学年鉴　中国造纸年鉴　中国特色社会主义年鉴　中国烟草年鉴　中国旅游年鉴　中国畜牧业年鉴　中国海洋年鉴　中国铁道年鉴　中国教育年鉴　中国检察年鉴　中国黄金海岸年鉴　中国税务年鉴　中国象棋年鉴　中国煤炭工业年鉴　中国新闻年鉴　中国精神文明建设年鉴　长江年鉴　华人经济年鉴　治淮年鉴　热带气旋年鉴　党校年鉴　IMI消费行为与生活形态年鉴　黄河年鉴

地方年鉴（按地区排列）

北京年鉴　北京社会科学年鉴　北京科技年鉴　北京教育年鉴　北京工业年鉴　北京卫生年鉴　北京体育年鉴　北京财政年鉴　北京金融年鉴　北京物价年鉴　北京民政年鉴　北京房地产年鉴　北京园林年鉴　北京博物馆年鉴　北京市政年鉴　北京地方税务年鉴

天津年鉴　天津教育年鉴　天津体育年鉴　天津邮政年鉴

河北省年鉴　河北年鉴　河北金融年鉴　河北交通年鉴　河北出版年鉴　河北文化艺术年鉴　河北邮政年鉴　河北卫生年鉴　河北财政年鉴

山西年鉴　山西经济年鉴　山西政协年鉴　山西交通年鉴　山西卫生年鉴

内蒙古年鉴　内蒙古邮电年鉴　包钢年鉴

辽宁年鉴　沈阳年鉴　沈阳教育年鉴　沈阳金融年鉴

吉林年鉴　长春年鉴

黑龙江年鉴　黑龙江金融年鉴　黑龙江财政年鉴　黑龙江教育年鉴　黑龙江民政年鉴　黑龙江邮政年鉴　黑龙江审计年鉴　黑龙江对外经济贸易年鉴　黑龙江工商银行年鉴　哈尔滨年鉴

上海年鉴　上海经济年鉴　上海工业年鉴　上海科技年鉴　上

海教育年鉴　上海文化年鉴　上海卫生年鉴　上海体育年鉴　上海工会年鉴　上海公安年鉴　上海社联年鉴　上海邮政年鉴　上海证券年鉴　上海对外经济贸易年鉴　上海电话局年鉴　上海邮政局年鉴　上海长途电信局年鉴　上海出口产品年鉴　上海房地产年鉴　上海财政税务年鉴

　　江苏年鉴　江苏财政年鉴　江苏金融年鉴　江苏机械工业年鉴　江苏卫生年鉴　江苏体育年鉴　江苏交通年鉴　江苏科技年鉴　江苏水利年鉴　江苏出版年鉴　江苏企业文化年鉴　江苏博物馆年鉴　江苏乡镇企业年鉴　江苏教育年鉴　南京年鉴　南京卫生年鉴　南京交通年鉴　南京财政年鉴

　　浙江年鉴　浙江邮电年鉴　杭州年鉴　杭州电信年鉴

　　安徽年鉴　安徽财政年鉴　安徽水利年鉴　合肥年鉴

　　福建年鉴　福建戏剧年鉴　福建财政年鉴　福州年鉴

　　江西广播电视年鉴　江西交通年鉴　江西邮电年鉴　江西电信年鉴　江西邮政年鉴

　　山东年鉴　山东财政年鉴　山东水利年鉴　山东煤炭年鉴　山东工会年鉴　山东邮政年鉴　山东农科院年鉴　山东广播电视年鉴　济南年鉴

　　河南年鉴　河南教育年鉴　河南金融年鉴　河南技术监督年鉴　郑州年鉴

　　湖北年鉴　湖北科技年鉴　湖北科协年鉴　湖北邮电年鉴　湖北教育年鉴　武汉年鉴　武汉工运年鉴　武汉房地产年鉴　武汉公安年鉴　武汉建设年鉴　武汉卫生年鉴

　　湖南年鉴　湖南广播电视年鉴　湖南卫生年鉴　湖南邮电年鉴　长沙年鉴

　　广东年鉴　广东物价年鉴　广东戏剧年鉴　广东防灾减灾年鉴　广州年鉴　广州卫生年鉴　广州建设年鉴　深圳年鉴　深圳房地产年鉴　深圳政法年鉴　珠海年鉴　汕头经济特区年鉴

　　广西年鉴　广西财政年鉴　广西物价年鉴　广西金融年鉴　广西教育年鉴　广西戏剧年鉴　广西交通年鉴　广西邮电年鉴　广西工商行政管理年鉴　广西经济年鉴　南宁年鉴

海南年鉴　海南邮电年鉴　海口年鉴

重庆年鉴　重庆财政年鉴　重庆广播电视年鉴

四川年鉴　四川体育年鉴　四川交通年鉴　四川救灾年鉴　成都年鉴　成都招商年鉴

贵州年鉴　贵州教育年鉴　贵州财政年鉴　贵阳年鉴　贵阳教育年鉴

云南年鉴　云南经济年鉴　云南金融年鉴　云南电力年鉴　云南减灾年鉴　云南林业年鉴　昆明年鉴　昆明交通年鉴

陕西年鉴　西安年鉴

甘肃年鉴　甘肃交通年鉴　甘肃金融年鉴　兰州年鉴

青海年鉴　青海邮电年鉴　西宁年鉴

宁夏邮电年鉴　银川年鉴

新疆年鉴　新疆财政年鉴　新疆邮政年鉴　新疆教育年鉴　新疆邮电年鉴　新疆检察年鉴　新疆生产建设兵团年鉴　乌鲁木齐年鉴

港澳经济年鉴　香港经济年鉴

统计年鉴

中国统计年鉴　中国基本单位统计年鉴　中国农村统计年鉴　中国城市统计年鉴　中国市场统计年鉴　中国对外经济统计年鉴　中国商品交易市场统计年鉴　中国人口统计年鉴　中国劳动统计年鉴　中国科技统计年鉴　中国能源统计年鉴　中国固定资产投资统计年鉴　中国建筑业统计年鉴　中国工业经济统计年鉴　中国证券期货统计年鉴　中国生产资料市场统计年鉴　中国物价及城镇居民家庭统计年鉴　收支调查统计年鉴　中国教育统计年鉴　中国教育经费统计年鉴　中国区域经济统计年鉴　中华人民共和国海关统计年鉴　中国商检统计年鉴　中国房地产统计年鉴　中国民族统计年鉴　中国民政统计年鉴　中国旅游统计年鉴　中国工会统计年鉴　中国海洋统计年鉴　中国科学院统计年鉴　中国农业发展银行统计年鉴　中国文化文物统计年鉴　中国气象统计年鉴　全国主要社会经济指标排序　中国广播电视大学教育统计年鉴　国际统计年鉴

世界通信统计年鉴

北京统计年鉴 天津统计年鉴 河北经济统计年鉴 河北农村统计年鉴 山西统计年鉴 内蒙古统计年鉴 辽宁统计年鉴 辽宁教育统计年鉴 吉林社会经济统计年鉴 黑龙江统计年鉴 黑龙江垦区统计年鉴 华东地区统计年鉴 上海统计年鉴 上海科技统计年鉴 上海经济区统计年鉴 上海对外经济贸易统计年鉴 上海海关统计年鉴 上海商业统计年鉴 上海浦东新区统计年鉴 江苏统计年鉴 浙江统计年鉴 福建统计年鉴 福建科技统计年鉴 福建工业经济统计年鉴 福建经济贸易统计年鉴 福建商业统计年鉴 福建物价及城镇住户调查统计年鉴 福建农村统计年鉴 江西统计年鉴 山东统计年鉴 山东科技统计年鉴 山东城市统计年鉴 山东工业统计年鉴 山东物价调查统计年鉴 山东农村经济统计年鉴 山东国内贸易统计年鉴 山东农民生活统计年鉴 河南统计年鉴 河南城市统计年鉴 河南农村统计年鉴 湖北统计年鉴 湖北农村统计年鉴 湖北工交统计年鉴 湖南统计年鉴 广东统计年鉴 广东农村统计年鉴 广州统计年鉴 深圳统计年鉴 深圳证券市场统计年鉴 广西统计年鉴 海南统计年鉴 重庆统计年鉴 四川统计年鉴 贵州统计年鉴 云南统计年鉴 西藏统计年鉴 陕西统计年鉴 甘肃统计年鉴 青海统计年鉴 宁夏统计年鉴 新疆统计年鉴 新疆生产建设兵团统计年鉴

三、电子版年鉴的检索利用

目前我国的电子版年鉴都是印刷版年鉴的数字化,以光盘、加载于网站或数据库的形式出现。所以,在内容上,电子版与同种年鉴的印刷版是一致的。区别主要表现在以下两个方面。

1. 强化检索功能

检索功能不强,是我国的印刷版年鉴长期存在的问题。早期的印刷版年鉴,一般都没有索引,20世纪90年代中期以后,情况有所改观,但限于卷帙篇幅,索引的深度和广度都很有限。电子版年鉴的出现从根本上改变了这种现象。目前的电子版年鉴一般都利用计算机检索技术,设计了检索词或检索条件的组配检索、模糊检索、词频限制检索、全文检索等功能,使年鉴的检索渠道大为拓展,检索功能大为强化。

与其他电子版检索工具相比,电子版年鉴有特点的检索功能是多条件逻辑组配检索。这里所说的"多条件",不仅是指多个任意检索词的逻辑组配,还包括部类、分目、栏目、条目、全文、作者等多个体现年鉴结构特点的检索条件的逻辑组配。年鉴的框架结构是一个梯级层次分类体系。内容容纳于栏目之中,栏目依附于分类体系而存在。任意词的全文检索(包括任意词通过逻辑组配的全文检索)功能可以保证查全率,但同时也不可避免地带来了冗余信息,降低了查准率。电子版年鉴根据年鉴的构成特点,一般通过设置检索条件限制来限定检索范围,以提高检索的准确性。例如,如果要在《中国年鉴》(2001年卷)中查考有关"西部大开发中的精神文明建设"方面的资料,以"西部大开发"为检索词作全文检索,结果有130项;以"精神文明建设"为检索词作全文检索,结果有85项;将这两个检索词以逻辑"与"组配起来作全文检索,结果有24项;将这两个检索词以逻辑"或"组配起来作全文检索,结果有191项。图6.2.2是根据《中国年鉴》的结构体系把任意词"西部大开发"和部类条件"精神文明建设"组配起来进行检索,结果为2项。可见,在年鉴检索中,多条件逻辑组配检索对提高检索的精确程度效果是明显的。

在现有的电子版年鉴中,实现多条件组配检索的界面形式并不一致,但原理是一样的。图6.2.3分别是《中国出版年鉴》、《长江年鉴》、《广西年鉴》的多条件组配检索界面,在现有的电子版年鉴中具有代表性。

2. 添加应用工具

在这方面,最有特色的是电子版统计年鉴添加Excel电子表格。Excel电子表格的主要功能:一是对表格数据进行自动计算和处理,如求平均值、求和、求最大值、求最小值等数值计算,以及各种常用的函数计算;二是由数据表格自动生成图表,如曲线图、折线图、柱形图、饼图、面积图、雷达图等。统计年鉴主要通过数据表现内容,添加了 Excel 电子表格，就可以方便地对统计年鉴提供的数据进行各类计算，也可以方便地由数据生成各类示意图。这实际上是充分发挥计算机的优势，对统计数据进行多样化的表达，为人们提供了学习研究的辅助支持工具。

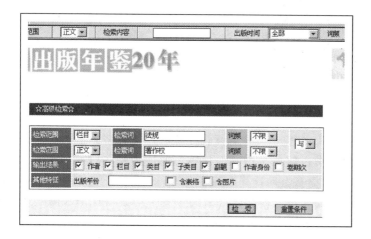

图 6.2.2

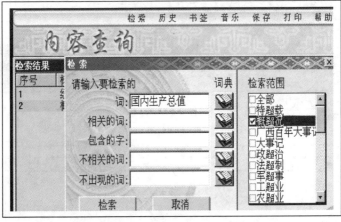

图 6.2.3

图 6.2.4 是根据《中国统计年鉴》(1999 年卷)电子版提供的"公共教育经费占国民生产总值比重"的分年度数据,利用年鉴加载的 Excel 电子表格自动计算出各年度的平均数。

图 6.2.5 是根据计算出来的年度平均数,利用 Excel 电子表格自动生成图表的功能而形成的一个"世界平均水平与中国分年度比较"的柱形示意图。

第六章 时事信息资源与事实、数据、法规的查考　　　　255

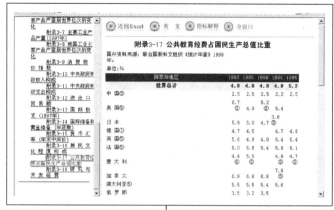

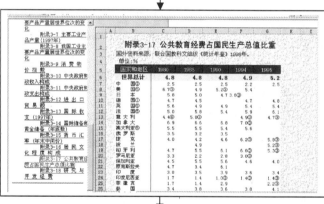

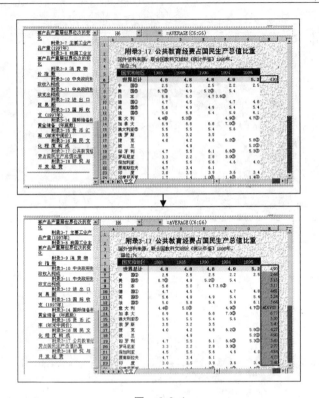

图 6.2.4

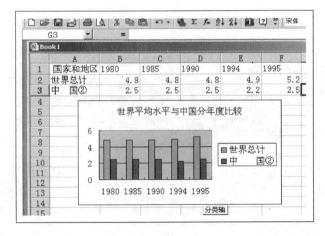

图 6.2.5

实际上,利用 Excel 电子表格对统计数据进行多样化表达是计算机环境下表现统计数据的重要而常用的方法。熟悉 Excel 电子表格的使用,应该成为利用计算机处理数据资源的基本技能。

四、中国年鉴资源全文数据库

2004 年 5 月,方正集团与中国年鉴研究会合作,研制开发出我国第一个大规模的数字化年鉴资源产品"中国年鉴资源全文数据库"。这是我国年鉴事业发展走上数字化、网络化、集团化道路的标志性产品,是年鉴资源适应现代信息技术发展而形成规模优势的标志性产品。

中国年鉴资源全文数据库以方正 Apabi 电子图书为基础开发。在数据库中,每一种印刷版年鉴被原样原式地转换为 Apabi 电子图书形式;同时,数据库设计开发了基于统一平台的检索系统,实现了对所有入库年鉴的跨年鉴、跨年度、多层次检索。

单种、单册印刷版年鉴被转换为 Apabi 电子图书形式,在数据库中形成了既可以灵活归并集中,又具有相对独立性的单种、单册电子版年鉴群。以 Apabi 电子图书形式出现的单种、单册电子版年鉴,具有 Apabi 电子图书的所有功能。如在线下载、藏书阁保存、借阅期限限定、全文检索、二次检索、弹出式目录显示、滚动条页次定位、全页翻与半页翻、阅读标注工具的使用等等。图 6.2.6 是中国年鉴资源全文数据库的基本界面形式。

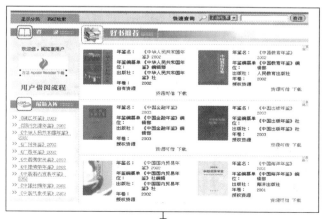

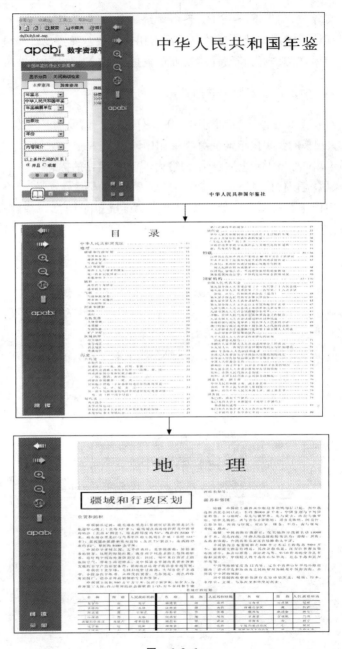

图 6.2.6

数据库统一的检索系统,是对所有入库年鉴的统一检索。所谓"跨年鉴、跨年度、多层次"检索,是说在统一的检索平台上,可以按照需求对所有入库年鉴依据种类、年卷归并集中,也可以按照需求对所有入库年鉴依据年鉴所包含的信息资料的主题归并集中。简单地说,分散在不同年鉴、不同年卷中的性质、主题相关的信息资料,在数据库的统一检索平台上可以一次性地集中获得。

目前,中国年鉴资源全文数据库的统一检索平台所具有的主要功能包括:

(1)分类检索　数据库设计了年鉴分类导航,这是从类别入手集中检索入库年鉴的渠道。分类导航的分类方法,采用的是在我国年鉴中惯用的类别划分方法。

(2)字段词检索　从数据库揭示年鉴的字段入手,检索所有入库年鉴。主要的字段包括:年鉴名、编纂单位、出版社、年卷、内容简介,以及包括所有字段的"全面检索"。图6.2.7是以"教育"作为"摘要"字段检索词进行检索的结果。只要入库年鉴的摘要字段中包含了"教育",都是命中对象。所以,检索结果不仅包括了《中国教育年鉴》,还包括了《中国民族年鉴》、《中国海洋年鉴》、《中国气象年鉴》等。

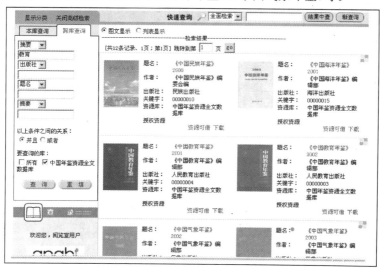

图　6.2.7

(3) 全文检索 以年鉴所包含的信息资料的性质、主题为依据对所有入库年鉴内容的全面检索。如图 6.2.8 是以"教育"为检索词进行全文检索,检索结果集中了所有内容中涉及了"教育"的入库年鉴,实际上是集中了分散在不同年鉴、不同年卷中的与教育有关的信息资料。

图 6.2.8

年鉴资源有其独特的特色和优势。如逐年编辑、连续出版,品种和内容的分门别类,信息资料的年度性与逐年可比性等。但在印刷版阶段,对于利用者来说,存在着两大突出问题:一是由于年鉴的逐年编辑、连续出版,使得查考反映进程的连续性资料、逐年可比性资料不那么方便;二是由于年鉴种类的繁多和细化,使得查考主题相同而所属行业、学科等不同的信息资料不那么方便。这两大局限,在很大程度上制约了人们对年鉴资源的有效利用,也制约了年鉴资源效益的充分发挥。中国年鉴资源全文数据库的出现,基本上解决了这两大问题,从而为年鉴资源在信息时代、网络环境下的持续发展开辟了道路,为年鉴资源的深度开发和利用提供了现实可能性。可以说,中国年鉴资源全文数据库是传统印刷版工具书适应时代和技术变化而转型和发展的成果。

中国年鉴资源全文数据库目前推出的是一期产品,容纳的年鉴总数为100种左右。数据库建设的最终目标,是能够容纳绝大多数中国现存和现版年鉴,形成一个全面回溯、动态更新的大规模、权威性的中国年鉴资源检索与利用系统,成为国家信息资源的重要组成部分。

第三节 法律资源及其检索利用

一、资源分布

法律法规资源的分布比较广泛。基本的文献源主要包括:

(1) 大众传播媒介 报纸、杂志、政府公报等大众传播媒介往往都及时报道重要法律法规颁布的信息,刊载最新颁布的法律法规、规范性文件的全文。这是及时获得最新法律法规的途径之一。

(2) 年鉴、手册等专门工具书 年鉴中一般都有专门的法律法规栏目,收载年度颁布的法律法规的全文或目录。某些实用性、便览性、指南性手册,往往也收载与手册主题相关的法律法规。

(3) 法规汇编 在电子资源兴起之前,这是最主要的法律法规文献源。1949年以后,我国从1952年就开始逐年编辑出版系统汇集国家法律法规的资料工具书——《中央人民政府法令汇编》。1956年,该书改名为《中华人民共和国法规汇编》继续逐年编辑出版。1965年出版中断,直到1985年又恢复出版。

20世纪80年代以后,法规汇编的编辑出版发展迅速。80年代,综合性的法规目录和专门性的法规选编大量出现。进入90年代以后,这类资料工具书的编辑出版呈现了一些新的特点。首先,在内容上追求总结性与集成性,"选编"基本上被"汇编"所取代,出现了几种大规模、综合性的法律法规汇编,如《中华人民共和国法库》(人民法院出版社)、《中华人民共和国法律全书》(吉林人民出版社)、《中华人民共和国法律法规全书》(中国民主法制出版社)、《中华人民共和国地方性法规汇编》(中国法律年鉴社)等。其次,适应人们学习和利用法律法规的需要,集法律汇编与法律条文解释于一体的"释义型"、"集注型"法律汇编大量出现,使这类资料工具书的实用性、针对性大为增强。如《新中国司法解释大全》(中国检察出版社)、《中华人民共和国法律疑难条文释义》(中国劳动出版社)、《中华人民共和国法律集注》(法律出版社)等。到目前为止,印刷版的法规汇编数量众多,门类广泛,但一般来说,时效性略差。

(4) 网络检索系统 20世纪90年代中期以后,伴随着我国迅速发展的社会信息化进程,各类网站大量出现。其中,政府网站、司法机关网站、专业法律网站、综合网站法律频道,甚至一些个人法律网站中往往都加载了法律法规资源检索系统。利用搜狐网的搜索引擎搜索显示,到2004年初,互联网上专门收载法律法规或辟有专栏收载法律法规的中文站点已有近1500个。网站动态发布信息、即时加载数据,可以及时反映法律法规的颁布、修改或废止情况,时效性大为提高,同时又有较强的检索功能,有的还具有智能联想、超文本链接功能,在查考法律法规方面优势明显。目前,它已迅速取代印刷版法规汇编,成为检索法律法规最主要的途径。

(5) 光盘数据库 90年代中期以后开始出现。较有代表性的如《中国法律法规大典》(国家数据库和地方数据库)数据光盘(新北成实业公司)、《国家法规数据库》光盘(国家信息中心)、《北大法宝·中国法律法规大全》(北大英华公司)、《大法官》法律库光盘(上海美佳达计算机工程有限责任公司)等。目前,重要的光盘数据库大都是网络检索系统的不同产品形式。光盘数据库一般定期更新。

二、法律资源网络检索系统

网络环境下的法律资源检索系统,是目前查考法律法规最主要、最方便的检索渠道。从检索方法上说,这类检索系统一般并不复杂。根据法律法规形式和内容上的特点,基本的检索条件主要包括:

（1）法规名称　大都支持法规名称的模糊检索，有的还支持多个检索词的逻辑组配检索。

（2）发布日期　这是法律法规特有的检索条件之一。目前的检索系统，基本上收载的都是1949年以后的法律法规。

（3）发布机构　有时还单列"批准机构"。这也是法律法规特有的检索条件之一。在现有的检索系统中，大都通过选择菜单列表的方式实现。

（4）法规分类　不同的检索系统，分类体系往往有区别。分类体系通过列表或树形目录展示。

（5）内容关键词　将检索目标提炼成关键词进行全文检索。检索深度最高，获得的信息线索最多，当然，相伴而来的冗余信息也最多。

（6）地域限制　主要运用在查考地方性法规上。限制的实现方式，以选择地域列表或选择子数据库为多。

（7）时间限制　主要运用在查考某一特定时段的法律法规上。

上述检索条件可以单独进行检索，也可以将多个检索条件组配起来进行检索。图6.3.1是目前国内几个有代表性的法规检索系统的检索界面，虽然表现形式不一样，但从中可以看到共性。

中国法律检索系统

中国法律法规信息系统

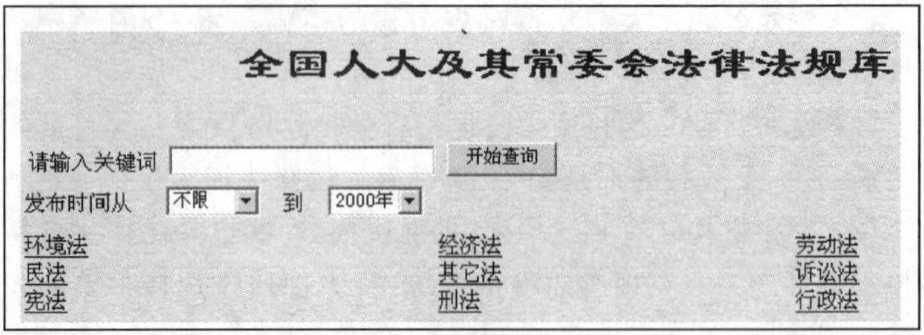

全国人大及其常委会法律法规库

请输入关键词 _____ 开始查询
发布时间从 [不限] 到 [2000年]

环境法　　　　　经济法　　　　　劳动法
民法　　　　　　其它法　　　　　诉讼法
宪法　　　　　　刑法　　　　　　行政法

中国法治网

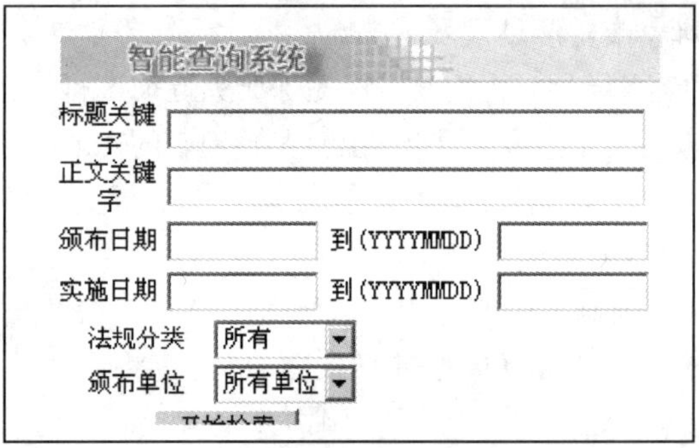

智能查询系统

标题关键字 _____
正文关键字 _____
颁布日期 _____ 到(YYYYMMDD) _____
实施日期 _____ 到(YYYYMMDD) _____
法规分类 [所有]
颁布单位 [所有单位]

人民网·法律在线

CN@SK 中華法規庫

[检索]　专家咨询　新闻

法律法规 - 高级查询

标题检索 _____
内容检索 _____
发文机关 _____
文号检索 _____ 字 _____ 年第 _____ 号
地区检索 _____
发文日期 _____ 年 _____ 月 _____ 日
选择分类 [所有类别]
是否有效 ⊙所有 ○有效 ○无效

中华法规库

图　6.3.1

海量存贮、多条件检索、快速获得,这些只是依托于计算机和网络环境的法律资源数据库和印刷版的法律法规汇编相比最外在的优势。从本质上说,对内容进行挖掘整合,通过多维超文本链接使相关内容按照相关度类聚集中,使人工检索无法实现的智能联想检索通过软件顺利实现,这才是数字化产品的真正优势所在。具体到法律法规的查找,比如由某一篇法规的某一条款可以链接到适用过此条的其他具体法规、司法解释和判例,可以链接到相关论著和相关新闻事件等等,也就是习惯上所说的可以实现"以法查法,以法查案,以案查法"。这样,获得的文献信息是全面的、系统的、立体的,这才是有别于"堆积型数据库"的具有智能化特点的计算机检索系统。近年来,国内的法律法规检索系统已经开始了由"堆积型数据库"向"智能化数据库"转变,标志着法律法规数据库检索系统的发展进入了一个新的阶段。

目前,国内有代表性的法律资源网络检索系统主要有:

中国法律检索系统

http://law.chinalawinfo.com/

北大法律信息网中的法律法规检索系统。1985年,北京大学研发了我国最早的法律法规检索软件,1995年创办"北大法律信息网"。该系统收录法律法规文件的起始时间是1949年,到2004年初,已积累了近12万篇法律文献,每日更新。最新的检索技术实现了具有智能化特点的双向超文本链接功能,可以在相关法律文件中相互索引链接,大大拓宽了参考范围。该检索系统包括的子数据库如图6.3.2。

图 6.3.2

中国法律法规信息系统

http://202.99.23.218:1011/law/home/begin.cbs

全国人大法律中心研制开发的法律法规检索系统。包括两大基本数据库:"法规资料数据库"收录中外法律法规文献近10万件;"参阅资料数据库"收录法院案例、合同样本法律文书、立法背景资料。标题检索和全文检索都可以进行多个检索词的逻辑组配。组配关系如图6.3.3。

图 6.3.3

中国法律资源网·法律数据库检索

http://www.lawbase.com.cn/

上海美佳达计算机工程有限责任公司创办的"中国法律资源网"中的中国法律法规查询系统。至2003年初,收录1949年以后颁布的法律法规11万多件。全部子数据库如图6.3.4所示。近年来有关房地产、金融、证券方面的法律法规和司法解释收录得比较全面,是其内容上的特色。在检索上,支持多条件组合查询和多个关键词的逻辑组配查询。

国信中国法律网

http://www.chinalaw.net/

国家信息中心创办的法律资源网站。在法律法规查询方面,主要的数据库是"新法规联机查询"、"国家法规数据库"和"国家强制性

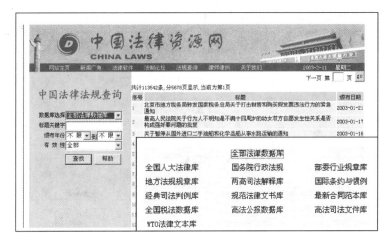

图 6.3.4

标准"。国家法规数据库包括 80 多个子数据库,收录 1949 年以后我国颁布的法律法规、规范性文件 8 万多件。图 6.3.5 是该网站的首页和检索界面。

图 6.3.5

中华法规库

http://www.cnask.com/

深圳中华法规库有限公司创办的网站。收录了自 1949 年的近

10万件法规文件。分为中国法律法规司法解释部门规章全库,国务院各部、委、局规章,中国地方法规规章全库。这是一个集法律资讯、专家咨询、相关新闻与参考资料于一体的法律服务平台。在法规查询结果页面,通过"专家咨询"、"新闻"、"相关资料"可以链接与查询结果主题相关的专家回复、各类新闻报道或其他相关资料,如图6.3.6。

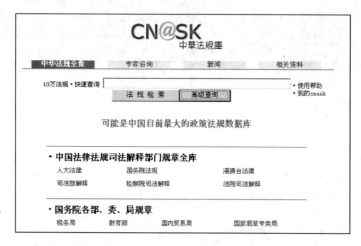

图 6.3.6

人民网·法律在线

http://law.people.com.cn/

《人民日报》社网站中以法律数据库为主、以法制新闻和法规专题作补充的综合性频道。其中,法律数据库的特点是对所收的法律法规作了多角度的编排整合。"新法速递"及时提供最新的法律法规及司法解释,"常用法规"按法规类型类聚集中,"分类索引"按法规制定主体类聚集中,"年度汇编"按法规颁布的年份类聚集中,"热点推荐"实际上是有关社会热点问题的专题法规汇编。数据库还设计了统一的智能查询系统。图6.3.7是该法律数据库的整体构成。

法律图书馆·新法规速递

http://www.law-lib.com/law/

西湖法律书店创办的"法律图书馆"网站中的法规数据库检索系

图 6.3.7

统。可以检索1949年以后颁布的法律法规、司法解释5万多件。其突出特点是新法规加载及时。图6.3.8是该数据库检索系统首页。

图 6.3.8

CGRS全文检索系统·法律资源数据库
http://162.105.138.218/

北大校园网→图书馆→数据库→中文数据库。

CGRS全文检索系统是一个包括了人大复印资料和报刊索引数据库、《文史哲》杂志全文数据库,以及一些法律资源数据库在内的全文检索系统。其中法律资源数据库有:①法律法规数据库,收录45000多篇中国法律法规;②诉讼法文献索引及全文库,收录诉讼法方面的研究文献2万多篇;③民事诉讼法学参考资料库,收录国内外有关民事诉讼法方面的历史资料、司法部门文件、专著、教材、论文、国际学术会议、专业文献资料等;④法律年鉴,《中国法律年鉴》的全文数据库。这是一个法律资源比较丰富的全文检索系统。图6.3.9是该系统的数据库列表。

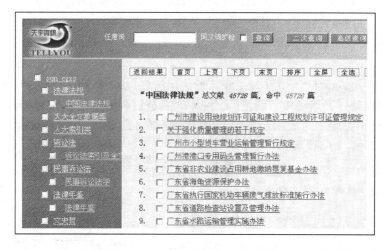

图 6.3.9

中国资讯行·中国法律法规库

http://www.bjinfobank.com/

北大校园网→图书馆→数据库→中文数据库。

收录自1949年以来的各类法律法规及条例案例全文(包括地方及行业法律法规),数据每日更新。图6.3.10是该数据库的显示页面。

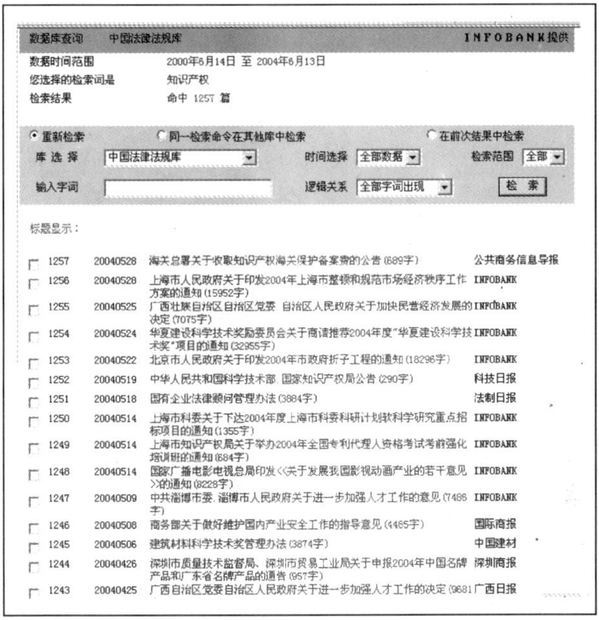
数据库查询　中国法律法规库　INFOBANK提供
数据时间范围　2000年6月14日 至 2004年6月13日
您选择的检索词是　知识产权
检索结果　命中 1257 篇
重新检索
同一检索命令在其他库中检索
在前次结果中检索
库选择　中国法律法规库
时间选择　全部数据
检索范围　全部
输入字词
逻辑关系　全部字词出现
检 索
标题显示：
1257　20040528　海关总署关于收取知识产权海关保护备案费的公告(689字)　公共商务信息导报
1256　20040528　上海市人民政府关于印发2004年上海市整顿和规范市场经济秩序工作方案的通知(15952字)　INFOBANK
1255　20040525　广西壮族自治区党委 自治区人民政府关于加快民营经济发展的决定(7075字)　INFOBANK
1254　20040524　华夏建设科学技术奖励委员会关于商请推荐2004年度"华夏建设科学技术奖"项目的通知(32955字)　INFOBANK
1253　20040522　北京市人民政府关于印发2004年市政府折子工程的通知(18296字)　INFOBANK
1252　20040519　中华人民共和国科学技术部、国家知识产权局公告(290字)　科技日报
1251　20040518　国有企业法律顾问管理办法(3884字)　法制日报
1250　20040514　上海市科委关于下达2004年度上海市科委科研计划软科学研究重点招标项目的通知(1355字)　INFOBANK
1249　20040514　上海市知识产权局关于举办2004年全国专利代理人资格考试考前强化培训班的通知(684字)　INFOBANK
1248　20040514　国家广播电影电视总局印发<<关于发展我国影视动画产业的若干意见>>的通知(8228字)　INFOBANK
1247　20040509　中共淄博市委、淄博市人民政府关于进一步加强人才工作的意见(7486字)　INFOBANK
1246　20040508　商务部关于做好维护国内产业安全工作的指导意见(4465字)　国际商报
1245　20040506　建筑材料科学技术奖管理办法(3874字)　中国建材
1244　20040426　深圳市质量技术监督局、深圳市贸易工业局关于申报2004年中国名牌产品和广东省名牌产品的通告(957字)　深圳商报
1243　20040425　广西自治区党委自治区人民政府关于进一步加强人才工作的决定(9681　广西日报

图　6.3.10

主要检索工具题名索引

条目后的数字为：章-节-页

CGRS 全文检索系统·法律资源数据库 6-3-269
CGRS 全文检索系统 5-1-191

B

报刊资料索引 5-1-192
不列颠百科全书国际中文版 4-4-179

C

超星数字图书馆 4-3-157
重庆维普（中文科技期刊全文数据库）5-1-188
初学记 3-4-126
辞海 2-3-57
辞源 2-3-58

E

二十四史纪传人名索引 3-2-82
二十五史纪传人名索引 3-2-82
二十五史全文阅读检索系统 3-2-83

F

法律图书馆·新法规速递 6-3-268
贩书偶记 3-3-108
贩书偶记续编 3-3-108
方正 Apabi 数字图书馆 4-3-156
复印报刊资料 5-1-191

G

古汉语常用字字典 2-3-57
古籍整理图书目录 3-3-108
古今图书集成 3-4-133
古今图书集成索引 3-4-135
国家图书馆联机公共目录查询系统 4-2-148
国务院发展研究中心信息网（国研网）6-1-230

国信中国法律网 6-3-266

H

汉籍电子文献翰典全文检索系统（十三经） 3-2-78
汉书·艺文志 3-3-101
汉语大词典 2-3-59
汉语大字典 2-3-59

J

简明不列颠百科全书 4-4-179
简明中华百科全书 4-4-180

K

康熙字典 2-3-65

M

民国时期总书目 4-2-153

P

佩文韵府 3-4-137
骈字类编 3-4-140

Q

全国报刊索引数据库 5-1-204

R

人民网·法律在线 6-3-268

S

三才图会 3-4-132

十三经索引 3-2-77
十三经注疏 3-2-77
食货志十五种综合引得 3-2-83
事物纪原 3-4-128
首都之窗网站 6-1-232
书生之家数字图书馆 4-3-158
数据中华 6-1-232
说文解字 2-3-69
四部丛刊 3-2-97
四部丛刊电子版 3-2-97
四库全书（文渊阁）电子版 3-2-88
四库全书 3-2-85
四库全书简明目录 3-3-106
四库全书总目 3-3-103
隋书·经籍志 3-3-103

T

太平御览 3-4-127

W

万方数据资源系统·数字化期刊子系统（引文检索） 5-2-219
万方数据资源系统·数字化期刊子系统 5-1-200
万方数据资源系统·中国学术会议论文全文数据库 5-1-202

X

现代汉语词典 2-3-56
新华字典 2-3-56

续修四库全书总目提要 3-3-107

Y

艺文类聚 3-4-125
艺文志二十种综合引得 3-2-83
永乐大典 3-4-130

Z

增订四库简明目录标注 3-3-110
中国丛书综录 3-4-114
中国大百科全书 4-4-176
中国法律法规信息系统 6-3-266
中国法律检索系统 6-3-265
中国法律资源网·法律数据库 6-3-266
中国高等教育文献保障系统（CALIS）4-2-150
中国古籍善本书目 3-3-111
中国国家书目 4-2-154
中国宏观经济信息网（中宏网）6-1-231
中国经济信息网（中经网）6-1-231
中国科学引文数据库（CSCD）5-2-217
中国年鉴资源全文数据库 6-2-257
中国期刊全文数据库（CJFD）5-1-181
中国善本书提要 3-3-111
中国数字图书馆 4-3-158
中国资讯行·中国法律法规库 6-3-270
中华法规库 6-3-267
中文科技期刊全文数据库（重庆维普）5-1-188
中文社会科学引文索引（CSSCI）5-2-212

主要概念、语词、知识点索引

条目后的数字为：章-节-页

CAJ-CD 规范 1-4-34
DRM 技术（数字版权保护技术）4-3-157

B

百科全书，或科学、艺术与手工艺分类大词典 4-4-170
百科全书 4-4-169
百科全书的特点 4-4-173
百科全书年鉴 6-2-245
百科全书条目的规范表述程序 4-4-173
百科全书与百科词典 4-4-175
百科全书与类书 4-4-175
被统领词 2-2-48
被引文献 5-2-208
被引文献检索 5-2-215
被引用半衰期 5-2-211
布尔逻辑检索 1-3-14
部首法 1-3-8

C

参考文献 1-4-31
参数查询 5-3-226
词典 2-1-41
词典的标记符号 2-3-60
词临近 4-2-150
词条 2-2-47
辞典 2-1-41
辞书 2-1-40
辞书体系形成的标志 2-1-46
丛书目录的特点 3-4-117

D

大条目主义 4-4-172
单条目 2-3-61
狄德罗 4-4-170
电子词典 2-2-51
电子图书 4-3-155
电子图书系统 4-3-155

定义衍生法 1-3-13

E

尔雅 2-1-43
二次检索 1-3-13
二次文献 1-1-3
二十六史 3-2-81
二十四史 3-2-81
二十五史 3-2-80

F

法规汇编 6-3-261
法律资源的检索条件 6-3-262
法律资源分布 6-3-261
反切 2-2-51
方言 2-1-43
分条目 2-3-61
分条释义 2-2-48

G

个人资源管理的必要性 5-3-222
构词词典 2-2-48
古代百科全书 4-4-169
古籍版本 3-3-109
古籍丛书 3-4-112
古籍丛书的作用 3-4-114
古籍的保真与整理 3-2-94
古籍目录的特点 3-3-100
古籍资源数据库的组字方法 3-1-75
古籍资源分类 3-1-73

关联检索 5-1-196
关联字信息（汉字关联）2-3-62，2-3-67，3-2-92
广韵 2-1-44
国家书目的特点 4-2-154
国家与地区性百科全书 4-4-172

H

汉字关联（关联字信息）2-3-62，2-3-67，3-2-92
行业年鉴 6-2-245
汇编丛书 3-4-113

J

基于 Access 的个人资源管理数据库 5-3-223
即年指标 5-2-210
间接引用 1-4-27
检索词 1-3-10
检索词的优先处理 5-1-195
检索词字典 5-1-187，5-1-208
检索工具的特点 1-2-6
检索工具体系的构成 1-2-4
截词检索 1-3-15
近代工具书 4-1-146
近代教科书 4-1-147
经济网站 6-1-230
经史子集 3-1-75
镜源性类书 3-4-129
具有划分阶段意义的古籍目录 3-3-101

据字形定部 1-3-8

K

跨年度、跨年鉴检索 6-2-259

L

来源文献检索 5-2-213
栏目 6-2-242
老普林尼《博物志》 4-4-169
类编丛书 3-4-113
类聚检索 5-1-185
类书 3-4-117
类书的起源与发展 3-4-124
类书的作用 3-4-123
《历史研究》规范 1-4-37

N

内容类聚 1-3-23
逆序词典 2-2-48
年鉴 6-2-240
年鉴的起源与发展 6-2-240
年鉴的特点 6-2-241
年鉴的条目 6-2-243

P

培根《伟大的复兴》 4-4-170
拼音法 1-3-9

Q

嵌入截断 1-3-17
切韵 2-1-44

全条目 2-3-61

R

任意词 1-3-12
任意截断 1-3-15

S

三次文献 1-1-4
三段标注法 2-2-50
三性原则 3-3-109
善本 3-3-109
少年儿童百科全书 4-4-172
十三经 3-2-76
实时标点断句 3-2-94
事实型数据库 1-2-6
事文合编 3-4-125
事以类聚，事类相从 3-4-118
书证与例证 2-2-49
数据库表字段 5-3-223
数值型数据库 1-2-6
数字版权保护技术（DRM 技术） 4-3-157
四部丛刊 3-2-97
四库存目 3-3-104
四库全书 3-2-85
搜索引擎 1-3-19

T

同被引 5-2-209
同姓名区分 5-1-190
同义词扩展 5-1-189

统计年鉴 6-2-245
统计网站 6-1-230
统领字 2-2-48
图书、期刊版权保护试行条例实
　　施细则 1-4-28
图书馆联机书目检索系统 4-2-
　　148
图书物质形态的变革（近代以
　　来）4-1-143

W

网络词典 2-2-54
位置检索 1-3-19
文岑《大宝鉴》4-4-170
文后参考文献著录的国家标准
　　1-4-33
文句索引 3-2-77
文献的被引率 5-2-209
文献的自引率 5-2-209
文献偶 5-2-209
文献型数据库 1-2-6

X

西方四大经典百科全书 4-4-171
现存古籍资源数量 3-1-72
现代百科全书 4-4-170
相关度 1-3-24
相关检索 1-3-22
小条目主义 4-4-172
学科词典 2-1-42
学科年鉴 6-2-245

学术规范的基本原则 1-4-24
循环衍生法 1-3-13
训诂书 2-1-43

Y

一次文献 1-1-3
以数为纲 3-4-120
以义归部 1-3-8
以韵统字，以字隶事 3-4-121
以字带词 2-2-48
义项 2-2-49
义项排列方法 2-2-49
译书 4-1-144
因声求义 2-2-50
引书法示端溪书院诸生 1-4-26，
　　1-4-28
引文出处 1-4-31
引文索引 5-2-210
引用文献 5-2-209
引证标注方法 1-4-31
引证关系 5-2-208
影响因子 5-2-210
语境衍生法 1-3-13
语素衍生法 1-3-13
语文性字典词典 2-1-42
韵书 2-1-43

Z

再次检索 1-3-13
站点类聚 1-3-23
正史 3-2-81

正序词典 2-2-48
正字通 2-1-44
政府年鉴 6-2-244
政府网站 6-1-230
中国百科全书检索工具体系形
　成的标志 4-4-172
中华大字典 2-1-45
中世纪百科全书 4-4-169
中文电子图书系统 4-3-156
中文电子图书系统的目次检索
　4-3-162
主关键字 5-3-224
主网站与专用阅读器单向联通
　4-3-159
主网站与专用阅读器双向联通
　4-3-159

注释 1-4-31
专名词典 2-1-42
专业性百科全书 4-4-172
专用阅读器 4-3-164
转引 1-4-27
资源类型 1-1-3
资源数量 1-1-2
字典 2-1-40
字段词 1-3-11
字段数据类型 5-3-223
字汇 2-1-44
字书 2-1-42
自然语句检索 1-3-21
自引/总引比 5-2-211
综合性百科全书 4-4-172
总被引次数 5-2-210

主要参考书目

[1] 李开编著. 现代词典学教程. 南京:南京大学出版社,1990
[2] 邹酆著. 辞书学丛稿. 北京:崇文书局,2004
[3] 张明华著. 中国字典词典史话. 北京:商务印书馆,1998
[4] 杨文全著. 近百年的中国汉语语文辞书. 成都:巴蜀书社,2000
[5] 曹之著. 中国古籍编撰史. 武汉:武汉大学出版社,1999
[6] 来新夏著. 中国近代图书事业史. 上海:上海人民出版社,2000
[7] 戚志芬著. 中国的类书、政书和丛书. 北京:商务印书馆,1996
[8] 金常政著. 百科全书学. 北京:中国大百科全书出版社,2000
[9] 刘达编著. 百科全书学概论. 北京:北京航空航天大学出版社,1992
[10] 曹治雄总纂. 当代中国的出版事业. 北京:当代中国出版社,1993
[11] 宋应离主编. 中国期刊发展史. 开封:河南大学出版社,2000
[12] 肖东发等著. 实用年鉴学. 北京:中央文献出版社,2000
[13] 李国新等著. 外国年鉴编纂出版概观. 北京:中国旅游出版社,1998
[14] 张伯元著. 法律文献学. 杭州:浙江人民出版社,1999

［15］ 朱希祥等编著. 大学生论文写作：规范·方法·示例. 上海：汉语大词典出版社,2003
［16］ 吴政荣,王锦贵主编. 简明中国文化史. 长沙：湖南师范大学出版社,1991
［17］ 王锦贵主编. 常用社科文献信息源. 北京：北京图书馆出版社,2000
［18］ 朱天俊,李国新编著. 中文工具书基础. 北京：北京图书馆出版社,1998
［19］ 詹德优编著. 中文工具书导论. 武汉：湖北教育出版社,1994
［20］ 邵献图等著. 西文工具书概论（第3版）. 北京：北京大学出版社,1998
［21］ 王云编著. 光盘情报检索方法与技巧. 北京：国防工业出版社,1997
［22］ 孙建军主编. 网络信息资源搜集与利用. 南京：东南大学出版社,2000
［23］ 肖珑主编. 数字信息资源的检索与利用. 北京：北京大学出版社,2003